# 零基础学会计

《零基础学会计》编写组 主编

中国人民大学出版社
·北京·

# 前言

在现代经济社会中，会计是企业内部管理的重要方式之一，也是国民经济统计数据的来源之一。会计人员是企业财务信息的处理者和加工者，会计人员的素质与工作能力将直接影响企业财务信息的质量。对于很多人来说，会计是一种职业，是谋生和实现自我价值的途径。一名合格的会计，必须系统地掌握会计专业知识，并具备处理会计业务的实际操作能力，从而胜任会计工作。

本书写作的初衷，就是让有关人员更加轻松地学习会计知识，无论是会计职场新手，还是会计专业学生，又或者是企业管理人员、中小型公司的老板，都能够真正做到从“零基础”学起，轻松且愉快地掌握会计基础知识。因此，本书开篇第一章便是“趣味故事导入”，不至于让初学者因为会计入门难而望而却步，培养对会计的学习兴趣是本书带领大家完成学习任务的第一步。

在接下来的章节，本书严格按照现行《企业会计准则》的要求编写，层次分明、重点突出，充分反映了会计理论与会计实务改革发展的新成果。在理论讲解部分，多采用图表与文字相结合的形式进行阐述，让学习者一目了然，不必死记硬背，通过理解性学习掌握会计基本理论知识。

会计是一门技术，更是一门艺术。艺术层面体现在本书展示的各个账册工具。虽然手工账随着信息化的发展渐渐被淡化使用，但手工账的制作过程

是初学者需要学习的基本内容之一。各种手工填制的原始单据、记账凭证、会计账簿等，在确保数据信息正确无误的前提下，书写工整并装订完好后就是一件件精美的“艺术品”。

另外，本书注重理论讲解与实务操作相结合，在第四章“经济业务的账务处理”部分，不仅提供了相关例题，而且设置了相对应的实操案例，配套实务中还列示了原始单据，让学习者在学习过程中慢慢掌握实操知识，不会觉得会计工作枯燥无味而半途而废。

本书配有微课，通过手机或平板电脑扫描书中提供的二维码即可观看。跟着微课学习，让入门学习更轻松、更生动。

本书为计划以会计为职业的学习者提供了一个好的起点，学完后可打牢基础。但要成为一名“技艺精湛”的会计人员，除了学习扎实的基础入门知识外，更需要在实际会计工作中不断领悟。学习者只有通过真实的经济业务处理的磨炼才能不断成长，最终学有所成。

专业知识水平可以通过读书学习或与同事沟通、请教等方式得到提升，但“做账先做人”，会计人员在职业生涯中必须具备基本的职业道德。因此，从成为职业会计的第一天起，请坚持原则、诚实守信、廉洁自律！

随着社会经济的发展，会计知识在不断更新，相应的实务处理也与时俱进，本书作为会计入门教材，在细节上难免有疏漏和不当之处，敬请读者指正。

本书编写组

# 目 录

# 第一章 趣味故事导入

## 第一节 开启卖花的事业

俗话说得好，“兴趣是最好的老师”。只要大家对会计感兴趣，学习起来就会更加轻松、快乐！

在正式学习会计基础知识之前，先来讲一个有趣的励志故事，通过参与互动的方式，我们轻松愉快地开始会计知识的学习之旅。

### 故事背景

主人公小陈，是汉东大学的一名在校大学生，他喜欢芳芳。芳芳可是财经学院的校花，长得漂亮，又是学霸。

芳芳特别喜欢鲜花，梦想着未来能够开一家花店，每天都生活在花的海

洋中，是多么美好的一件事情。

小陈想帮芳芳实现这个梦想。

他拉着好友小侯一起来到了学校附近的大学生创业中心，这里就是一个小市场，是大学生放飞梦想的地方，聚集了一大批大学生，他们经营着自己的商店，吸引着各个学校的学生前来光顾。看着络绎不绝的人流，小陈相信生意一定能够做起来。

看，这里正好就有一家花店在转租，如果租下来继续经营，则免去了重新装修的麻烦，真是太巧了。

如此天时地利人和，小陈岂能错过。花店的名字他都想好了，就叫“那样芬芳”。大家觉得这个名字怎么样呢？小陈的小心思真是一览无余啊！

可是小陈并没有那么多钱，他决定拉着好友小侯合伙一起开花店。

这个主意真是太棒了，说干就干吧！

## 场景一：准备好了吗？　日期：2 月 10 日

小侯觉得这个主意还不错，既能帮助小陈，自己也能赚钱，一举两得的事情，何乐而不为呢。于是，小侯爽快地接受了小陈的建议。

两人再次来到花店，与老板谈妥了转租事宜，一切都非常顺利。

万事俱备，这时候最需要的是什么？当然是钱啦！小陈和小侯两人经过一番商量，决定每人各投资 1 000 元，好好地干出一番大事业！

1 000 元对于两个小伙子来说可是全部家当，用起来必定格外小心谨慎。他们想到了一个好主意，芳芳就是学会计的，请芳芳来当他们的会计，好好记录这本账。

芳芳是财经学院的高才生，做这点小事绝对是没有问题的。专业的会计术语对于芳芳来说是很简单的，但是对于小陈和小侯两个学习理工科的男生来讲，简直如同“天书”，怎么办呢？芳芳决定用简化的方式记账，既能够把账记录清楚，又便于小陈和小侯看懂。

于是，芳芳决定创建一张记账卡片。这张记账卡片可以记录生意中发生的所有事情。为了便于理解生意中的钱是如何流入、流出的，卡片记录这样两件事：花店拥有的东西和这些东西属于谁。

既然需要记录两件事情，我们就要在卡片的中间画上一条线，左边记录花店拥有的东西，右边记录这些东西属于谁，如图 1-1 所示。

| 花店拥有的东西 | 这些东西属于谁 |
| --- | --- |
| | |

图 1–1

在这张卡片中，我们不光要记录数字，还要记录相对应的关键词。

现在，让我们回到刚才的情景，把信息填写到相应的位置吧。

花店拥有什么呢？对，拥有现金 2 000 元。作为这份事业的启动资金，现在这 2 000 元可不能随便乱花了，要用于这份事业。

那么，这 2 000 元现金属于谁呢？小陈和小侯两人各拿出 1 000 元，当然是属于两位投资人。那么，我们该如何称呼这笔资金呢？相信大家都能够联想到一个关键词“投资”，我们暂且称之为“投资”，把它记录在卡片的右边。

让我们把发生的事件记录到记账卡片中，如图 1–2 所示。在左边写上现金 2 000 元，在右边写上投资 2 000 元。

| 花店拥有的东西 | 这些东西属于谁 |
| --- | --- |
| 现金 （ ） | 投资 （ ） |

图 1–2

注意到了吗？这就是会计的记账方法。不仅是简单的数字加减，而且需要将事件的来龙去脉都记录下来。

哪里来的？小陈和小侯用自己的生活费投资进来的。

哪里去了？变成了花店的启动资金。

## 场景二：钱不够，这可怎么办？ 日期：2 月 11 日

愿望总是美好的，当两个小伙子正在憧憬美好未来的时候，芳芳给了他们当头一棒，芳芳算了一下账，租房、买鲜花……太多的东西需要筹备，这些都需要花钱，而这 2 000 元根本不够。

这可怎么办呢？掏一掏口袋，再也拿不出多余的钱了。

这时候，芳芳想到了一个方法，可以到大学生创业中心找一家金融公司贷款。

小陈凭着大学生的身份和良好的信誉，成功地获得贷款 3 000 元，而且是 3 个月零利息贷款。这样一来，资金的问题就迎刃而解了。

这笔账可要好好记录一下，时刻提醒着小陈 3 个月后就要还钱。

这时候，花店又拥有了现金 3 000 元，同样的，需要在卡片的左边记录下现金 3 000 元。

这 3 000 元属于谁呢？属于金融公司，这是借来的，3 个月后要如数归还。在这里，我们称之为“借款”。因此，我们需要在卡片的右边记录下借款 3 000 元。

一起来记录一下吧，如图 1–3 所示。

| 花店拥有的东西 | 这些东西属于谁 |
| --- | --- |
| 现金 （ ） | 借款 （ ） |

图 1–3

注意到了吗？通过记录，这件事情的来龙去脉就交代清楚了。

哪里来的？小陈向金融公司贷款来的。

哪里去了？变成了花店的启动资金。

卡片的记录方式，你学会了吗？对，就是这么简单！

接下来，我们来把两笔记录合并一下，把所有的事件都通过一张卡片来反映，得到了一张新的记账卡片，如图 1–4 所示。

| 花店拥有的东西 | 这些东西属于谁 |
| --- | --- |
| 现金 （2 000）<br>现金 （3 000） | 投资 （2 000）<br>借款 （3 000） |

图 1–4

现在，卡片的左边标明了花店拥有的东西，那是什么？现金。

在会计中，对于“花店拥有的东西”你知道叫什么吗？叫资产。

因此，从现在开始，我们将“资产”作为左边一栏的标题。

卡片的右边，这些东西属于谁呢？一部分是投资款，另一部分是借款，我们将它们区分开，便于统计。一部分是借来的钱，小陈和小侯具有偿还的义务，因此归类到“负债”。另一部分是小陈和小侯自己的钱，属于投资，因此归类到“所有者权益”。

现在，我们来优化一下这张卡片吧，如图 1-5 所示。回顾一下，请将金额填写至对应的位置，然后，我们把左右两边分别汇总一下。

| 资产 | 负债 |
|---|---|
| 现金　（　　　）<br>现金　（　　　） | 借款　（　　　） |
| | 所有者权益 |
| | 投资　（　　　） |
| 合计　（　　　） | 合计　（　　　） |

图 1-5

到目前为止，卡片左边的合计金额是 5 000 元，表明花店拥有现金 5 000 元。卡片右边的合计金额是 5 000 元，表明借款是 3 000 元，投资是 2 000 元。

观察卡片的左右两边，你发现了什么？

**左边 = 右边**

左边是什么？资产。右边是什么？负债和所有者权益。所以，我们通过推理，就能够得到这样一个等式：

**资产 = 负债 + 所有者权益**

请大家记住这个等式，这就是会计恒等式。这个会计恒等式非常重要，是大家学习记账方法的一个非常重要的法则。

到这里，相信大家对这种记账方法已经掌握了一定的要领。接下来，我们要运用这种记账方法，把小陈和小侯做生意的事情都记录到这张卡片中去。再次强调，我们需要始终注意：左边永远等于右边。

## 场景三：采购一台音响　日期：2 月 12 日

花店原来的老板是一位非常细心的美女，把花店布置得非常漂亮，小陈和小侯都非常喜欢，不需要再装修了。如此幽雅的环境，要是能够配上优美的音乐，那就更完美了。于是，他们决定再添置一台音响，花了 1 500 元。

好了，该是芳芳记账的时候了，一起来记录一下吧。

小陈和小侯花了 1 500 元购买了一台音响，那现在就要从现金中减去 1 500 元。

购买的音响应该称作什么呢？首先，对于这家花店来讲，购置音响是一笔不小的投入；其次，这台音响在未来的一年里肯定能够正常工作。因此，在这里，我们就暂且称之为“设备”。现在这台音响就是花店所拥有的一件东西，我们应把它放入资产中。

我们一起来填制一下记账卡片吧，如图 1-6 所示。

<table>
<tr><th>资产</th><th>负债</th></tr>
<tr><td rowspan="3">现金　（　　　）<br>设备　（　　　）</td><td>借款　（　　　）</td></tr>
<tr><td>所有者权益</td></tr>
<tr><td>投资　（　　　）</td></tr>
<tr><td>合计　（　　　）</td><td>合计　（　　　）</td></tr>
</table>

**图 1-6**

仔细观察一下这张卡片，现金减少了，其中一部分现金变成了设备，换句话说，就是将一项资产转换成了另一项资产。

这种转换改变了资产总额吗？没有，资产总额依然是 5 000 元。

卡片的右边因为采购了音响而发生变化了吗？没有，总额依然是 5 000 元。

卡片的左右两边相等吗？是的，依然相等。

## 场景四：采购鲜花　日期：2 月 13 日

现在，就差鲜花了，花店里摆满鲜花后，就可以正式营业了。马上就要到情人节了，玫瑰花一定会大卖，小陈和小侯决定先采购一批玫瑰花，希望通过情人节能够赚到他们人生中的第一桶金。于是，他们来到了鲜花批发市场，一次性批发了 300 枝玫瑰花，还采购了一些包装纸，准备自己动手把玫瑰花包装一下。

好了，我们一起来算算账，看看需要支付多少钱。如表 1-1 所示。

**表 1-1**

| 物品 | 单位 | 数量 | 单价（元） | 金额（元） |
|---|---|---|---|---|
| 玫瑰花 | 枝 | 300 | 5 | 1 500 |
| 包装纸 | 张 | 300 | 1 | 300 |
| 合计 | | | | 1 800 |

采购玫瑰花和包装纸一共需要支付现金 1 800 元。一手交钱一手交货，付完了钱，小陈和小侯捧走了 300 枝玫瑰花。在回学校的路上，小陈唱着小曲儿，心里美滋滋的，心想：要是这些玫瑰花全部卖掉了，一定能挣不少钱！一想到这儿，小陈越发起劲，一路踩着三轮车，飞奔回了花店。

好了，鲜花都买回来了，芳芳又要来记一下账了。

他们花了 1 800 元购买了鲜花和包装纸，就需要在现金中减少 1 800 元。

购买的鲜花和包装纸称作什么呢？采购回来是为了在情人节那天销售出去，日常生活中简称为商品，那我们就称之为“商品”。这些商品现在属于谁呢？花钱买回来的，当然属于花店，所以商品就是一种资产。

一起来填制一下记账卡片吧，如图 1–7 所示。

| 资产 | 负债 |
| --- | --- |
| 现金 （　　　）<br>设备 （　　　）<br>商品 （　　　） | 借款 （　　　）<br>**所有者权益**<br>投资 （　　　） |
| 合计 （　　　） | 合计 （　　　） |

**图 1–7**

仔细观察一下这张卡片，发现和之前购买音响的记账方法是一样的，设备和商品有着共同的特点，它们都是“花店拥有的东西”。从而我们得知，不能将资产狭义地理解为资金，它还有很多种表现形式，但凡是“企业拥有的东西”，都属于资产。

现在，卡片的左边，资产的总金额发生变化了吗？没有，资产总额依然是 5 000 元。

卡片的右边因为采购了一些商品而发生变化了吗？没有，总额依然是 5 000 元。

卡片的左右两边相等吗？是的，依然相等。

## 场景五：定价　日期：2 月 13 日

鲜花和包装纸都买回来了，开始动手包装吧。一枝玫瑰花，一张包装纸，用红丝带一绑，真是美极了！小陈看着自己的杰作，情不自禁地要炫耀一番。

芳芳也来花店帮忙了。小伙子们负责包装，芳芳负责布置。俗话说得好，男女搭配，干活不累。一下午的时间，所有玫瑰花都包装好了。花店的各个角落都摆满了玫瑰花，300 枝玫瑰花把小小的花店装扮得如此美丽，瞬间变成了花的海洋。

这么漂亮的玫瑰花，卖多少钱合适呢？

首先，我们需要计算一下产品成本，如图 1-8 所示。

| | |
|---|---|
| 300 枝玫瑰花 | ¥_____ |
| + 包装纸 | ¥_____ |
| 合计 | ¥_____ |

图 1-8

计算出了产品的总成本，就能够计算出每一枝包装后的玫瑰花的成本，即单位成本，如图 1-9 所示。

产品总成本：________ 元
———————————— = 单位成本：______ 元 / 枝
产品数量：________ 枝

图 1-9

通过计算，我们得知一枝包装好的玫瑰花的成本是 6 元，那卖多少钱合适呢？定价也是一门学问，定高了，没人买；定低了，又挣不到钱。

小陈询问了一下附近的花店，在总结调研的结果和一番深思熟虑后，最终决定卖 15 元 / 枝。

情人节，情侣之间送枝玫瑰花是再正常不过了，而且他们把玫瑰花包装得那么漂亮，相信一定能够卖出去。

当然，定价这个过程，我们就不需要在卡片上反映了。

## 场景六：卖花　日期：2 月 14 日

终于，迎来了重要的一天——情人节，这一天也是花店正式开业之日，这是一个阳光明媚、充满希望的日子。开始行动吧，这一天要把玫瑰花全部卖出去，任务还是非常艰巨的。

小伙子们一大早就来到了花店，做好了准备工作，芳芳也来店里帮忙。

大学生创业中心里来来往往的情侣们可真不少，两个小伙子长得帅气，嘴又甜，生意做得相当红火。

忙碌的一天终于结束了，玫瑰花销售一空！这可把两个小伙子高兴坏了。

花店打烊以后，三人围坐在一起，开始算账。300 枝玫瑰花全部卖光，到底能收到多少钱呢？我们一起来算一算吧，如表 1-2 所示。

**表 1-2**

| 物品 | 单位 | 数量 | 单价（元） | 金额（元） |
| --- | --- | --- | --- | --- |
| 玫瑰花 | 枝 | | | |

应该是多少钱呢？整整 4 500 元！对于大学生来说，这可是一笔不小的收入。还记得之前购买物料时候的开销吗？我们需要另外一张卡片来计算一下到底挣了多少钱。先看下面这个等式。

**利润 = 收入 – 成本**

相信这个等式大家都是非常熟悉的，不需要多做解释。“收入”就是挣来的 4 500 元，我们称为“销售收入”；“成本”就是采购物料花费的 1 800 元，我们称为“销售成本”。我们用销售收入减去销售成本，得到的结果，我们称为“毛利”。一起来填写一下吧，如图 1-10 所示。

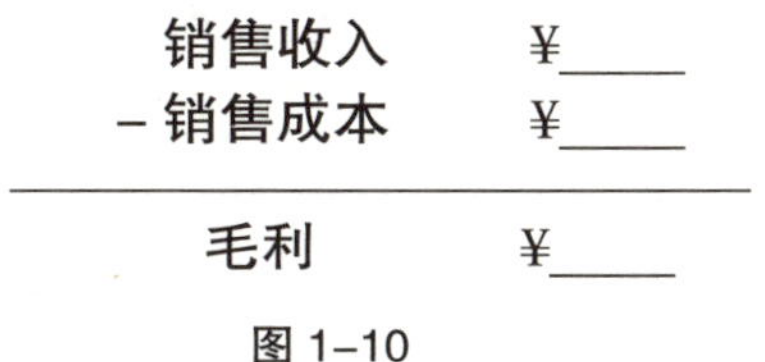


**图 1-10**

## 场景七：支付费用　日期：2 月 15 日

经过辛勤的劳动，他们真的挣了 2 700 元吗？太不可思议了，这是真的吗？可没那么容易！

首先，花店租金 500 元 / 月，之前的老板答应他们挣到了钱再支付。其次，他们为了运输鲜花，租了一辆三轮车，300 元 / 月。

付钱的时候到了！

费用是指那些除了商品生产成本之外企业经营所需要的花费。无论你采购了多少商品、销售了多少商品，都必须支付这笔钱。需要支付的车辆租金就属于费用范畴。

刚才，我们说到从收入中减去购买物料的成本后得到的是毛利。现在，让

我们再减去产生的所有费用，就会得到利润，如图 1-11 所示。

收入
– 成本
= 毛利
– 费用
= 利润

图 1–11

我们看到图 1-11 中将成本分为两类：一是成本，包括采购用于销售商品的所有支出；二是费用，包括经营中与商品不直接相关的其他支出。

现在，请回顾一下上一场景的内容，将数字填写到下面的公式里，这样我们就得到了一张完整的卡片，如图 1-12 所示。

收入　¥_____
– 成本　¥_____
= 毛利　¥_____
– 费用　¥_____
= 利润　¥_____

图 1–12

这是一张计算利润的卡片，在会计语言中称为“利润表”。我们来把这张卡片优化一下吧，如图 1-13 所示。数据已经填制在卡片中，来看看你计算的利润金额是否正确。

| 利润表 | |
|---|---|
| 项目 | 金额（元） |
| 销售收入 | 4 500 |
| - 销售成本 | 1 800 |
| 商品：玫瑰花 | 1 500 |
| 商品：包装纸 | 300 |
| 毛利 | 2 700 |
| - 总费用 | 800 |
| 花店租金 | 500 |
| 车辆租金 | 300 |
| 利润 | 1 900 |

图 1–13

## 场景八：算账

到了月底，小陈和小侯需要总结一个月的经营情况（为了便于理解，假设 2 月只有情人节一天的收入）。这时候，我们还是回到场景四的卡片中，将场景六和场景七发生的事情都记录到卡片中。

场景六中，玫瑰花全部销售出去了，因此，采购的商品金额减少了，与之对应的是赚到了 4 500 元，因此，现金就增加了。

场景七中，支付费用 800 元，因此，现金减少了 800 元。通过计算，小陈和小侯最终挣到了 1 900 元。这 1 900 元属于谁呢？当然属于小陈和小侯，所以应该记录到“所有者权益”中。但这挣来的 1 900 元并非投资，需要在“所有者权益”栏中新增一个项目，在这里，我们称为“盈利”。

我们一起来填制记账卡片，再来合计一下总金额，如图 1-14 所示。

| 资产 | 负债 |
|---|---|
| 现金 （ ）<br>设备 （ ）<br>商品 （ ） | 借款 （ ）<br>**所有者权益**<br>投资 （ ）<br>盈利 （ ） |
| 合计 （ ） | 合计 （ ） |

图 1-14

现在，左边的总额是多少？6 900 元。

右边的总额是多少？6 900 元。

左右相等吗？是的，相等。

这反映了会计恒等式：资产 = 负债 + 所有者权益。

# 第二节　初识资产负债表和利润表

大学生创业卖鲜花的故事讲到这里就结束了，在芳芳记录的这张卡片中，我们能够得到什么信息呢？我们一起在这张卡片中寻找答案，如图 1-15 所示。

| 资产 | 负债 |
|---|---|
| 现金 5 400 元<br>设备 1 500 元<br>商品 0 元 | 借款 3 000 元 |
| | **所有者权益** |
| | 投资 2 000 元<br>盈利 1 900 元 |
| 合计 6 900 元 | 合计 6 900 元 |

**图 1-15**

从这张卡片中可以看出：现在花店拥有的资产是现金 5 400 元和一台音响 1 500 元。其中：3 000 元是借来的，2 000 元是自己投资的，1 900 元是挣来的。

短短一个月的时间，就有如此大的变化，不得不说，现在的大学生还是非常有本事的。花店就这样一直经营着，生意非常好，到了毕业的时候，小陈和小侯挣得了人生中的第一桶金。当然，这里面还有芳芳的功劳，芳芳把花店的一本账记录得非常清楚，对于他们的事业起到了非常关键的核算和监督作用。更为励志的是，通过这一份事业，小陈还收获了自己的爱情，幸福地和芳芳走到了一起。

讲到这里，相信大家对于这张卡片的印象已经非常深刻了，这到底是一张什么类型的卡片呢？在会计中，这就是一张“资产负债表”。

打个比方，资产负债表更像是某一时刻的一张照片，是凝聚在特定瞬间的一个场景，显示了你做生意时的财务状况。到现在，我们已经制作了一连串的资产负债表，而这些资产负债表就好比是当天的快照，反映的是当天的财务状况。

因此，资产负债表是反映企业在某一特定日期财务状况的财务报表。它反映的是企业某一时点上关于财务状况的静态信息，是一种静态报表。

左边是资产，通俗地讲，是指企业所拥有的东西。

右边是负债和所有者权益，通俗地讲，负债就是欠别人的，所有者权益就是归企业所有者享有的。

资产负债表必须具备的特征是什么？平衡！即左边 = 右边。

在资产负债表中，我们发现了一个会计恒等式：

**资产 = 负债 + 所有者权益**

在上面的故事中，我们还见到了另外一张卡片，即图 1-13，我们称为“利润表”。如果说资产负债表像一张照片，那么利润表就好比是一部电影，它记录了一段时间内发生的事情，像电影一样有开始和结尾。

因此，利润表就是反映企业在一定会计期间经营成果的财务报表。它反映的是企业在一定期间关于经营成果的动态信息，是一种动态报表。

在利润表中，我们同样能够得到一个会计恒等式：

**收入 – 成本 = 利润**

让我们看看资产负债表中的数字和利润表中的数字。这两张表有何关联呢？利润表中利润和资产负债表中的盈利是相同的。这是为什么呢？挣到的钱，当然归花店所有。

这就是资产负债表和利润表之间的关系，我们用收入减去成本计算得到的利润，最终归属于所有者权益，也就是归企业所有者享有。

讲到这里，大家对于会计做账有了一定的概念和理解了吗？其实，会计就是这么简单，将企业发生的经济业务用特定的记账方式记录下来，用于反映企业的财务状况和经营成果。

接下来，我们就进入主题，正式开始学习会计基础知识。如果对于一些概念和定义不能很好地理解，就回想一下创业卖鲜花的故事，在故事中学会理解和运用。

# 第二章 会计基础理论知识

## 学习目标

- 了解会计职能和会计假设
- 理解会计等式
- 掌握会计六要素
- 掌握借贷记账法
- 掌握会计科目及账户
- 运用试算平衡法

在花店中，芳芳就是会计，通过这个故事，相信大家对于“会计”已经有了一定的概念。当然，在实际工作中，会计的工作可没那么简单，那到底什么是会计呢？

会计是以**货币**为**主要**计量单位，运用专门方法，**核算和监督**一个**单位**经济活动的一种**经济管理工作**。

会计的对象是指会计**核算和监督**的内容。只有能够以**货币计量**的经济活动才能纳入会计核算和监督的范围，能够以货币计量的经济活动通常被称为**价值运动或资金运动**。因此，会计的对象可以高度概括为**特定对象的资金运动**。

## 第一节 会计纲领

### 一、两大职能

会计的职能是指会计在经济管理中所具有的功能。**会计的基本职能是核算和监督**，同时具有预测经济前景、参与经济决策、进行经济控制、评价经营业绩等职能，如图 2-1 所示。

#### （一）核算

会计核算贯穿于经济活动的全过程，是会计最基本的职能，也称反映职能。会计核算是指会计通过**确认、计量、报告**，从数量上反映企业、

行政事业单位等已经发生或完成的经济活动，为经济管理提供经济信息的功能。

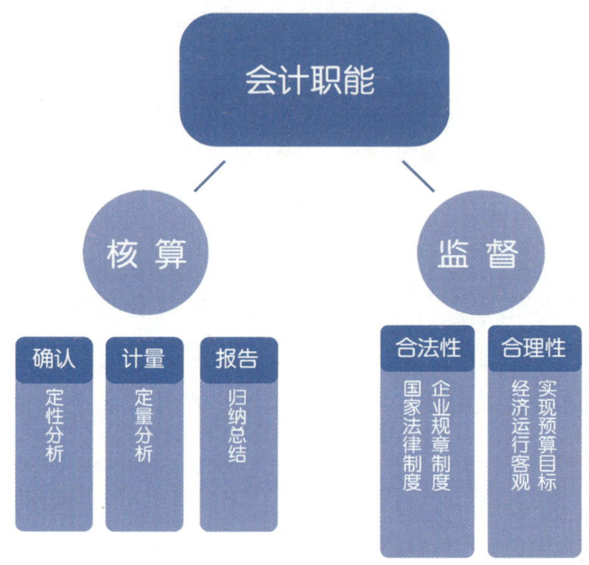


图 2-1　会计的职能

（二）监督

会计监督是指会计在其核算过程中，能够按照一定的目的和要求，对经济活动的**真实性、合法性、合理性进行的审查**，贯穿于会计管理活动的全过程，包括**事前监督**、**事中监督和事后监督**，如图 2-2 所示。

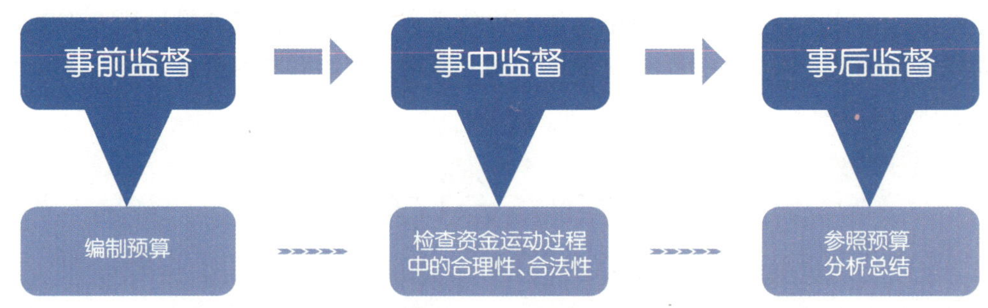


图 2-2　会计监督

（三）核算与监督的关系

会计核算与会计监督两大基本职能关系密切、相辅相成。会计核算职能是会计的首要职能，是会计监督的**基础**。另外，会计监督又是会计核算的**保证**。会计是通过核算为管理提供会计信息，又通过监督直接履行管理职能，两者必须结合起来发挥作用，才能正确、及时、完整地反映经济活动。

## 二、四大假设

世间万物都有前提，会计确认、计量和报告的前提就是会计假设，会计假设是对会计核算所处的时间、空间环境等做出的合理设定。现代会计体系建立在四个假设之上，它们分别是**会计主体、持续经营、会计分期、货币计量**，如图 2-3 所示。

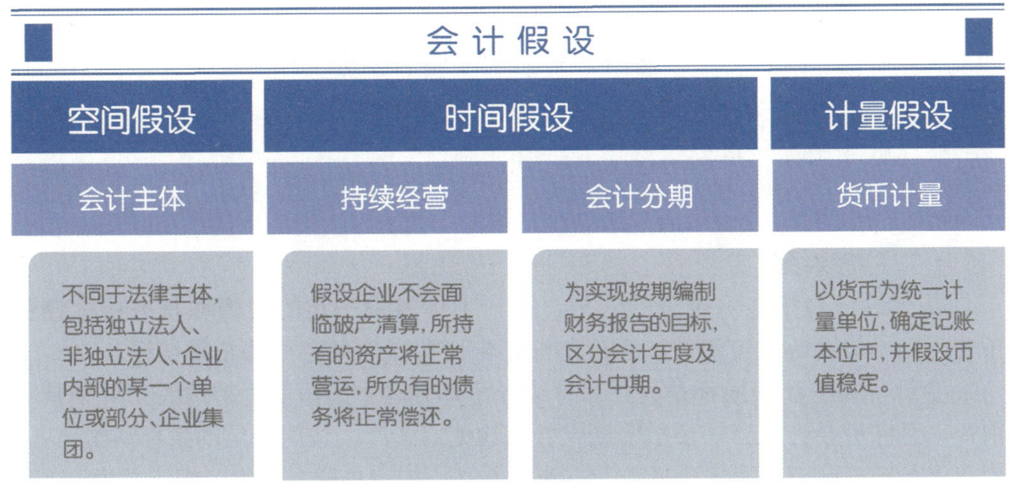


图 2-3　会计四大假设

### （一）会计主体

会计主体是指会计核算和监督的对象，即所提供的会计信息是哪个单位的信息。确认会计主体时，应判断其是否具备以下三个条件：

（1）具有一定数量的经济资源。

（2）能够进行独立的生产经营活动或其他活动。

（3）能够实行独立核算，提供反映本主体经济情况的会计报表。

需要强调的是，会计主体不同于法律主体。一般来说，**法律主体必然是一个会计主体，但会计主体不一定是法律主体**。也就是说，会计主体可以是独立法人，也可以是非法人；可以是一个公司，也可以是公司内部的某个特定部分；可以是单个公司，也可以是由几个公司组成的集团公司。会计主体和法律主体的关系如图 2-4 所示。

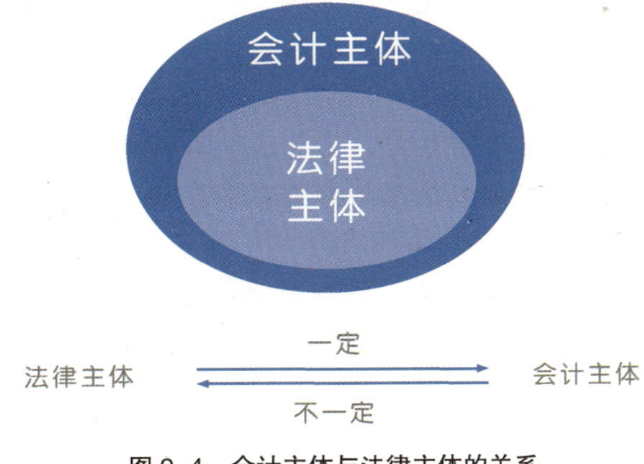


图 2-4　会计主体与法律主体的关系

## 分析

在企业集团中，一个母公司拥有若干子公司，企业集团在母公司的统一领导下开展经营活动。母、子公司虽然是不同的法律主体（母、子公司分别也是会计主体），但为了全面反映企业集团的财务状况、经营成果和现金流量，就有必要将这个企业集团作为一个会计主体，编制合并会计报表（此处的企业集团不是一个法律主体）。

又如，可将独立核算的生产车间、销售部门等作为一个会计主体来反映其财务状况，但它们都不是法律主体。

### （二）持续经营

持续经营是指在可预见的未来，会计主体**将按一定的规模和状态持续经营下去**，而不会面临破产清算，资产能够正常运营，债务也能够正常偿还。

会计核算方法一般都是建立在持续经营基础之上的，明确持续经营这个基本前提，意味着会计主体需要按照既定的用途使用资产，按照约定的条件清偿债务，会计人员则在此基础之上选择会计方法和原则，如历史成本原则、权责发生制等。

此外，在市场经济条件下，公司破产的风险依然存在。一旦公司破产，则不应再坚持按持续经营基本假设来选择会计核算方法，而应当采用破产清算的会计原则和方法。

## 分析

A 企业以 15 万元购进了一台设备，预计可用 5 年，每年可为企业带来收入 4 万元。

按持续经营假设，企业正常的生产经营活动能长期进行下去，即在可以预见的 5 年内不会破产。因此，这投入的 15 万元可分 5 年收回，每年承担 3 万元，因而，利用该设备 A 企业每年可赚 1 万元。

但如果没有这样的假定，则会计核算就无法正常进行了。如假设企业可能 4 年后破产，则该设备必须在 4 年内收回，每年需承担 3.75 万元。这样，每年就只有 0.25 万元的利润了；企业也可能正常经营 3 年，则每年要承担 5 万元，这样，每年亏损 1 万元。注意，这里没有考虑企业破产后设备还能变卖的价值。

### （三）会计分期

会计分期，也称为会计期间，是指将一个**会计主体持续经营的生产经营活动划分为一个个连续的、长短相同的期间**，以便于分期结算账目和编制财务会计报告。会计期间通常是一年（**会计年度**），在我国，以公历年度作为企业会计年度，即从**公历 1 月 1 日起至 12 月 31 日**止。短于一个会计年度的会计期间称为会计中期，一般有**半年度、季度和月度**。如图 2-5 所示。

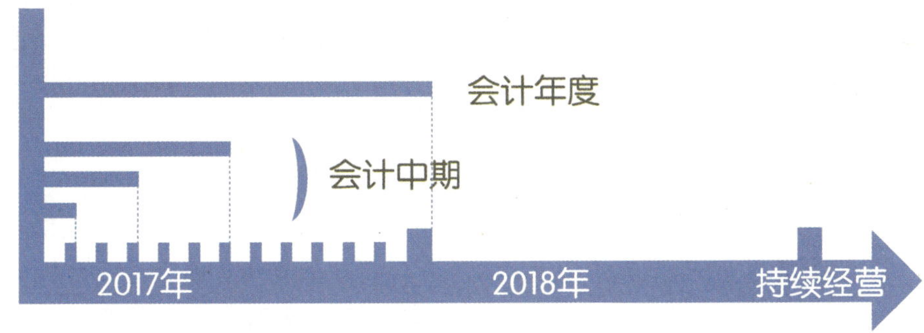


图 2-5　会计分期

正因为有了会计分期的基本假设，才产生了**本期与非本期**的区别，继而有了**权责发生制**和**收付实现制**的区别，进而又有了会计处理上预收、预付、应收、应付等一些特殊的会计核算方法。

权责发生制，是指收入、费用的确认应当以收入和费用的**实际发生**作为计量标准。凡是当期已经实现的收入和已经发生或负担的费用，不管款项是否收付，都应计入当期的收入和费用；凡是不属于当期的收入和费用，即使款项已经收付，也不应计入当期的收入和费用。收付实现制，则是与权责发生制相对应的一种会计核算方法，以实际收到或支付款项的日期来确认收入和费用。

#### 分析

A 公司预订第二年全年的报纸，费用为 1200 元。如果采用收付实现制，在预订的当月计入支出的费用为 1200 元；如果采用权责发生制，订报纸的当月不能将 1200 元计入费用，要等到第二年，按照每月应该摊销的数额 100 元按月计入费用。

目前，**我国企业会计**的确认、计量和报告采用**权责发生制**，**行政单位**会计采用**收付实现制**，事业单位会计除经营业务可以采用权责发生制以外，其他大都

采用收付实现制。

**（四）货币计量**

货币计量是指会计主体在会计确认、计量和报告时将货币作为统一的计量单位；同时，货币计量以货币价值不变、币值稳定为前提条件。只有这样，不同时点的资产价值以及不同时间的收入和费用才有可比性，会计核算信息才能客观地反映企业真实的经营状况。

我国《会计法》规定，会计核算以人民币为记账本位币。业务收支以人民币以外的货币为主的单位，可以选定其中一种货币作为记账本位币，但是编报的财务会计报告应当折算为人民币。

**分析**

一家企业可以拥有很多资产，比如，3 000 平方米的房屋、5 台机器设备、1 项专利、2 000 吨水泥等。那么，这家企业的总资产到底有多少呢？这些资产的计量单位都不同，无法进行汇总，所以，我们需要用货币来计量资产。

再如，我们经常说某名人身价 10 个亿，这 10 个亿是从哪里来的呢？就是采用货币计量方法，把该名人所有的资产汇总计算出来的。

以上四项假设相互依存、相互补充，会计主体确定了会计核算的空间范围，持续经营与会计分期则确定了会计核算的时间长度，货币计量则是为会计**核算提供了必要手段**。

花店的会计核算需要以会计基本假设为前提。例如，会计主体假设要求小陈和小侯分清楚哪些是花店的钱，哪些是自己口袋里的钱；尽管连他们自己都不知道这个花店能经营多久，但根据持续经营假设，仍可对购买的音响按期计提折旧。

## 三、六大要素

从会计的有关概念中，我们得知会计对象就是会计核算和监督的内容，即会计工作的客体。凡是特定主体能够以货币表现的经济活动，都是会计对象。通常将以货币表现的经济活动称为资金运动，因此，会计核算和监督的内容就是会计对象，即资金运动。

会计主体的经济业务存在各种类型，不同经济业务的性质和特征也各不相同，这就需要我们将经济业务按照其特征进行分类，并作为会计的基本要素。**会计要素是对会计对象进行的基本分类**，是对资金运动第二层次的划分，分为**资产、负债、所有者权益、收入、费用和利润六个要素**。其中，资产、负债和所有者权益表现资金运动的相对静止状态，反映企业的财务状况；收入、费用和利润表现资金运动的显著变动情况，反映企业的经营成果。会计六大要素如图 2-6 所示。

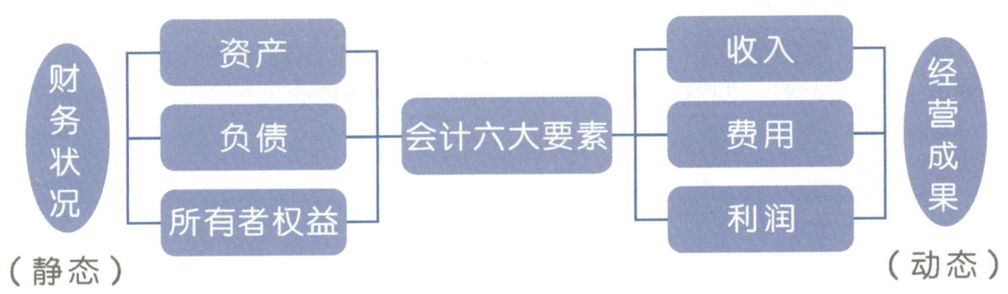


**图 2-6　会计六大要素**

**（一）资产**

资产是指**企业过去的交易或事项形成的，并由企业拥有或者控制的、预期会给企业带来经济利益的资源**。由此可见，资产有三项特征，如图 2-7 所示。

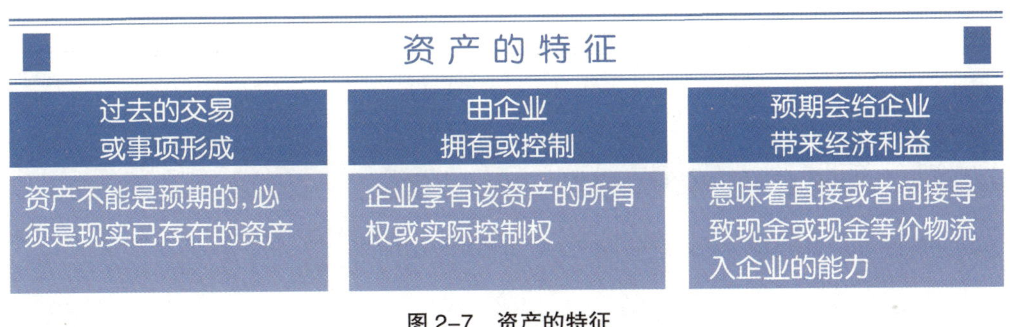


**图 2-7　资产的特征**

另外，会计中需要入账的资产必须是能够可靠计量的。

比如，采用租赁形式使用资产。如果是经营性租赁，即租期短且不承担设备的维修维护费用等，就不能作为资产来核算，因为本企业只拥有使用权，而不拥有所有权或者控制权。如果是融资租赁，即租期相当长，甚至接近该项资产的使用寿命，也就表明本企业能够使用或者控制该项资产以及其所带来的经济利益，那么就应该作为资产来确认、计量、记录和报告。资产的区分形式举例如图 2-8 所示。

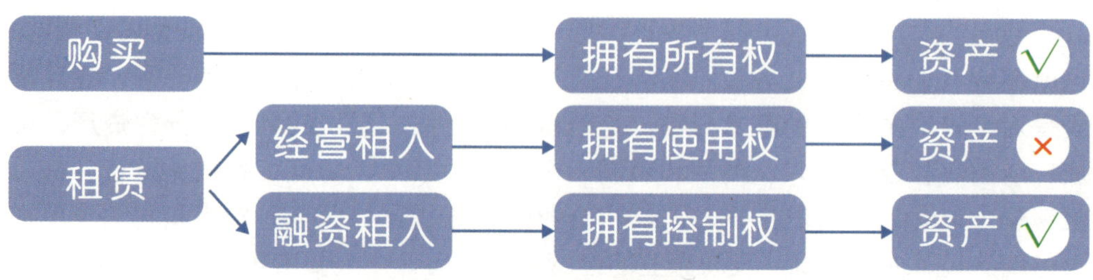


图 2-8 资产的区分形式举例

资产一般根据变现能力的大小分为**流动资产**和**非流动资产**。流动资产，包括货币资金、存货、应收账款等。非流动资产，包括长期投资、房屋设备等。在资产负债表中，资产是根据其流动性强弱来列示的。

花店购买的鲜花和包装纸，属于资产；购买的音响，花店拥有所有权，也属于资产。租用的三轮车，用完需要归还，因此不是资产。

### （二）负债

负债是指企业**过去的交易或事项形成的、预期会导致经济利益流出企业的现时义务**。负债的特征如图 2-9 所示。

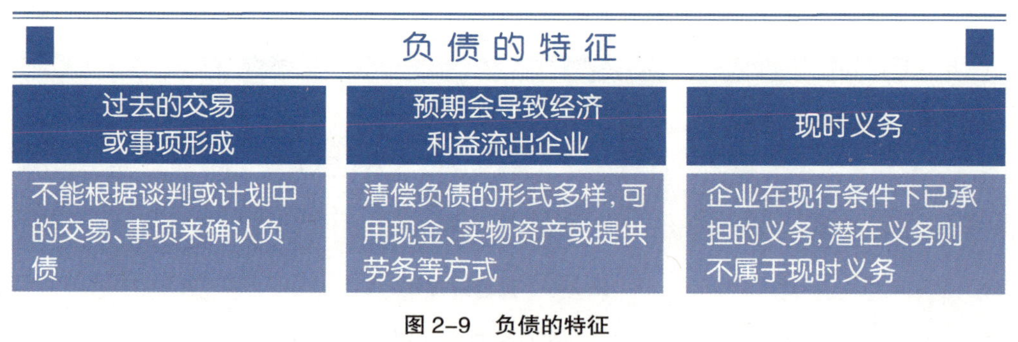


图 2-9 负债的特征

另外，负债属于企业需要承担的现时义务，同时该项义务有关的经济利益很可能流出企业，并且未来流出的经济利益的金额能够可靠地计量。

负债一般按照偿还期限或者偿还速度来划分，分为**流动负债**和**非流动负债**。流动负债是指预计在一年内或者在一个正常营业周期内偿还的债务，包括短期借款、应付票据、应付账款、预收账款、应付职工薪酬、应交税费等。非流动负债是流动负债以外的负债，主要包括长期借款、应付债券、长期应付款等。

小陈从金融机构取得的贷款3000元，就属于负债。由于是在短期内借的，3个月后就要归还，所以该项贷款属于流动负债中的短期借款。

### （三）所有者权益

所有者权益是指企业资产扣除负债后，由所有者享有的**剩余权益**，也被称为**净资产**。股份有限公司的所有者权益又称为股东权益。所有者权益的特征如图2-10所示。

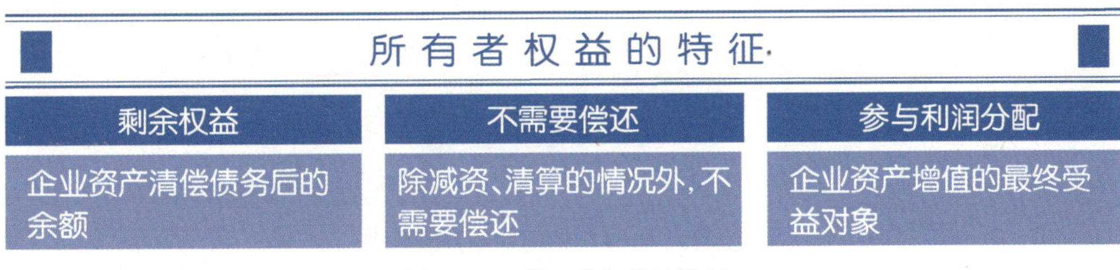


图2-10　所有者权益的特征

所有者权益一般包括**实收资本（股本）、资本公积、其他综合收益、盈余公积和未分配利润**。

小陈和小侯各自投入的1000元，属于实收资本。最后挣到的1900元，小陈和小侯还没有进行分配，属于未分配利润。

### （四）收入

收入是指企业在**日常活动中形成的、会导致所有者权益增加的、与所有者投入资本无关的经济利益的总流入**。收入的特征如图2-11所示。

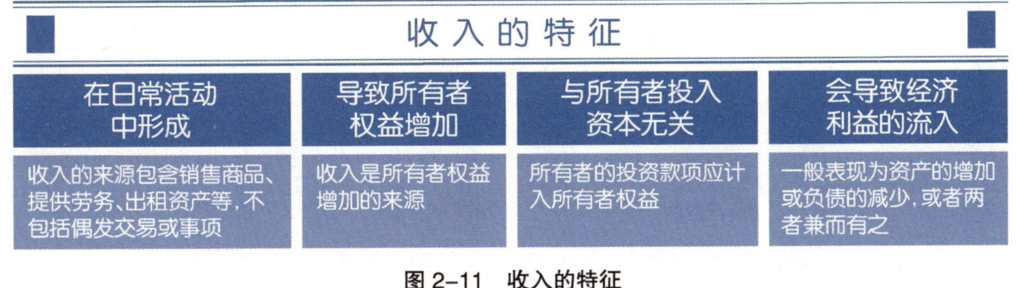


图2-11　收入的特征

明确界定日常活动是为了区分收入与利得，从而深入细致地分析企业的盈

利能力。企业在日常活动中所取得的收入是企业经济利益流入的基础，而企业非日常活动所形成的经济利益的流入不能确定为收入，应当计入利得。具体区分如图 2-12 所示。

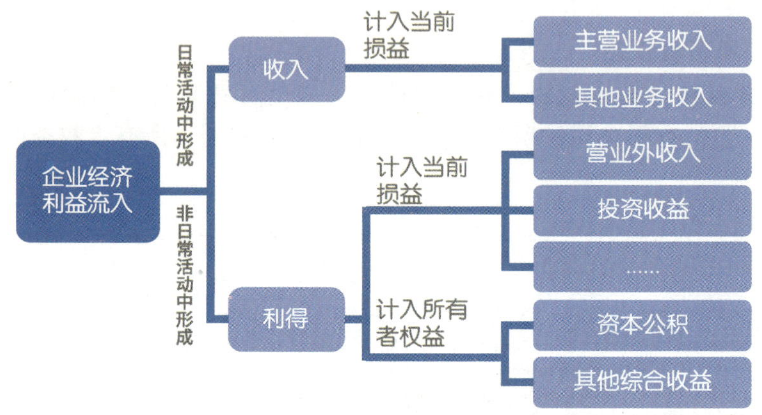


**图 2-12　企业经济利益流入的分类**

收入按照在企业日常活动中所处的地位，分为**主营业务收入**和**其他业务收入**。企业为完成其经营目标所从事的经常性活动实现的收入，我们称为主营业务收入，如销售商品、提供劳务等取得的收入。其他业务收入则用以记录企业发生的与经常性活动相关的其他活动，如销售原材料、出租包装物取得的收入等。

花店主要是卖鲜花，故卖鲜花取得的收入就属于主营业务收入。如果小陈将包装鲜花的废纸箱卖掉，获得的收入就属于其他业务收入。

### （五）费用

费用是指企业在**日常活动中发生的、会导致所有者权益减少的、与向所有者分配利润无关的经济利益的总流出**。费用的特征如图 2-13 所示。

| 费用的特征 | | | |
|---|---|---|---|
| 在日常活动中发生 | 导致所有者权益减少 | 与向所有者分配利润无关 | 会导致经济利益的流出 |
| 在销售商品、提供劳务、出租资产过程中形成，不包括偶发交易或事项 | 费用是所有者权益减少的因素 | 利润的形成在费用核算基础之上，而利润分配则反映在所有者权益中 | 一般表现为资产的减少或负债的增加，或者两者兼而有之 |

**图 2-13　费用的特征**

明确界定日常活动也是为了正确区别费用与损失，从而深入细致地分析企业的盈利能力。企业日常活动所形成的费用是企业经济利益流出的基础，而企业非日常活动所形成的经济利益的流出不能确定为费用，应当计入损失。具体区分如图 2-14 所示。

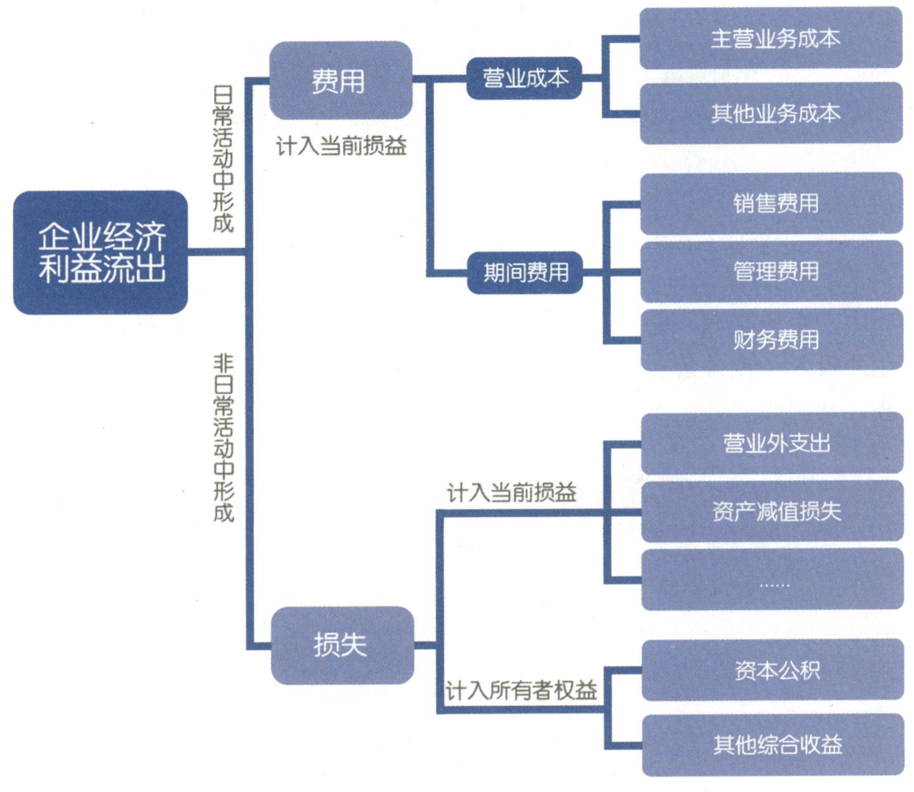


**图 2-14　企业经济利益流出的分类**

费用按照其性质可分为**营业成本**和**期间费用**。其中，营业成本是指销售商品或提供劳务的成本，包括**主营业务成本**和**其他业务成本**。期间费用是指企业在日常活动中发生的、需要直接计入损益的费用，包括**销售费用**、**管理费用**和**财务费用**。

> 花店批发的鲜花和包装纸花费的 1800 元，属于主营业务成本。支付的车辆租金 300 元是为了销售而支付的费用，应该计入销售费用。

### （六）利润

利润是指在一定会计期间的**经营成果**，包括收入减去费用后的金额、直接

计入当期利润的利得和损失等。如图 2-15 所示，利润金额取决于收入和费用、直接计入当期利润的利得和损失金额的计量。

图 2-15　利润的含义

利润按照构成可分为**营业利润、利润总额**和**净利润**。营业利润是企业在日常活动中产生的利润，它是企业利润的主要组成部分。**利润总额是指营业利润加上营业外收入，减去营业外支出后的金额。净利润是利润总额减去所得税费用后的金额**。利润的分类如图 2-16 所示。

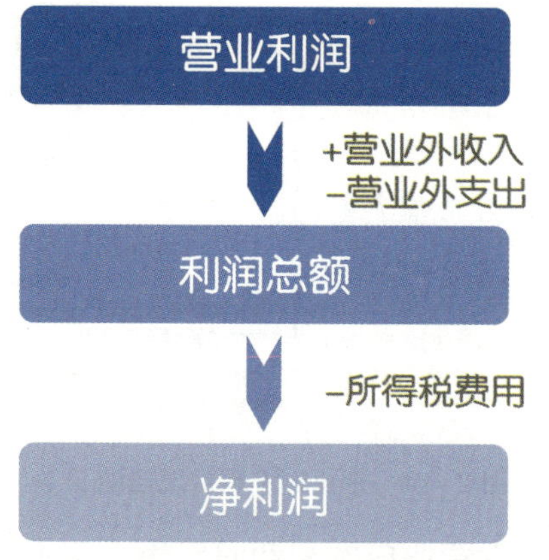


图 2-16　利润的分类

花店的经营活动比较简单，没有营业外收入和营业外支出，暂时也不需要考虑所得税费用的问题，所以，企业的营业利润、利润总额和净利润是相等的。

### （七）会计要素的计量属性

会计要素的计量属性是会计要素金额确定的基础，包括**历史成本、重置成本、可变现净值、现值**和**公允价值**，如图 2-17 所示。

| 历史成本 | 重置成本 | 可变现净值 | 现值 | 公允价值 |
| --- | --- | --- | --- | --- |
| • 也称实际成本<br>• 是取得或制造某项财产物资时实际支付的现金或其他等价物<br>• 是会计核算最基本的计量方法 | • 也称现行成本<br>• 是指按当前市场条件取得同样一项资产所需支付的现金或现金等价物金额<br>• 多用于计量固定资产的盘盈 | • 是指正常生产经营过程中，以预计售价减去进一步加工成本和预计销售费用以及相关税费后的净值<br>• 一般用于存货资产减值的后续计量 | • 考虑的是货币时间价值，对未来现金流量以恰当的折现率进行折现后的价值<br>• 一般用于非流动资产可收回金额的确定 | • 是指熟悉市场情况的买卖双方，在公平交易条件下自愿进行资产交换或债务清偿的金额<br>• 一般用于交易性金融资产、可供出售金融资产等的计量 |

图 2-17　会计要素的计量属性

小陈一年前买了一批材料，当时花了（1）10 000 元；现在小陈购买同样的一批材料需要（2）12 000 元；如果小陈将这批材料出售，卖出价款为（3）8 500 元（因为是旧材料）；如果小陈只是打算把材料卖掉，估计的售价为 9 000 元，支出的销售费用和相关税金为 200 元，则可变现净值为（4）9 000−200=8 800（元）；如果小陈将这批材料卖给另一个创业的同学，预期两年后才能收到款项 9 000 元，那么现在确认的这笔款项则应该用合理的折现方法，折算出 9 000 元的现值（5），即现在确认入账的价值。

上述款项中：（1）为历史成本，（2）为重置成本，（3）为公允价值，（4）为可变现净值，（5）为现值。

## 四、八大原则

会计信息是会计信息使用者进行决策的重要依据，必须真实、有效、正确。为确保会计信息的质量，就需要提出一些基本要求，用以指导和规范会计核算。决策有用性是会计的首要目标。

如图 2-18 所示，决策有用性包括**可靠性、相关性、可理解性、可比性、实质重于形式、重要性、谨慎性**和**及时性**。其中，可靠性、相关性、可理解性和可比性是会计信息的首要质量要求，是企业财务报告中所提供的会计信息应具备的基本质量特征；另外，实质重于形式、重要性、谨慎性和及时性是会计信息的

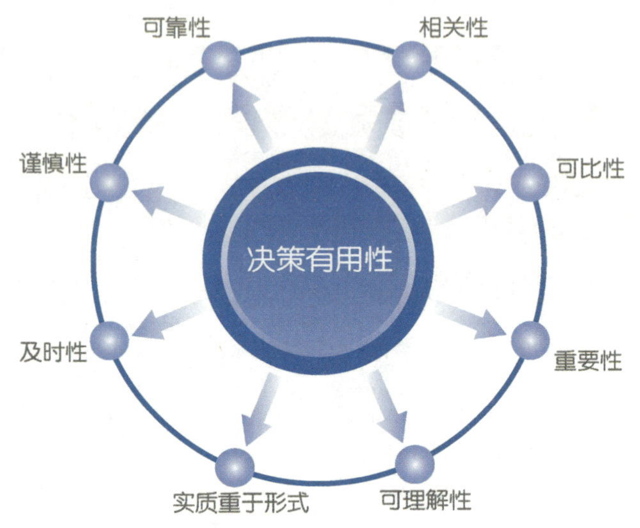


图 2-18　八大原则

次级质量要求，是对首要质量要求的补充和完善，尤其是在对某些特殊交易或者事项进行处理时，需要根据这些质量要求来把握会计处理原则。此外，及时性还是会计信息相关性和可靠性的制约因素，企业需要在相关性和可靠性之间寻求平衡，从而确定信息及时披露的时间。

### （一）可靠性

可靠性要求企业以实际发生的交易或者事项为依据进行确认、计量和报告，如实反映符合确认和计量要求的各项会计要素及其他相关信息，**保证会计信息真实可靠、内容完整**。

企业不得根据虚构的、没有发生的或者尚未发生的交易或者事项进行确认、计量和报告，同时要保证会计信息的完整性，不得遗漏或减少应当予以披露的信息。

### （二）相关性

相关性要求企业提供的会计信息与财务报告使用者的**经济决策相关**，有助于财务报告使用者对企业过去、现在或者未来的情况做出评价与预测。

相关的会计信息应该具有反馈价值和预测价值，需要充分考虑使用者的决策模式和信息需要。但是，相关性是以可靠性为基础的，两者并不矛盾，不应将两者对立起来。换句话说，会计信息在可靠性的前提下，要尽可能地相关，以满足投资者等财务报告使用者的决策需要。

历史成本计量具有可靠性，但相关吗？

以一个仓库为例，从经济权益的角度看，这个仓库的价格（或价值）一个是历史购买价格，另一个是现在的市场价格。用历史成本和公允价值这两个价格反映该仓库的价值，哪个更可靠？哪个更相关？很显然，仓库的历史购买价格是一个可靠的数字，真实存在，有据可查。但是，这个仓库的历史购买价格是不是一个相关的数字呢？过去的购买价格和现在的市场价格是不会相同的，尤其在房地产市场高度膨胀的时代，相信谁都不会拿10年前购买房子的价格来决策现在的价格吧。

因此，越可靠的数据、越真实的历史价格并不意味着越相关的信息。

### （三）可理解性

可理解性要求企业提供的会计信息应当清晰明了，便于财务报告使用者理解和使用。只有财务报告所提供的会计信息**清晰明了、易于理解**，才能提高会计信息的有用性，从而实现财务报告的目标。

与此同时，财务报告使用者需要了解企业相关的经营活动，也需要具备一定的会计知识，因为会计信息毕竟是一种专业性较强的信息产品。对于相对来说比较复杂又与使用者的经济决策相关的信息，要求企业在财务报告中予以充分披露。

### （四）可比性

可比性要求企业提供的会计信息相互可比，包括两个方面：**一方面是同一企业不同时期的可比性；另一方面是同一时期不同企业的可比性**。

同一企业不同时期发生的相同或者相似的事项应当采用一致的会计政策，不得随意变更。在此基础之上，财务报告使用者可以了解企业财务状况、经营成果以及现金流量的变化趋势，通过比较企业不同时期的财务信息，分期、客观地评价过去、预测未来，从而做出决策。

同一时期不同企业发生的相同或相似的事项应当采用规定的会计政策，确保会计信息口径一致、相互可比，便于财务报告使用者评价不同企业的财务状况、经营成果和现金流量的变动情况。

### （五）实质重于形式

企业发生的交易或事项在多数情况下其经济实质和法律形式是一致的，

但在有些情况下也会不一致。实质重于形式原则要求企业**按照交易或事项的经济实质进行会计确认、计量和报告，而不仅仅以交易或事项的法律形式为依据**。

## 分析

以融资租赁方式租入的资产，虽然从法律形式来讲企业并不拥有其所有权，但是由于租赁合同中规定的租赁期相当长，接近于该资产的使用寿命；租赁期结束时承租企业有优先购买该资产的选择权；在租赁期内，承租企业有权支配资产并从中受益等。因此，从经济实质来看，企业能够控制融资租入资产所创造的未来经济利益，在会计确认、计量和报告时就应当将以融资租赁方式租入的资产视为企业的资产，列入企业的资产负债表。

相对应的，以经营租赁方式租入的资产，就不能视作企业的资产，企业直接将租赁费列支到利润表中，租赁资产不列入资产负债表。

### （六）重要性

重要性要求企业提供的会计信息要反映与企业财务状况、经营成果和现金流量有关的所有重要交易或事项。

**重要性的应用需要依靠职业判断**，企业应根据其所处的环境和实际情况，从交易或事项的性质和金额大小两方面加以判断。

### （七）谨慎性

谨慎性要求企业对交易或事项进行会计确认、计量和报告时保持应有的谨慎，**不应高估资产或收益，也不能低估负债或费用**。

谨慎性的应用也不允许企业设置秘密准备，如果企业故意低估资产或收益，或者故意高估负债或费用，将不符合会计信息的可靠性和相关性要求，直接影响会计信息质量，从而对使用者的决策产生误导，这是会计准则坚决不允许的。

### （八）及时性

及时性要求企业对于已经发生的交易或事项，及时进行确认、计量和报告，不得提前或延后。

会计信息的价值在于帮助财务报告使用者做出经济决策，具有**时效性**。即使是可靠的、相关的会计信息，如果不及时提供，就失去了其时效性，对于使用者的效用就大大降低了，甚至不再具有实际意义。

## 第二节 会计术语

学习会计有一个必备前提，那就是深刻了解会计术语。每一笔经济业务，都要用会计术语来表达，然后进入到会计处理环节。

### 一、会计科目

#### （一）会计科目的概念

在上一节，我们学习了会计的六大要素，其实这也是会计术语，不过还不够细化。**会计要素是对会计对象进行的基本分类，是对资金运动第二层次的划分**，为了对会计要素的内容做进一步分类，需要设置会计科目，也就是说，**会计科目是对资金运动进行第三层次的划分**。会计对象、会计要素和会计科目共同形成了对经济业务进行反映的分类体系，三者之间的关系如图2-19所示。

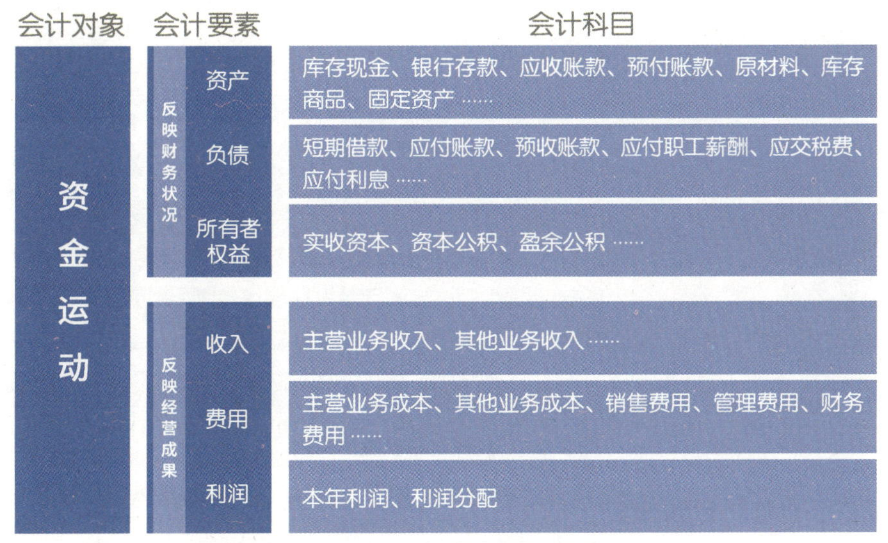


图2-19 会计对象、会计要素和会计科目的关系

会计科目是进行各项会计记录和提供各项会计信息的基础，它在会计核算中具有重要的意义。其重要作用主要表现在如图2-20所示的几个方面。

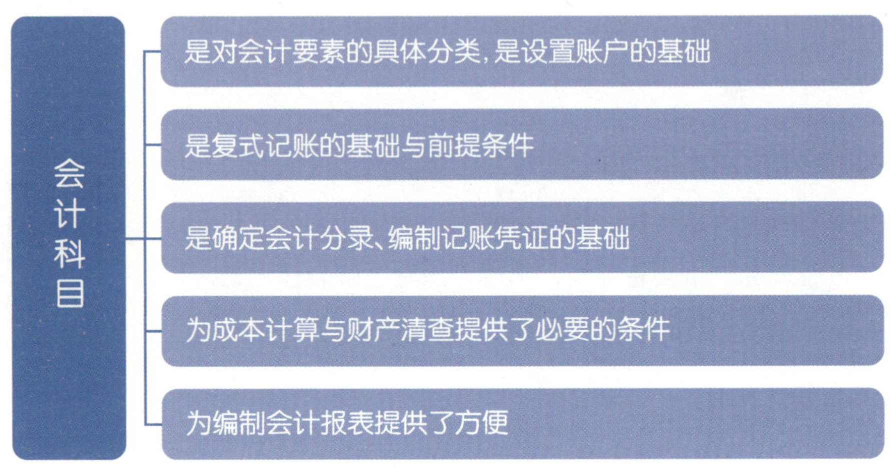


图 2-20　会计科目的作用

### （二）会计科目设置的原则

会计科目作为反映会计要素的构成及其变化情况，为投资者、债权人、企业经营管理者等提供会计信息的重要手段，在会计科目的设置过程中应尽量科学、合理，满足下列原则，如图 2-21 所示。

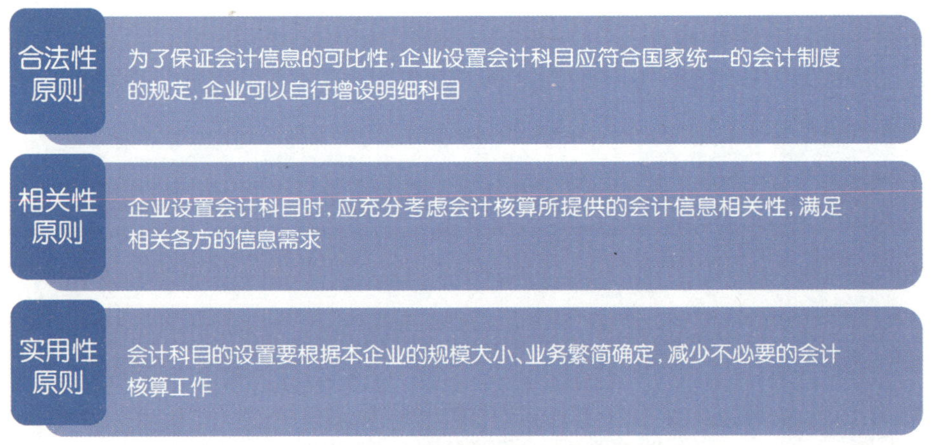


图 2-21　会计科目设置的原则

### （三）会计科目的分类

会计科目虽然反映不同的经济内容，但它们之间相互联系、相互补充，组成了一个完整的会计科目体系。

（1）根据经济内容的不同，会计科目分为**资产类科目、负债类科目、所有者权益类科目、成本类科目**和**损益类科目**。会计要素与会计科目的对应关系如图

2-22 所示。

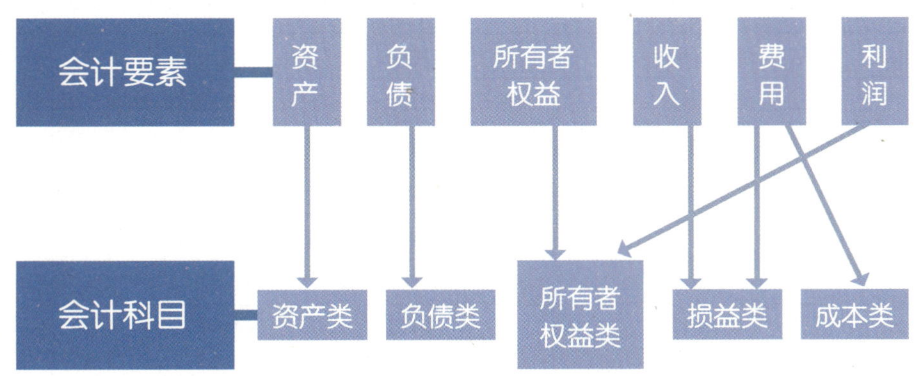


图 2-22　会计要素和会计科目的对应关系

（2）根据所提供的信息详细程度与统驭关系，会计科目分为**总分类科目（一级科目）**和**明细分类科目（二级科目、三级科目等）**。举例说明，如图 2-23 所示。

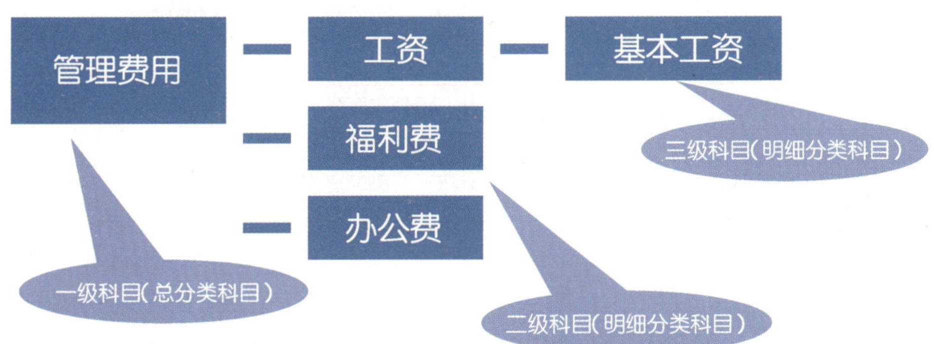


图 2-23　总分类科目和明细分类科目举例

我国《企业会计准则》对会计科目进行了统一的规定，总分类科目由财政部统一制定。一般企业常用的会计科目如表 2-1 所示。

表 2-1　企业常用会计科目表

| 编号 | 会计科目名称 | 常用 | 编号 | 会计科目名称 | 常用 |
| --- | --- | --- | --- | --- | --- |
| 一、资产类 | | | 2101 | 交易性金融负债 | |
| 1001 | 库存现金 | √ | 2201 | 应付票据 | √ |
| 1002 | 银行存款 | √ | 2202 | 应付账款 | √ |
| 1012 | 其他货币资金 | | 2203 | 预收账款 | √ |
| 1101 | 交易性金融资产 | | 2211 | 应付职工薪酬 | √ |
| 1121 | 应收票据 | √ | 2221 | 应交税费 | √ |

续前表

| 编号 | 会计科目名称 | 常用 | 编号 | 会计科目名称 | 常用 |
|---|---|---|---|---|---|
| 1122 | 应收账款 | √ | 2231 | 应付利息 | √ |
| 1123 | 预付账款 | √ | 2232 | 应付股利 | √ |
| 1131 | 应收股利 | | 2241 | 其他应付款 | √ |
| 1132 | 应收利息 | | 2245 | 持有待售负债 | |
| 1221 | 其他应收款 | √ | 2401 | 递延收益 | |
| 1231 | 坏账准备 | | 2501 | 长期借款 | |
| 1401 | 材料采购 | | 2502 | 应付债券 | √ |
| 1402 | 在途物资 | | 2701 | 长期应付款 | |
| 1403 | 原材料 | √ | 2702 | 未确认融资费用 | |
| 1404 | 材料成本差异 | | 2801 | 预计负债 | |
| 1405 | 库存商品 | √ | 2901 | 递延所得税负债 | |
| 1406 | 发出商品 | | 三、所有者权益类 | | |
| 1407 | 商品进销差价 | | 4001 | 实收资本 | √ |
| 1408 | 委托加工物资 | | 4002 | 资本公积 | √ |
| 1411 | 周转材料 | √ | 4003 | 其他综合收益 | |
| 1471 | 存货跌价准备 | | 4101 | 盈余公积 | √ |
| 1481 | 持有待售资产 | | 4103 | 本年利润 | √ |
| 1482 | 持有待售资产减值准备 | | 4104 | 利润分配 | √ |
| 1501 | 持有至到期投资 | | 4201 | 库存股 | |
| 1502 | 持有至到期投资减值准备 | | 四、成本类 | | |
| 1503 | 可供出售金融资产 | | 5001 | 生产成本 | √ |
| 1511 | 长期股权投资 | | 5101 | 制造费用 | √ |
| 1512 | 长期股权投资减值准备 | | 5201 | 劳务成本 | |
| 1521 | 投资性房地产 | | 5301 | 研发支出 | |
| 1531 | 长期应收款 | | 五、损益类 | | |
| 1532 | 未实现融资收益 | | 6001 | 主营业务收入 | √ |
| 1601 | 固定资产 | √ | 6051 | 其他业务收入 | √ |
| 1602 | 累计折旧 | √ | 6101 | 公允价值变动损益 | |
| 1603 | 固定资产减值准备 | | 6111 | 投资收益 | |
| 1604 | 在建工程 | √ | 6115 | 资产处置损益 | |

续前表

| 编号 | 会计科目名称 | 常用 | 编号 | 会计科目名称 | 常用 |
|---|---|---|---|---|---|
| 1605 | 工程物资 | | 6117 | 其他收益 | |
| 1606 | 固定资产清理 | | 6301 | 营业外收入 | √ |
| 1701 | 无形资产 | √ | 6401 | 主营业务成本 | √ |
| 1702 | 累计摊销 | √ | 6402 | 其他业务成本 | √ |
| 1703 | 无形资产减值准备 | | 6403 | 税金及附加 | √ |
| 1711 | 商誉 | | 6601 | 销售费用 | √ |
| 1801 | 长期待摊费用 | √ | 6602 | 管理费用 | √ |
| 1811 | 递延所得税资产 | | 6603 | 财务费用 | √ |
| 1901 | 待处理财产损溢 | √ | 6701 | 资产减值损失 | |
| | | | 6711 | 营业外支出 | √ |
| 二、负债类 | | | 6801 | 所得税费用 | √ |
| 2001 | 短期借款 | √ | 6901 | 以前年度损益调整 | |

除会计制度规定设置的会计科目以外，企业在不违反《企业会计准则》中确认、计量、报告规定的前提下，可以根据实际情况和需要自行设置明细分类科目。

花店属于小微企业，可以根据《小企业会计准则》所规定的会计科目表，并结合花店的核算需要设计会计科目。那么卖花故事中的业务涉及哪些会计科目？一起来对照一下吧。

| 原名称 | 科目对照 | |
|---|---|---|
| | 一级科目 | 二级科目 |
| 现金 | 库存现金 | — |
| 设备 | 固定资产 | — |
| 商品 | 库存商品 | 鲜花 |
| | | 包装纸 |
| 借款 | 短期借款 | A 金融机构 |
| 投资 | 实收资本 | 小陈 |
| | | 小侯 |
| 收入 | 主营业务收入 | — |
| 成本 | 主营业务成本 | — |
| 费用 | 销售费用 | 车辆租金 |
| | 管理费用 | 租金 |

## 二、会计账户

### （一）会计账户的概念

会计科目只是**对会计对象具体内容进行分类的项目或名称**，利用它还不能进行具体的会计核算。为了全面、序时、连续、系统地反映和监督会计要素的增减变动，还需要设置会计账户。**会计账户（也可称为账户）是根据会计科目设置的，具有一定的格式和结构，用于分类反映会计要素的增减变动情况及其结果。**

设置账户是会计核算的一种专门方法，每个账户都有一个简要的名称，即会计科目，用来说明该账户所记录的经济业务。同会计科目的分类相对应，账户分为总分类账户和明细分类账户，或者根据会计科目的内容分类，也可以分为**资产类账户、负债类账户、所有者权益类账户、成本类账户、损益类账户**。

### （二）会计账户的基本结构

会计账户的结构，是指在账户中需要设置的不可缺少的部分，如何记录经济业务事项，以提供必要的核算指标。从数量上看，发生经济业务所引起的会计要素变动，无非是增加和减少两个方面，因而账户也分为左、右两个方向，一方登记增加，另一方登记减少。**至于哪一方登记增加，哪一方登记减少，取决于所记录经济业务和账户的性质。**

账户的具体内容一般应该包括账户名称、日期和摘要、凭证字号、发生额和余额。具体如图 2-24 所示。

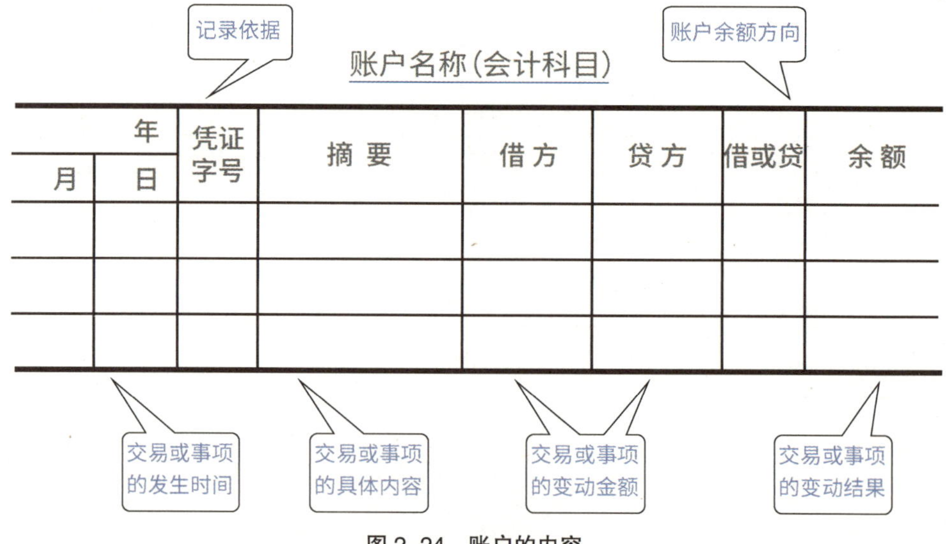


图 2-24 账户的内容

账户中所记录的金额有**期初余额、本期增加发生额、本期减少发生额和期末余额**，这四项金额被称为账户的**四项金额要素**，它们之间存在着等式换算关系，即

**期末余额＝期初余额＋本期增加发生额－本期减少发生额**

为了便于教学以及说明问题，可以将账户的基本结构简化成 T 形账，如图 2-25 所示。

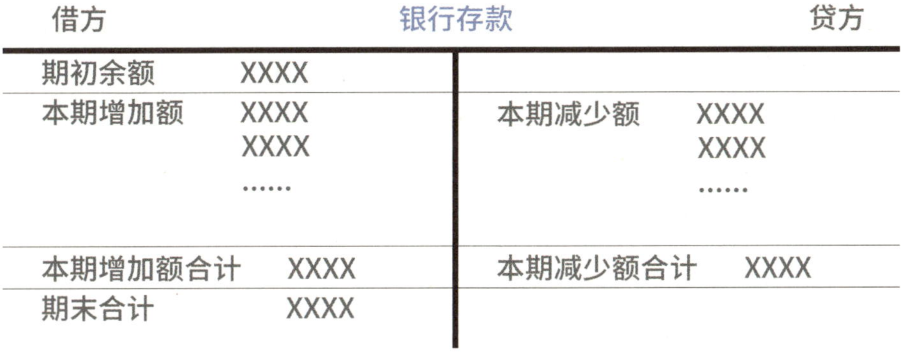

| 借方 | | 银行存款 | 贷方 |
|---|---|---|---|
| 期初余额 | XXXX | | |
| 本期增加额 | XXXX<br>XXXX<br>…… | 本期减少额 | XXXX<br>XXXX<br>…… |
| 本期增加额合计 | XXXX | 本期减少额合计 | XXXX |
| 期末合计 | XXXX | | |

图 2-25　T 形账

## 三、会计科目与会计账户的区别和联系

在实际工作中，会计账户通常也叫作会计科目，但在会计学中，会计账户和会计科目是两个不同的概念，它们之间既有关联又有区别。首先，它们所反映的经济内容是一致的，账户是根据会计科目设置的，会计科目是账户的名称，会计科目和账户在账页中有机结合，就构成了会计账簿的统一体；其次，会计科目只是账户的名称，本身没有结构，而账户用以登记经济业务的发生情况，反映核算项目的增减变动。会计科目与账户的区别举例如图 2-26 所示。

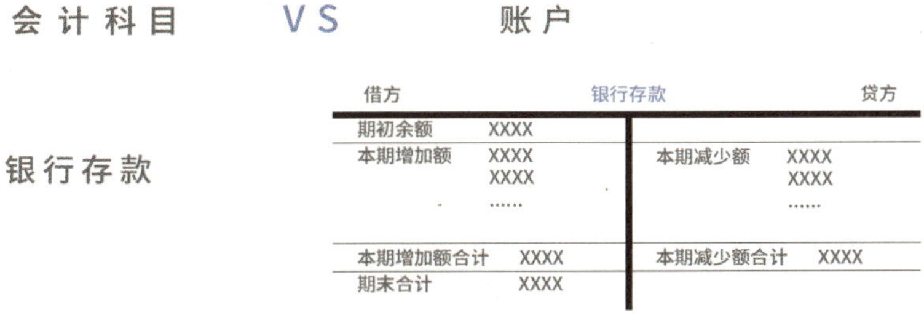

会 计 科 目　　VS　　账 户

银 行 存 款

| 借方 | | 银行存款 | 贷方 |
|---|---|---|---|
| 期初余额 | XXXX | | |
| 本期增加额 | XXXX<br>XXXX<br>…… | 本期减少额 | XXXX<br>XXXX<br>…… |
| 本期增加额合计 | XXXX | 本期减少额合计 | XXXX |
| 期末合计 | XXXX | | |

图 2-26　会计科目与账户的区别

# 第三节　会计等式

## 一、会计等式的含义

会计等式是财务报表编制的基础，也是会计体系运行的定律。前面章节学过六大会计要素，会计等式就是用数学算式来描述会计要素之间相互关系的一种表达式。在学习借贷记账法之前，首先要理解会计恒等式，这样既有助于理解资产负债表、利润表的结构原理，也便于进行财务分析。由于会计要素分为表现财务状况的静态要素和表现经营成果的动态要素，或者说是分为资产负债表要素和利润表要素，于是就相应地存在两个主要的会计等式——**静态会计等式**和**动态会计等式**。各个会计要素之间又存在相互转化的内在联系，因此，可以动静结合，形成第三个会计等式——**综合会计等式（扩展会计等式）**。

## 二、静态会计等式

静态会计等式，其实是表现资产和权益关系的会计等式。企业要从事生产经营活动，必须拥有或控制一定的资产，在核算资产的同时，需要说明资产从何而来，又归之于谁。为企业提供资产的自然人或法人，对企业具有索偿权，这种索偿权在会计上称为权益。因此，权益体现了资产的来源，资产体现了权益的去向，资产和权益相互依存，没有权益就没有资产，没有资产也就没有权益。于是，资产和权益在金额上永远保持着平衡关系，如图 2-27 所示。

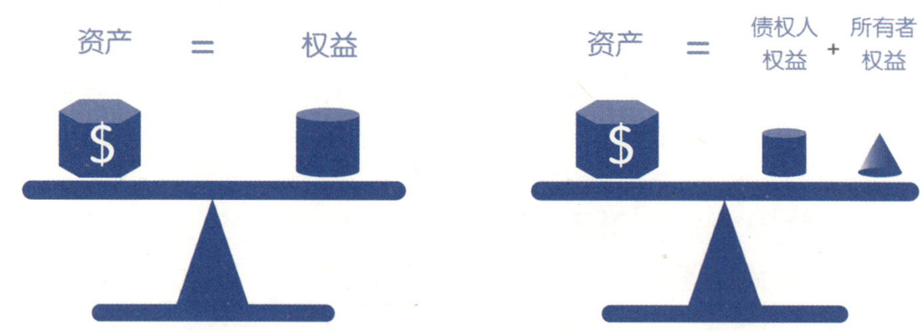


图 2-27　静态会计等式

**“资产 = 负债 + 所有者权益”被称为会计恒等式，也称为基本会计等式或者第一会计等式**。这一等式反映了企业资金运动过程中特定时点上资产和权益的构成，资产、负债和所有者权益是企业资金运动在相对静止状态下的基本内容，是资金运动的静态表现。资产和权益的恒等关系是复式记账法的理论基础，也是企业会计中设置账户、试算平衡和编制资产负债表的理论依据。

## 三、动态会计等式

**动态会计等式，其实是体现收入、费用和利润关系的会计等式**。企业经营是为了获取收入、实现盈利。企业在取得收入的同时，必然要发生相对应的费用。通过收入与费用的比较，就能确定企业一定时期的盈利水平。从广义上说，企业一定时期所获取的收入扣除所发生的成本、费用后的余额，就表现为利润，如图 2-28 所示。

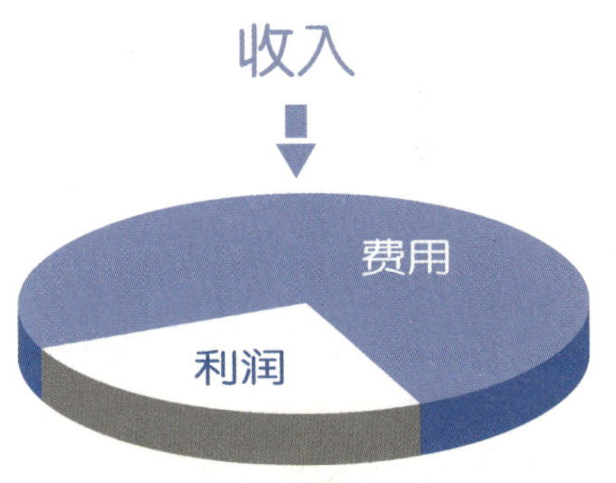


图 2-28　动态会计等式

**“收入－费用 = 利润”被称为第二会计等式，是资金运动的动态表现**，体现了企业一定时期内的经营成果。收入、费用和利润之间的关系，是企业编制利润表的基础。

在实际工作中，由于企业经济利益的流入不仅包括日常活动中形成的收入，还包括**非日常活动中所形成的利得，如接受捐赠、处置固定资产净收益**等；企业经济利益的流出不仅包括日常活动中产生的费用，还包括**非日常活动中产生的损失，如自然灾害损失、处置固定资产净损失**等。所以，收入减去费用，需要经过相关利得和损失的调整后，才能形成营业利润、利润总额和净利润等利润指标。

## 四、综合会计等式

由于企业是由所有者投资成立的，企业实现的利润必然归属于所有者。因此，利润的实现会表现为所有者权益的增加；反之，若企业经营亏损，也将由所有者承担，从而引起所有者权益的减少，在此过程中，就建立起新的平衡关系。于是，在一个会计期末，可以将动态会计等式代入到静态会计等式中，动静结合，就能得到：

资产＝负债＋所有者权益＋利润

资产＝负债＋所有者权益＋（收入－费用）

移项，得到综合会计等式：

资产＋费用＝负债＋所有者权益＋收入

具体关联关系及转变形式，如图 2–29 所示。

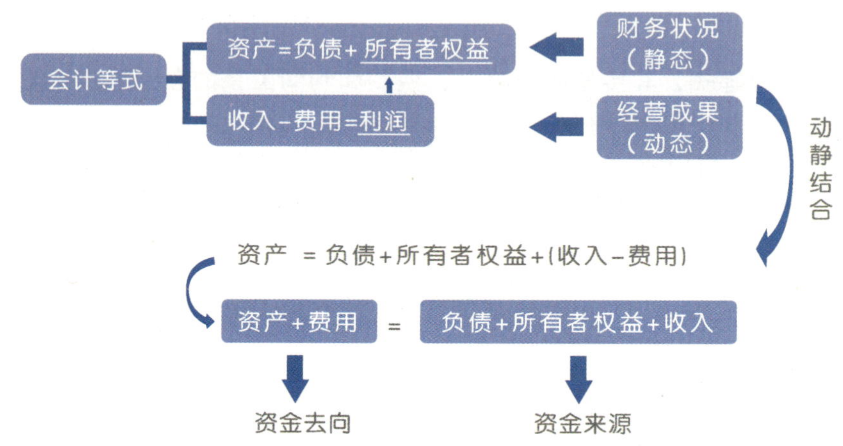


图 2–29　综合会计等式的转变形式

会计交易或事项影响会计等式存在一定的规律：**一方面，交易或事项影响会计等式的左右两边的要素时，一定是等额同增或同减；另一方面，交易或事项只影响会计等式某一边（左边或者右边）的要素时，一定是等额一增一减**。如图 2–30 所示。

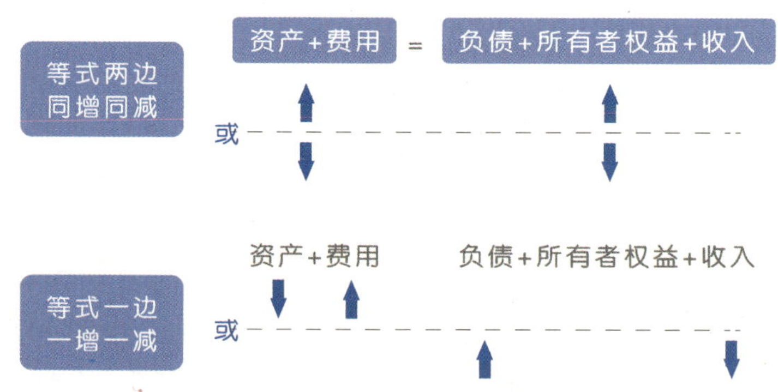


图 2–30　影响会计等式的规律

但是，无论如何变动，**任何交易或事项的发生都不会破坏会计等式的平衡关系**，具体表现如下：

(1) 一项资产增加、另一项资产等额减少的经济业务；

(2) 一项资产增加、一项负债等额增加的经济业务；

(3) 一项资产增加、一项所有者权益等额增加的经济业务；

(4) 一项资产减少、一项负债等额减少的经济业务；

(5) 一项资产减少、一项所有者权益等额减少的经济业务；
(6) 一项负债增加、另一项负债等额减少的经济业务；
(7) 一项负债增加、一项所有者权益等额减少的经济业务；
(8) 一项所有者权益增加、一项负债等额减少的经济业务；
(9) 一项所有者权益增加、另一项所有者权益等额减少的经济业务。

# 第四节　记账方法

## 一、会计记账方法

企业在会计交易或事项发生后，根据记账原理，运用专门的记账符号和记账规则，将交易或事项记录在有关账户中的方法，就是会计记账方法。根据是否以会计等式为记账原理和记录是否完整，会计记账方法分为**单式记账法**和**复式记账法**两种。举例说明两者的区别，如图 2-31 所示。

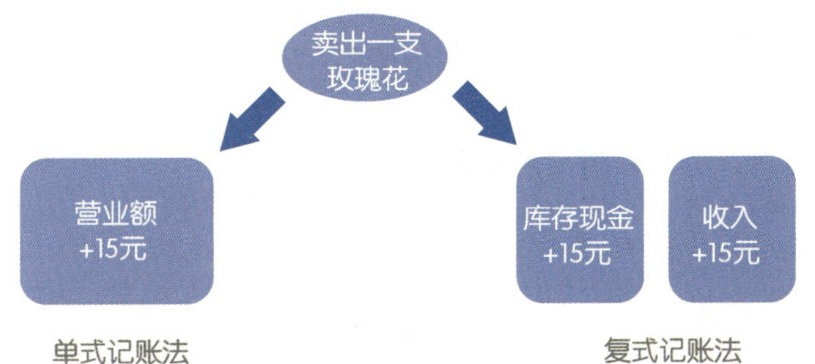


图 2-31　单式记账法和复式记账法的区别举例

单式记账法，是对发生的经济业务只在一个账户中登记的方法，它不能全面、完整地反映经济活动过程。另外，单式记账法下记录的数字之间缺乏必然的联系，因此无法反映经济业务的来龙去脉，更不能检查账户的记录是否正确。

**复式记账法，是对每一项经济业务都以相等的金额同时在两个或两个以上相互联系的账户中进行登记，从而反映经济业务所引起的资金增减变动的一种记账方法**。相对于单式记账法，复式记账法保证了会计核算的正确性、完整性，是一种科学的记账方法。

在长期实践中，复式记账法又分为借贷记账法、增减记账法和收付记账法三种。在我国，所有企事业单位在进行会计核算时，都必须采用**借贷记账法**。借贷记账法是目前世界上普遍采用的一种记账方法。

## 二、借贷记账法

借贷记账法是**以“借”和“贷”为记账符号，以“有借必有贷，借贷必相等”为记账规则**，反映会计交易或事项引起各会计要素增减变动及其结果的一种复式记账方法。

### （一）记账符号

“借”和“贷”原本起源于中世纪的意大利，最初用来表示债权和债务的增减变动。后经完善和发展，传遍欧洲、美洲等世界各地，借贷记账法成为世界通用的记账方法。随着借贷记账法在世界范围的推广应用，“借”和“贷”两个字逐渐失去了它原来的含义，变成一种单纯的记账符号、一种会计术语。现在的“借”和“贷”作为记账符号使用，表示在账户中的两个对立的记账部位和登记方向。

既然“借”和“贷”失去了其字面含义，并转化为表明账户记录中交易或事项数量增减变动的两个方向，那么要了解其具体含义，就必须结合不同类别的账户。首先，“借”和“贷”表示记账的方向，账户的左方为“借”，右方为“贷”，其次，借方和贷方虽不等于增加和减少，但结合不同类别的账户，“借”和“贷”就具有固定的、辩证的增减含义；最后，账户的哪一方记增加、哪一方记减少，需要根据账户所反映的交易或事项及账户类别来决定。因此，表示记账方向的记号就是记账符号，而账户借贷方中记录的增减内容以及余额所在的方向就是账户结构。举例说明，库存现金总分类账如图 2-32 所示。

**库存现金 总分类账**

第 1 页

| 2018年 | | 凭证 | | 摘要 | 借方金额 | | | | | | | | | | | | 贷方金额 | | | | | | | | | | | | 借或贷 | 余额 | | | | | | | | | | | | √ |
|---|---|---|---|---|---|---|---|---|---|---|---|---|---|---|---|---|---|---|---|---|---|---|---|---|---|---|---|---|---|---|---|---|---|---|---|---|---|---|---|---|---|---|
| 月 | 日 | 种类 | 号数 | | 十 | 亿 | 千 | 百 | 十 | 万 | 千 | 百 | 十 | 元 | 角 | 分 | 十 | 亿 | 千 | 百 | 十 | 万 | 千 | 百 | 十 | 元 | 角 | 分 | | 十 | 亿 | 千 | 百 | 十 | 万 | 千 | 百 | 十 | 元 | 角 | 分 | |
| 9 | 1 | | | 期初余额 | | | | | | | | | | | | | | | | | | | | | | | | | 借 | | | | | | | 4 | 1 | 7 | 7 | 0 | 0 | |
| 9 | 30 | | | 本期合计 | | | | | | 1 | 0 | 4 | 2 | 0 | 4 | 0 | | | | | | | 1 | 2 | 6 | 9 | 6 | 0 | 借 | | | | | | 1 | 3 | 3 | 2 | 7 | 8 | 0 | |
| 9 | 30 | | | 本年累计 | | | | | | 1 | 0 | 4 | 2 | 0 | 4 | 0 | | | | | | | 1 | 2 | 6 | 9 | 6 | 0 | 借 | | | | | | 1 | 3 | 3 | 2 | 7 | 8 | 0 | |
| | | | | | | | | | | | | | | | | | | | | | | | | | | | | | | | | | | | | | | | | | | |
| | | | | | | | | | | | | | | | | | | | | | | | | | | | | | | | | | | | | | | | | | | |

图 2-32 “借”与“贷”

### （二）账户结构

会计账户根据其性质分类，有**资产类账户、负债类账户、所有者权益类账户、成本类账户、损益类账户**。不同性质的会计账户，在借贷记账法下，借方和贷方登记的内容各不相同，这就导致它们的基本结构也不相同。

由于增、减具有相反的意义，所以在账户左、右两个不同方向反映。如果某账户的借方表示增加，则贷方一定表示减少；反之，则贷方一定表示增加。资产和权益是资金的两个不同方面，因此，资产类账户和权益类账户的增减变动，必须按照相反方向来记录。一般情况下，账户左边为“借方”，账户右边为“贷方”，由于资产列示于会计等式和资产负债表的左方，权益列示于会计等式和资产负债表的右方，所以依照习惯，资产类账户的增加登记在借方、减少登记在贷方，权益类账户的增加登记在贷方、减少登记在借方。收入和费用也是资金的两个不同方面，回忆上一节学习的会计等式，根据两个会计等式结合的综合会计等式，我们可以发现，**等式“资产 + 费用 = 负债 + 所有者权益 + 收入”的左边代表了资金的去向，右边代表了资金的来源**，如图 2–33 所示。同样可以分析出，费用类账户的记账规则应与资产类账户保持一致，而收入类账户的记账规则应与权益类账户保持一致。

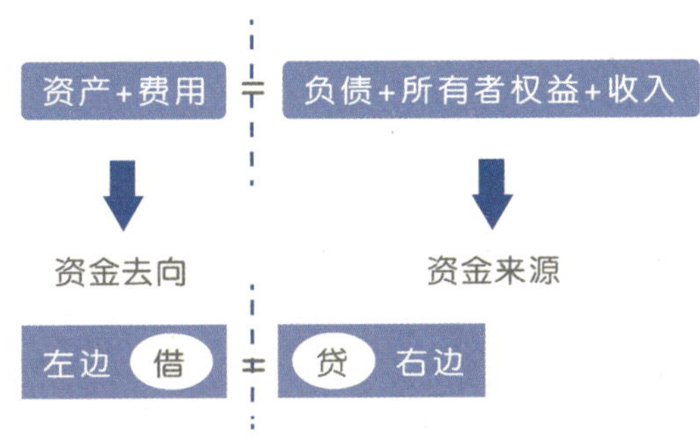


图 2–33　会计等式与账户结构的关系

1. 资产类账户结构

对于该类账户，**增加记借方，减少记贷方**，若有余额，一般为借方余额。每一会计期间，借方记录的合计金额为本期借方发生额，贷方记录的合计金额为本期贷方发生额。资产类账户期末余额的计算公式为：

**期末借方余额 = 期初借方余额 + 本期借方发生额—本期贷方发生额**

资产类账户的结构用 T 形账表示，如图 2–34 所示。

| 借方 | 资产类账户 | | 贷方 |
|---|---|---|---|
| 期初余额 | XXXX | | |
| 本期增加额 | XXXX<br>XXXX<br>…… | 本期减少额 | XXXX<br>XXXX<br>…… |
| 本期借方发生额 | XXXX | 本期贷方发生额 | XXXX |
| 期末余额 | XXXX | | |

图 2–34　资产类账户的结构

### 2. 权益类（负债和所有者权益）账户结构

对于该类账户，**增加记贷方，减少记借方**，若有余额，一般为贷方余额。权益类账户期末余额的计算公式为：

**期末贷方余额 = 期初贷方余额 + 本期贷方发生额 — 本期借方发生额**

权益类账户的结构用 T 形账表示，如图 2-35 所示。

| 借方 | 权益类账户 | | 贷方 |
|---|---|---|---|
| | | 期初余额 | XXXX |
| 本期减少额 | XXXX<br>XXXX<br>…… | 本期增加额 | XXXX<br>XXXX<br>…… |
| 本期借方发生额 | XXXX | 本期贷方发生额 | XXXX |
| | | 期末余额 | XXXX |

图 2-35　权益类账户的结构

### 3. 成本类账户结构

与资产类账户结构一致，成本类账户**增加记借方，减少记贷方**，期末经转销一般无余额，若有尚未完工的在产品，一定有借方余额。成本类账户期末余额的计算公式为：

期末借方余额 = 期初借方余额 + 本期借方发生额 — 本期贷方发生额

成本类账户的结构用 T 形账表示，如图 2-36 所示。

| 借方 | 成本类账户 | | 贷方 |
|---|---|---|---|
| 期初余额 | XXXX | | |
| 本期增加额 | XXXX<br>XXXX<br>…… | 本期减少额（或转销额） | XXXX<br>XXXX<br>…… |
| 本期借方发生额 | XXXX | 本期贷方发生额 | XXXX |
| 期末余额 | XXXX（或平） | | |

图 2-36　成本类账户的结构

### 4. 收入类（包括利得）账户结构

与权益类账户结构一致，收入类账户**增加记贷方，减少记借方，期末将余**

**额结转入“本年利润”账户，一般无余额。**

收入类账户的结构用 T 形账表示，如图 2-37 所示。

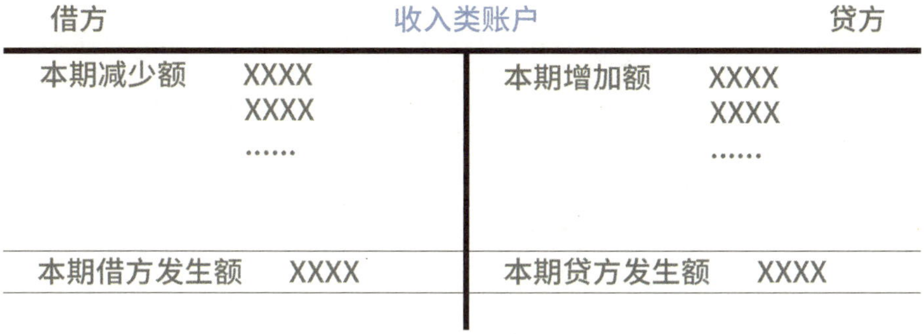

| 借方 | 收入类账户 | | 贷方 |
| --- | --- | --- | --- |
| 本期减少额 | XXXX<br>XXXX<br>…… | 本期增加额 | XXXX<br>XXXX<br>…… |
| 本期借方发生额 | XXXX | 本期贷方发生额 | XXXX |

图 2-37　收入类账户的结构

5. 费用类（包括损失）账户结构

与资产类账户结构一致，费用类账户**增加记借方，减少记贷方，期末将余额结转入“本年利润”账户，一般无余额。**

费用类账户的结构用 T 形账表示，如图 2-38 所示。

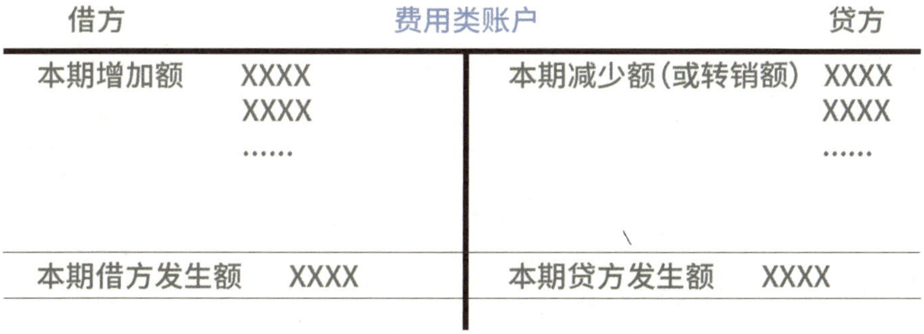

| 借方 | 费用类账户 | | 贷方 |
| --- | --- | --- | --- |
| 本期增加额 | XXXX<br>XXXX<br>…… | 本期减少额（或转销额） | XXXX<br>XXXX<br>…… |
| 本期借方发生额 | XXXX | 本期贷方发生额 | XXXX |

图 2-38　费用类账户的结构

根据等式“资产 + 费用 = 负债 + 所有者权益 + 收入”，总结各类账户结构关系，得出结论：资产类和费用类账户增加记借方、减少记贷方，负债类、所有者权益类和收入类账户增加记贷方、减少记借方，特殊账户（如备抵账户）除外。具体账户增减变动记录的借贷方向如表 2-2 所示。

表 2-2　企业常用会计科目表（借贷）

| 编号 | 会计科目名称 | 编号 | 会计科目名称 |
| --- | --- | --- | --- |
| 一、资产类（借：＋　贷：－）<br>备抵科目（借：－　贷：＋） | | 2201 | 应付票据 |
| | | 2202 | 应付账款 |
| 1001 | 库存现金 | 2101 | 交易性金融负债 |

续前表

| 编号 | 会计科目名称 | 编号 | 会计科目名称 |
|---|---|---|---|
| 1002 | 银行存款 | 2201 | 应付票据 |
| 1012 | 其他货币资金 | 2202 | 应付账款 |
| 1101 | 交易性金融资产 | 2203 | 预收账款 |
| 1121 | 应收票据 | 2211 | 应付职工薪酬 |
| 1122 | 应收账款 | 2221 | 应交税费 |
| 1123 | 预付账款 | 2231 | 应付利息 |
| 1131 | 应收股利 | 2232 | 应付股利 |
| 1132 | 应收利息 | 2241 | 其他应付款 |
| 1221 | 其他应收款 | 2245 | 持有待售负债 |
| *1231 | 坏账准备 | 2401 | 递延收益 |
| 1401 | 材料采购 | 2501 | 长期借款 |
| 1402 | 在途物资 | 2502 | 应付债券 |
| 1403 | 原材料 | 2701 | 长期应付款 |
| 1404 | 材料成本差异 | *2702 | 未确认融资费用 |
| 1405 | 库存商品 | 2801 | 预计负债 |
| 1406 | 发出商品 | 2901 | 递延所得税负债 |
| 1407 | 商品进销差价 | 三、所有者权益类（借：－　贷：＋） | |
| 1408 | 委托加工物资 | 4001 | 实收资本 |
| 1411 | 周转材料 | 4002 | 资本公积 |
| *1471 | 存货跌价准备 | 4003 | 其他综合收益 |
| 1481 | 持有待售资产 | 4101 | 盈余公积 |
| *1482 | 持有待售资产减值准备 | 4103 | 本年利润 |
| 1501 | 持有至到期投资 | 4104 | 利润分配 |
| *1502 | 持有至到期投资减值准备 | 4201 | 库存股 |
| 1503 | 可供出售金融资产 | 四、成本类（借：＋　贷：－） | |
| 1511 | 长期股权投资 | 5001 | 生产成本 |
| *1512 | 长期股权投资减值准备 | 5101 | 制造费用 |
| 1521 | 投资性房地产 | 5201 | 劳务成本 |

续前表

| 编号 | 会计科目名称 | 编号 | 会计科目名称 |
| --- | --- | --- | --- |
| 1531 | 长期应收款 | 5301 | 研发支出 |
| *1532 | 未实现融资收益 | 五、损益类（收入类　借：－　贷：＋）<br>（费用、支出类　借：＋　贷：－） | |
| 1601 | 固定资产 | | |
| *1602 | 累计折旧 | 6001 | 主营业务收入 |
| *1603 | 固定资产减值准备 | 6051 | 其他业务收入 |
| 1604 | 在建工程 | 6101 | 公允价值变动损益 |
| 1605 | 工程物资 | 6111 | 投资收益 |
| 1606 | 固定资产清理 | 6115 | 资产处置损益 |
| 1701 | 无形资产 | 6117 | 其他收益 |
| 1702 | 累计摊销 | 6301 | 营业外收入 |
| *1703 | 无形资产减值准备 | 6401 | 主营业务成本 |
| 1711 | 商誉 | 6402 | 其他业务成本 |
| 1801 | 长期待摊费用 | 6403 | 税金及附加 |
| 1811 | 递延所得税资产 | 6601 | 销售费用 |
| 1901 | 待处理财产损溢 | 6602 | 管理费用 |
| 二、负债类（借：－　贷：＋）<br>备抵科目（借：＋　贷：－） | | 6603 | 财务费用 |
| | | 6701 | 资产减值损失 |
| 2001 | 短期借款 | 6711 | 营业外支出 |
| 2101 | 交易性金融负债 | 6801 | 所得税费用 |

注：资产类、负债类科目中，编号前标注“*”的，为备抵科目。

### （三）记账规则

借贷记账法的记账规则是：**有借必有贷，借贷必相等**。也就是说，在借贷记账法下，对于发生的任何一笔交易或事项，都必须以相等的金额、借贷相反的方向，在两个或两个以上相互关联的账户中进行记录。下面用花店的两个案例说明借贷记账法的记账规则。

（1）资产和权益同时增加：小陈向花店投资现金 1 000 元。

这项经济业务的发生，一方面使花店的“实收资本”增加了 1 000 元，另一方面使花店的“库存现金”增加了 1 000 元。“实收资本”科目属于所有者权益类科目，增加应记贷方，“库存现金”科目属于资产类账户，增加应记借方。这

项经济业务在会计账户中的记录如图 2-39 所示。

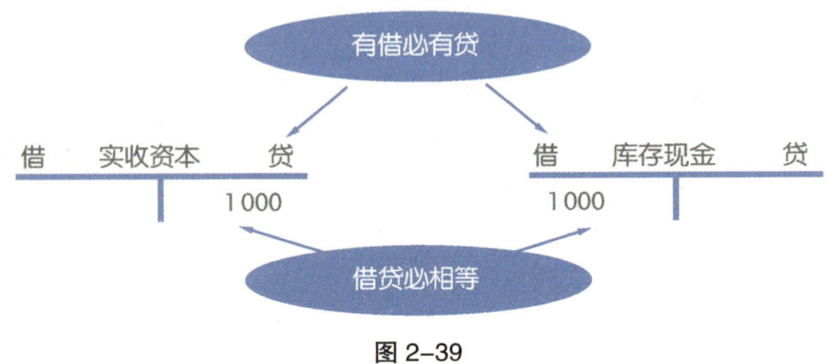


图 2-39

（2）资产项目之间有增有减：小陈采购音响一台，支付现金 1 500 元。

这项经济业务的发生，一方面使花店的“库存现金”减少了 1 500 元，另一方面使花店的“固定资产”增加了 1 500 元。“库存现金”科目和“固定资产”科目都属于资产类科目，固定资产增加应记借方，库存现金减少应记贷方。这项经济业务在会计账户中的记录如图 2-40 所示。

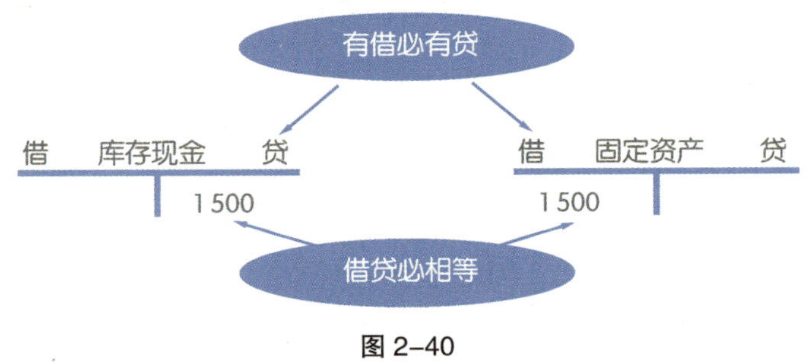


图 2-40

上述举例说明，无论企业发生何种经济业务，运用借贷记账法记账时，都应以相等的金额、借贷相反的方向，在两个或两个以上相互关联的账户中进行登记。即若在一个账户中记借方，就必须同时在另一个或几个账户中记贷方；若在一个账户中记贷方，也必须同时在另一个或几个账户中记借方。并且，记入账户借方的金额必须与记入账户贷方的金额相等。概括来说，就形成了**记账规则“有借必有贷，借贷必相等”**。

## 三、账户对应关系与会计分录

根据借贷记账法的记账规则，在账户中登记每一笔经济业务后，有关账户之间形成的**应借、应贷关系，称为账户对应关系**。存在对应关系的账户，叫作对应账户。不同的账户之间可能存在对应关系，也可能不存在对应关系，例如，收入类账户和费用类账户之间一般就不存在对应关系。通过会计账户之间的对应关系，可以了解每笔经济业务的内容，掌握经济业务的来龙去脉，检查经济业务的会计处理是否合理、合法。

会计分录是按照复式记账法的要求，对发生的每一笔经济业务在记入账户之前标明其应借、应贷账户的名称及金额的一种特殊记录，简称分录。它是会计语言的一种表达方式，**一笔会计分录主要包括三个要素：记账符号、账户名称、记账金额**。编制会计分录是会计工作的初始阶段，在实际工作中，会计分录是记载各项经济业务的凭证，在具有一定格式的记账凭证中填制。

编制会计分录的一般步骤如图 2-41 所示。

**图 2-41　编制会计分录的步骤**

另外，会计分录具有特定的书写规则：**先借后贷；借贷分行，贷方缩进书写；借贷方金额书写分别排成两列，以便汇总发生额；金额数字后面不需要写货币单位“元”**。

仍以上述两个案例展示一下会计分录的编写：

（1）小陈向花店投资现金 1 000 元。

借：库存现金　　1 000

　　贷：实收资本　　　　1 000

（2）小陈采购音响一台，支付现金 1 500 元。

借：固定资产　　1 500

　　贷：库存现金　　　　1 500

这两个分录是以一个账户的借方与另一个账户的贷方相对应组成的，这种只涉及两个账户的会计分录，称为**简单会计分录**。有些分录是以一个账户的借方与另外几个账户的贷方组成，或者以一个账户的贷方与另外几个账户的借方组成，这种涉及两个以上账户的分录，称为**复合会计分录**。但是需要强调的是，复合会计分录通常以“一借多贷”或“一贷多借”为主，会计分录需要体现账户之间的对应关系，所以要尽量避免“多借多贷”的会计分录，但在经济业务确实需要时，也可编制。

## 四、试算平衡

试算平衡，是根据资产、权益之间的平衡关系和记账规则来检查账户记录是否正确、完整的一种验证方法。具体可分为**发生额试算平衡法**和**余额试算平衡**

法两种。

**（一）发生额试算平衡法**

发生额试算平衡法，是根据本期全部账户借方发生额合计与贷方发生额合计的恒等关系，检查本期发生额记录是否正确的方法。计算公式如下：

全部账户借方发生额合计＝全部账户贷方发生额合计

因为按照“有借必有贷，借贷必相等”的记账规则，每一笔经济业务的会计分录，借贷双方的发生额是必然相等的。所以，在将一定时期的全部交易或事项的会计分录都记入有关账户后，必然是所有账户的借方发生额合计等于所有账户的贷方发生额合计。

**（二）余额试算平衡法**

余额试算平衡法，是根据本期所有账户借方余额合计与贷方余额合计的恒等关系，检查本期账户记录是否正确的方法。根据余额时期不同，又分为期初余额平衡与期末余额平衡。计算公式如下：

全部账户期初借方余额合计＝全部账户期初贷方余额合计
全部账户期末借方余额合计＝全部账户期末贷方余额合计

由于资产类账户的期末余额在借方，权益类账户的期末余额在贷方，将所有账户的借方期末余额相加和贷方期末余额相加，就是企业的资产总额和权益总额。因为“资产＝权益”，所以所有账户的借方期末余额合计必然等于所有账户的贷方期末余额合计。

**（三）试算平衡表**

借贷记账法的试算平衡就是利用必然出现的平衡关系，在期末结出各个账户本期发生额和期末余额后，通过编制试算平衡表来计算账户的借方发生额合计与贷方发生额合计是否相等，期初、期末借方余额合计与贷方余额合计是否相等，从而验证本期账户的记录是否正确的一种方法。

根据各账户的记录，可以编制总分类账户本期发生额试算平衡表和总分类账户期末余额试算平衡表，或者将两张表结合成一张表，如表 2-3 所示。

**表 2-3　试算平衡表**

年　月　日　　　　单位：元

| 总账科目 | 期初余额 | | 本期发生额 | | 期末余额 | |
|---|---|---|---|---|---|---|
| | 借方 | 贷方 | 借方 | 贷方 | 借方 | 贷方 |
| | | | | | | |

续前表

| 总账科目 | 期初余额 | | 本期发生额 | | 期末余额 | |
|---|---|---|---|---|---|---|
| | 借方 | 贷方 | 借方 | 贷方 | 借方 | 贷方 |
| | | | | | | |
| | | | | | | |
| | | | | | | |
| | | | | | | |
| | | | | | | |
| 合计 | | | | | | |

财务主管　　　　　　　　　　复核　　　　　　　　　　制表

在编制试算平衡表时，需要注意：**第一，保证所有账户的发生额和余额都填入试算平衡表中；第二，如果表中发生额栏或者余额栏的借方与贷方不相等，就说明账户记录或计算有误，应查找错误，直到实现平衡为止；第三，即使试算平衡表实现了平衡，也并不代表账户记录就完全正确，因为有些错误并不影响试算平衡表有关三栏的平衡关系。**

以花店的场景一～四为例，编制试算平衡表。

第一步，根据花店场景一～四的四笔业务，可以编制以下会计分录：

（1）10 日，小陈和小侯各投入 1 000 元现金开花店。

借：库存现金　　2 000

　贷：实收资本　　2 000

（2）11 日，小陈到某金融机构贷款，借入了期限为 3 个月的周转资金 3 000 元，取得现金。

借：库存现金　　3 000

　贷：短期借款　　3 000

（3）12 日，采购音响一台，花费现金 1 500 元。

借：固定资产　　1 500

　贷：库存现金　　1 500

（4）13 日，采购鲜花和包装纸，花费现金 1 800 元。

借：库存商品　　1 800

　贷：库存现金　　1 800

第二步，根据以上编制的会计分录登记相关账户，如图 2-42 所示。

库存现金

| 借方 | 贷方 |
| --- | --- |
| (1) 2 000 | (3) 1 500 |
| (2) 3 000 | (4) 1 800 |
| 5 000 | 3 300 |
| 1 700 | |

固定资产

| 借方 | 贷方 |
| --- | --- |
| (3) 1 500 | |
| 1 500 | |

库存商品

| 借方 | 贷方 |
| --- | --- |
| (4) 1 800 | |
| 1 800 | |

短期借款

| 借方 | 贷方 |
| --- | --- |
| | (2) 3 000 |
| | 3 000 |

实收资本

| 借方 | 贷方 |
| --- | --- |
| | (1) 2 000 |
| | 2 000 |

**图 2-42　登记账户**

第三步，根据账户信息，编制试算平衡表。其中，发生额试算平衡表如表 2-4 所示，余额试算平衡表如表 2-5 所示。

**表 2-4　　花店 10—13 日发生额试算平衡表**　　单位：元

| 账户名称 | 借方发生额 | 贷方发生额 |
| --- | --- | --- |
| 库存现金 | 5 000 | 3 300 |
| 固定资产 | 1 500 | |
| 库存商品 | 1 800 | |
| 短期借款 | | 3 000 |
| 实收资本 | | 2 000 |
| 合计 | 8 300 | 8 300 |

**表 2-5　　花店 10—13 日余额试算平衡表**　　单位：元

| 账户名称 | 期初余额 | | 本期发生额 | | 期末余额 | |
| --- | --- | --- | --- | --- | --- | --- |
| | 借方 | 贷方 | 借方 | 贷方 | 借方 | 贷方 |
| 库存现金 | | | 5 000 | 3 300 | 1 700 | |
| 固定资产 | | | 1 500 | | 1 500 | |
| 库存商品 | | | 1 800 | | 1 800 | |
| 短期借款 | | | | 3 000 | | 3 000 |
| 实收资本 | | | | 2 000 | | 2 000 |
| 合计 | | | 8 300 | 8 300 | 5 000 | 5 000 |

说明：由于花店刚开业，所以所有会计账户都没有期初余额。为了简单说明

试算平衡原理及其应用方法，本例中仅使用了花店前四个场景的业务资料。在实务工作中，试算平衡表通常是在期末根据本期经济业务汇总编制的。

## 归纳总结

通过本章学习，你应该掌握了会计的基本理论知识，其中涉及的内容包括会计职能、会计假设、会计要素、会计科目、会计等式、记账方法等。基础知识内容掌握到位，能够用会计语言描述经济业务的发生情况，完整编写会计分录，学习会计的第一步就算完成了。本章的主要知识点及内在关联如下图所示。

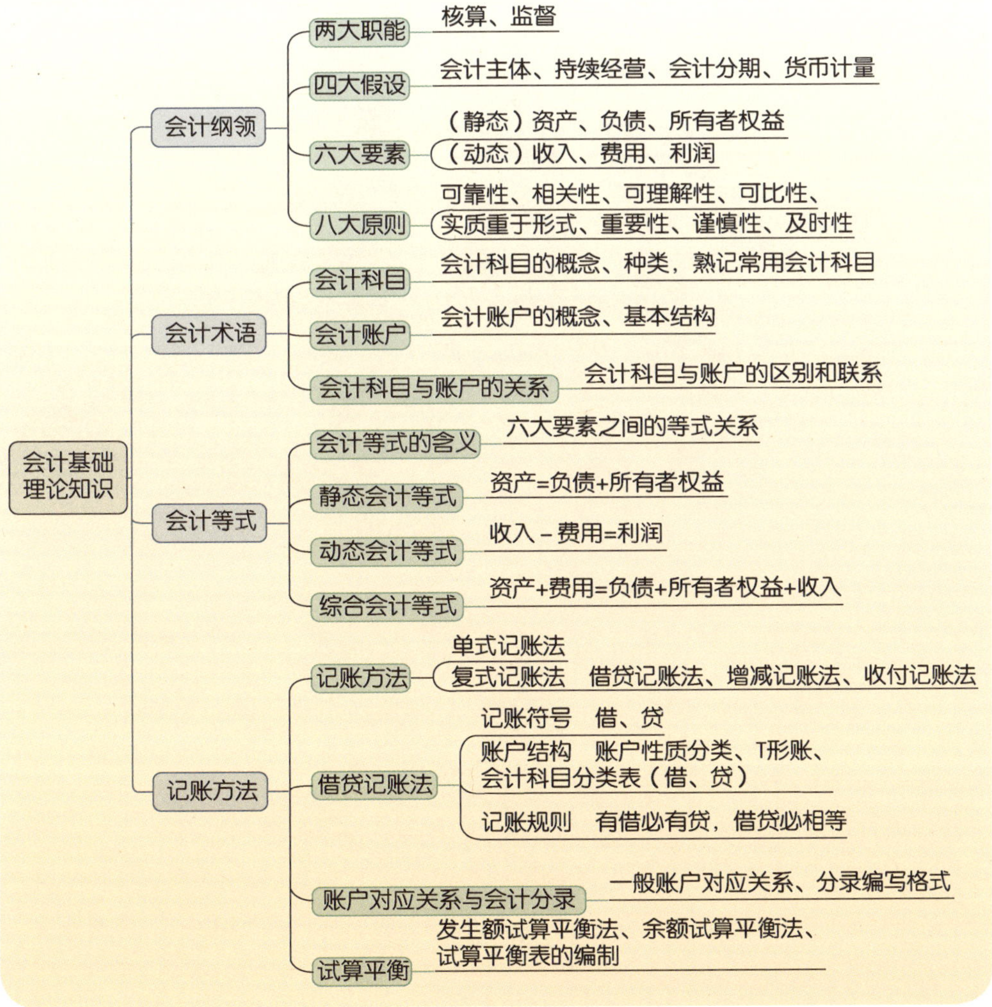

- 会计基础理论知识
  - 会计纲领
    - 两大职能：核算、监督
    - 四大假设：会计主体、持续经营、会计分期、货币计量
    - 六大要素
      - （静态）资产、负债、所有者权益
      - （动态）收入、费用、利润
    - 八大原则
      - 可靠性、相关性、可理解性、可比性、
      - 实质重于形式、重要性、谨慎性、及时性
  - 会计术语
    - 会计科目：会计科目的概念、种类，熟记常用会计科目
    - 会计账户：会计账户的概念、基本结构
    - 会计科目与账户的关系：会计科目与账户的区别和联系
  - 会计等式
    - 会计等式的含义：六大要素之间的等式关系
    - 静态会计等式：资产=负债+所有者权益
    - 动态会计等式：收入－费用=利润
    - 综合会计等式：资产+费用=负债+所有者权益+收入
  - 记账方法
    - 记账方法
      - 单式记账法
      - 复式记账法：借贷记账法、增减记账法、收付记账法
    - 借贷记账法
      - 记账符号：借、贷
      - 账户结构：账户性质分类、T形账、会计科目分类表（借、贷）
      - 记账规则：有借必有贷，借贷必相等
    - 账户对应关系与会计分录：一般账户对应关系、分录编写格式
    - 试算平衡：发生额试算平衡法、余额试算平衡法、试算平衡表的编制

# 第三章 账务处理流程

## 学习目标

- 掌握填制和审核原始凭证的方法
- 掌握记账凭证的填制方法
- 掌握会计账簿的启用和登记
- 理解账务处理程序
- 掌握资产负债表的填制
- 掌握利润表的填制
- 了解现金流量表的内容和结构

## 第一节 会计工作环节

作为一名财务人员，可以说天天都要和凭证、账本打交道。会计的主要工作内容可以用“算账、记账、报账”来概括，会计人员完成以上工作内容主要是通过收集和审核原始凭证、编制记账凭证、登记会计账簿、编制财务报表来实现的。因此，会计账务处理大体上需要经历证、账、表三个环节，如图 3-1 所示。

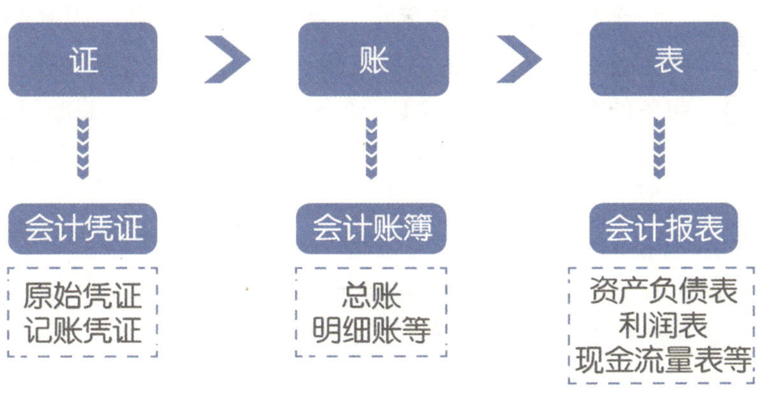


图 3-1　证、账、表

**证，指的是会计凭证，包括原始凭证和记账凭证**。会计凭证是记录经济业务发生和完成情况的书面证明。合法合规的会计凭证是明确经济责任、记录经济业务中重要的证据性资料。会计账务处理首先要从合规的原始凭证开始，根据审核无误的原始凭证填写记账凭证。两类凭证对比来说，原始凭证种类繁多，有可能是从外部获取的，也可能是自制的，而记账凭证则需要会计人员根据原始凭证编制会计分录，进行填制。

**账，指的是会计账簿**。会计账簿分为总账、明细账、日记账（序时账）和辅助账（备查账）。总账，又称总分类账，根据一级会计科目设置；明细账，又称为明细分类账，根据一级科目下所属的二级明细科目设置；日记账，又称为序时账，是按照业务发生的时间顺序进行登记的，一般企业用到的是现金日记账和银行存款日记账。明细账根据记账凭证登记，或者说将会计分录中相同的会计科目汇总登记，形成账簿。

**表，指的是会计报表**。一般企业的会计报表包括资产负债表、利润表、现金流量表、所有者权益变动表。会计报表是根据汇总的账簿金额直接填列或者调整后填列的。

## 第二节 原始凭证

### 一、会计凭证的概念与种类

#### （一）会计凭证的概念

**会计凭证，简称凭证，是记录经济业务、明确经济责任并作为登记账簿依据的书面证明**。会计凭证首先要由执行该项经济业务的有关人员进行填制或取得，然后交给有关部门进行审核，审核人员经过审核，确认无误并签章后，才可以将其作为记账的依据。

#### （二）会计凭证的作用

会计凭证的取得、填制和审核作为会计核算的一项重要内容，在经济管理中有着十分重要的意义。会计凭证的作用主要表现在三个方面，如图 3-2 所示。

提供记账依据
填制记账凭证

- 准确及时地反映各项经济业务的内容及完成情况
- 为财务核算和管理提供可靠的原始凭证
- 是登记账簿的依据

明确经济责任
强化内部控制

- 对经济活动的真实性、准确性、合法性负责
- 相关部门人员签章，划清各自责任界限
- 通过内部分工，形成互相牵制关系，防止舞弊

监督经济活动
控制资金运营

- 保证各项经济业务的发生有根据
- 方便检查和监督企业经济活动的合理性、合法性
- 查出问题可积极采取措施予以纠正

图 3-2　会计凭证的作用

### （三）会计凭证的种类

会计凭证种类繁多，其用途、性质、格式等因业务需要而具有多样性。会计凭证按其填制程序和用途进行分类，可分为原始凭证和记账凭证两大类。

## 二、原始凭证的概念及种类

### （一）原始凭证的概念

**原始凭证又称单据，是指在经济业务发生或完成时取得或填制的，用以记录和证明经济业务的发生或完成情况的文字凭据**。它是经济业务发生过程中直接产生的、进行会计核算的原始资料和重要依据。需要强调的是，凡是不能证明经济业务已经发生或完成的凭证或文件，都不属于原始凭证，不能作为记账依据，如合同协议、派工单、银行存款余额调节表等。

### （二）原始凭证的种类

由于企业的经济业务多样且繁杂，各项经济业务都要填制或取得相应的原始凭证，因此，根据**来源不同，原始凭证可以分为外来原始凭证和自制原始凭证**。

#### 1. 外来原始凭证

**外来原始凭证是指在经济业务发生或完成时，从其他单位或个人取得的原始凭证**。比如，采购材料或商品时从销售方取得的发票、支付款项时取得的对方开具的收据、收到款项时银行开具的结算单据等。增值税专用发票（发票联）如图 3-3 所示，收据（收据联）如图 3-4 所示，银行进账单（收账通知联）如图 3-5 所示。

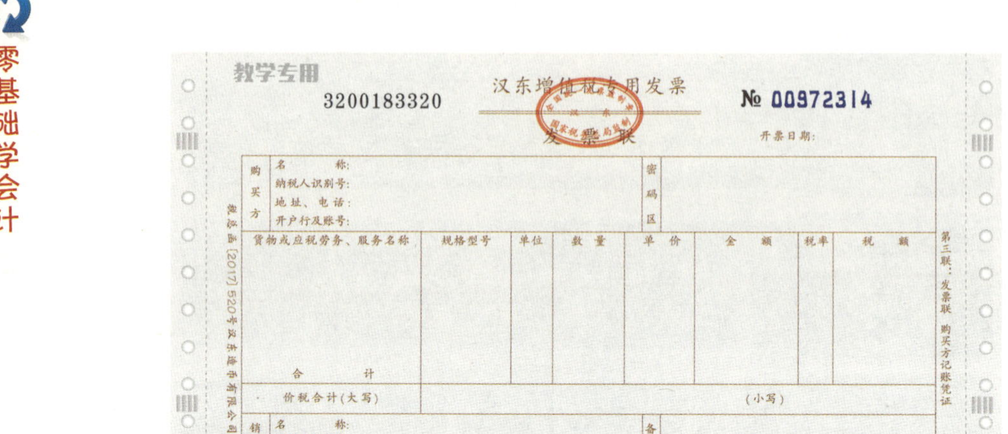

教学专用

3200183320　　汉东增值税专用发票　　№ 00972314

发票联

开票日期：

| 购买方 | 名称：<br>纳税人识别号：<br>地址、电话：<br>开户行及账号： | 密码区 | |
|---|---|---|---|

| 货物或应税劳务、服务名称 | 规格型号 | 单位 | 数量 | 单价 | 金额 | 税率 | 税额 |
|---|---|---|---|---|---|---|---|
| | | | | | | | |
| 合计 | | | | | | | |
| 价税合计（大写） | | | | | （小写） | | |

| 销售方 | 名称：<br>纳税人识别号：<br>地址、电话：<br>开户行及账号： | 备注 | |
|---|---|---|---|

收款人：　　复核：　　开票人：　　销售方：（章）

税总函[2017]520号汉东造币有限公司

第三联：发票联　购买方记账凭证

图 3–3　增值税专用发票（发票联）

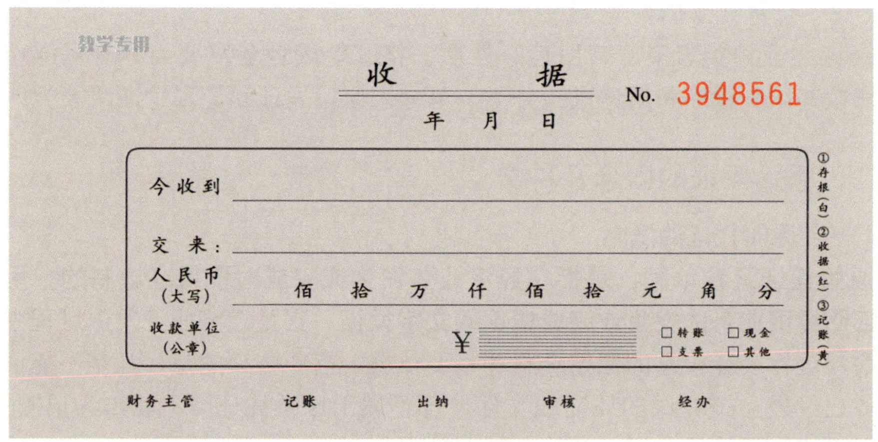

教学专用

收　　据　　No. 3948561

年　月　日

今收到

交　来：

人民币（大写）　佰　拾　万　仟　佰　拾　元　角　分

收款单位（公章）　¥　□转账　□现金　□支票　□其他

①存根（白）②收据（红）③记账（黄）

财务主管　记账　出纳　审核　经办

图 3–4　收据（收据联）

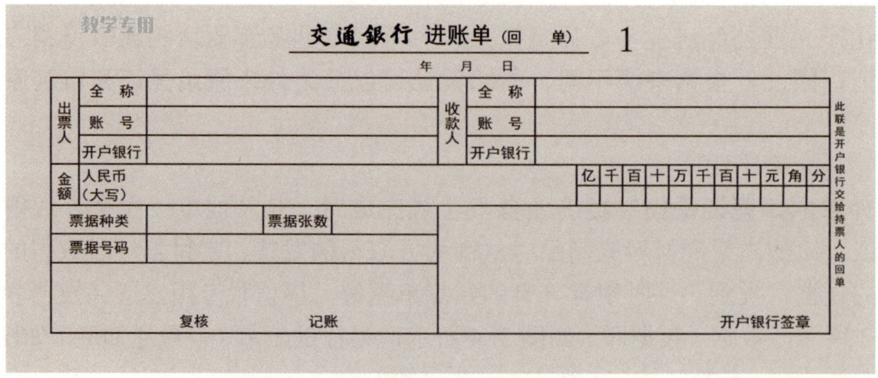

教学专用

交通银行 进账单（回　单）　1

年　月　日

| 出票人 | 全称 | | 收款人 | 全称 | |
|---|---|---|---|---|---|
| | 账号 | | | 账号 | |
| | 开户银行 | | | 开户银行 | |
| 金额 | 人民币（大写） | | | 亿 千 百 十 万 千 百 十 元 角 分 | |
| 票据种类 | | 票据张数 | | | |
| 票据号码 | | | | | |
| 复核　记账 | | | | 开户银行签章 | |

此联是开户银行交给持票人的回单

图 3–5　银行进账单（收账通知联）

### 2. 自制原始凭证

**自制原始凭证是指由本单位内部经办业务的部门或人员，在办理某项经济业务时所填制的原始凭证。**比如，员工向单位借款时填制的借款审批单、员工报销出差费用时填制的差旅费报销单、领用原材料时填制的领料单、产品销售出库时填制的出库单等。借款审批单如图 3-6 所示，差旅费报销单如图 3-7 所示，出库单如图 3-8 所示。



**借 款 审 批 单**

年 月 日

| 部 门 | | 借款人 | |
|---|---|---|---|
| 借 款 事 由 | | | |
| 借 款 金 额 | （大写） 佰 拾 万 仟 佰 拾 元 角 分 | | |
| 预计还款报销日期 | | | |
| 领 导 批 示 | | 借款人<br>签 收 | 年 月 日 |

财务主管 会 计 出 纳 部门主管

图 3-6 借款单



**差 旅 费 报 销 单**

报销部门： 填报日期： 年 月 日

| 姓 名 | | 职 别 | | 出差事由 | | | | | | |
|---|---|---|---|---|---|---|---|---|---|---|
| 出差起止日期:自 年 月 日起至 年 月 日止 共 天 | | | | | | | | 附单据: 张 | | |
| 日期 月 日 | 起 讫 地 点 | 天数 | 机票费 | 车船费 | 交通费 | 住宿费 | 出差补助 | 住宿节约补助 | 其 他 | 小 计 |
| | | | | | | | | | | |
| | | | | | | | | | | |
| | | | | | | | | | | |
| | | | | | | | | | | |
| | | | | | | | | | | |
| | 合 计 | | | | | | | | | |
| 总计金额（大写） 万 仟 佰 拾 元 角 分 预支____元 退/补____元 | | | | | | | | | | |

领导批示 财务主管 会计 出纳 部门主管 领款人

图 3-7 差旅费报销单

**出库单**

年　月　日　　No.

单位（部门）：

| 货号 | 品名及规格 | 单位 | 数 量 | 单 价 | 金 额 | 备 注 |
|---|---|---|---|---|---|---|
| | | | | | | |
| | | | | | | |
| | | | | | | |
| | | | | | | |
| | | | | | | |
| 合计 | | | | | | |

①存根（白）②记账（红）③回执（黄）

主管　会计　记账　发货　制单

图 3-8　出库单

## 三、原始凭证的填制及审核

### （一）原始凭证的基本内容

原始凭证反映的内容会根据其所记录的经济业务不同而有所不同，但是不管哪种原始凭证，都必须具备一些基本要素，也就是原始凭证的基本内容。

原始凭证的基本内容包括：**原始凭证的名称，填制原始凭证的日期，接受原始凭证单位的名称，经济业务的内容、金额（或数量和金额），填制原始凭证单位的名称，经办人员（或有关人员）签名或盖章，填制单位盖章，原始凭证编号和联次，原始凭证附件**等。一般票据应具备的要素如图 3-9 所示。

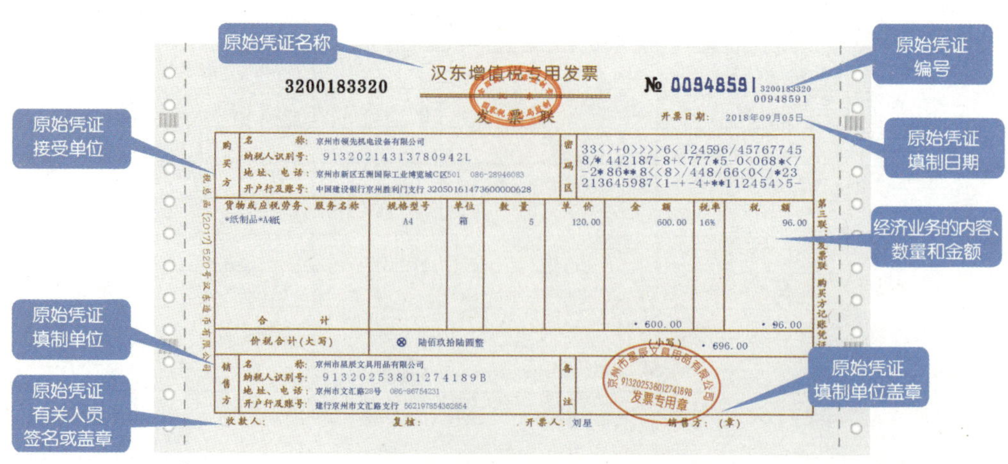


图 3-9　一般票据应具备的要素

需要注意的是，原始凭证的编号必须连续，填制日期一般指经济业务的发生日期；另外，附件不是必备要素，可根据实际情况附带。

### （二）原始凭证的填制要求

原始凭证是反映经济业务事项的最原始资料，同时是明确经济责任并具有法律效力的书面证明。为了保证会计核算资料的正确、真实、合法，在填制原始凭证的过程中，必须满足如下要求。

#### 1. 记录要真实

原始凭证的各项内容必须根据实际经济业务情况及时填制，确保原始凭证所反映的经济业务真实可靠、及时有效。对实物的数量和金额，计算要准确无误，不可以估算填列。

#### 2. 内容要完整

原始凭证必须按照规定的格式，逐个填写各项内容，内容应填写齐全，不得省略或遗漏。

#### 3. 手续要完备

原始凭证如果是从外单位取得，必须盖有填制单位的印章；如果是从个人获取，必须要有填制人员的签名或盖章；如果是自制原始凭证，必须要有经办单位领导或指定人员的签名或盖章。

#### 4. 编号要连续

原始凭证如果预先印制了编号，若因填制错误等需要作废时，应加盖“作废”戳记，妥善保管，不得撕毁。

#### 5. 书写要规范

**原始凭证必须按照规定填写，保证文字简要、字迹清晰、易于辨认，不得使用简化字。如金额错误，应由开具单位重开，不得在原始凭证上更正；如发生其他差错，可以由出具单位重开，也可更正，更正处需要加盖开具单位印章。**具体书写要求如下：

（1）阿拉伯数字不得连笔写，阿拉伯数字金额前应书写货币币种符号，且币种符号与阿拉伯数字之间不得留有空格。所有以元为单位的阿拉伯数字，除单价外，一律填写到角分，无角分的，角位和分位可写成“00”或者符号“—”，有角无分的，分位写“0”，不得用符号“—”代替。

（2）汉字大写金额必须用壹、贰、叁、肆、伍、陆、柒、捌、玖、拾、佰、仟、万、亿、圆（元）、角、分、零书写，不得任意自造简化字，一律用正楷或行书体书写。大写金额前未印有“人民币”字样的，应加写“人民币”三个字，“人民币”字样和大写金额之间不得留有空白。大写金额数字到元或者角为止的，在“元”或“角”之后写“整”字或者“正”字。阿拉伯数字金额中间有“0”时，汉字大写金额要写“零”；阿拉伯数字金额中间连续有几个“0”时，汉字大写金额只写一个“零”，如小写金额¥2 006.30，大写金额应写为“人民币贰仟零陆元叁角整”；阿拉伯数字元位是“0”，但角位不是“0”时，汉字大写金额可以写“零”，也可以不写“零”，如小写金额¥7 090.10，大写金额应写为“人民币柒仟零玖拾元零壹角整”或“人民币柒仟零玖拾元壹角整”。

### （三）原始凭证的审核

为了如实反映经济业务的发生和完成情况，提高会计信息质量，保证会计信息的真实性、可靠性和正确性，充分发挥会计的监督职能，会计部门必须对各种原始凭证进行严格的审核。只有审核通过的原始凭证，才能作为填制记账凭证和登记账簿的依据。原始凭证的审核内容具体包括**真实性、合法性、合理性、合规性**。

（1）真实性审核。主要审核原始凭证是否如实反映经济业务的本来面貌，是否具备成为本单位合法原始凭证的条件。比如，未经领导批准的借据、联次不符的凭证等，都不能作为真实的原始凭证。

（2）合法性审核。主要审核原始凭证记录的经济业务是否违反国家法律法规，是否履行了规定的凭证传递和审核程序，是否符合规定的审批权限等。实务中，违法的原始凭证主要有两种情况：第一，时间不匹配、印章不规范或不清晰的假发票；第二，票据虽真实，但不在规定的报销范围内。

（3）合理性审核。审核原始凭证所记录的经济业务是否符合生产经营活动的需要，是否符合有关计划和预算。比如，职工出差的住宿费、餐饮费发票等都是真实合法的，但如果超过规定的报销标准，则不属于合理的原始凭证。

（4）合规性审核。审核原始凭证中所有应填项目是否完整，经办人员签章是否齐全，手续是否全部办妥。另外，审查原始凭证上有关金额填写是否清楚、计算是否正确、大小写金额是否一致等。

**会计人员根据上述内容审核原始凭证，如出现不真实、不合法、不合理的原始凭证，会计人员有权不予受理，应拒绝执行、报销或付款，并向单位负责人报告，请求查明原因，追究有关当事人的责任。对于填写不齐全、手续不完备、书写不清楚、计算不正确的原始凭证予以退回，并责成经办人员填补齐全、更正错误或更换原始凭证。**

为了做好原始凭证审核工作，审核人员必须熟悉国家有关政策、方针以及本单位的计划、预算等有关规定和业务经营情况，不断提高自身业务技能；同时，审核人员必须做好宣传解释工作，促使经办人员自觉执行法规制度，更好地发挥会计的监督作用。

# 第三节　记账凭证

## 一、记账凭证的概念及种类

### （一）记账凭证的概念

记账凭证，是会计人员根据审核无误的原始凭证填制，记载经济业务主要内容，确定会计分录，并作为记账依据的会计凭证。**记账凭证的主要特点是记载有反映经济业务内容的会计分录，能够指明经济业务应记入的账户名称、方向及金额，并附有相关附件即原始凭证**。在会计核算中，编制记账凭证，不仅可以简化记账工作，减少记账错误，还便于对账、查账，提高记账工作的质量。

### （二）记账凭证的种类

会计实务中使用的记账凭证有多种，分类标准也有多种，但基本的分类有三种：按经济内容不同分类、按是否经过汇总分类、按填列方法不同分类。最常用的分类方法是按反映的经济内容不同，分为**通用记账凭证**和**专用记账凭证**，如图 3-10 所示。

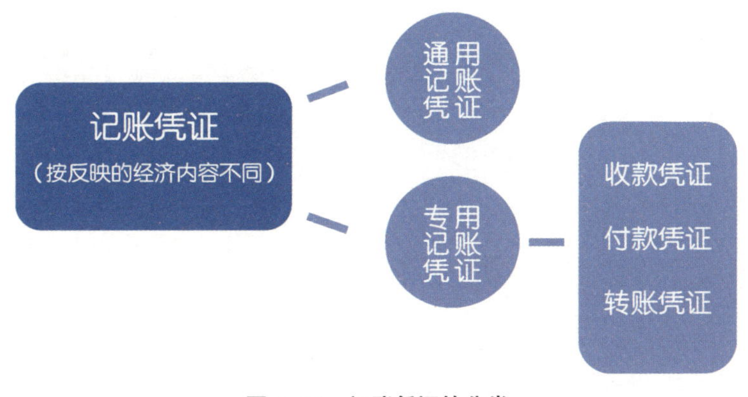


**图 3-10　记账凭证的分类**

#### 1. 专用记账凭证

专用记账凭证，是指格式专用，适用特定业务种类的记账凭证。按照其反映的内容不同，又分为收款凭证、付款凭证和转账凭证。

（1）收款凭证，是用于现金及银行存款**收入业务**的记账凭证，根据现金和银行存款收款业务的原始凭证填制。比如，销售商品收取的银行存款、以现金收取的包装物押金等。收款凭证的格式如图 3-11 所示。

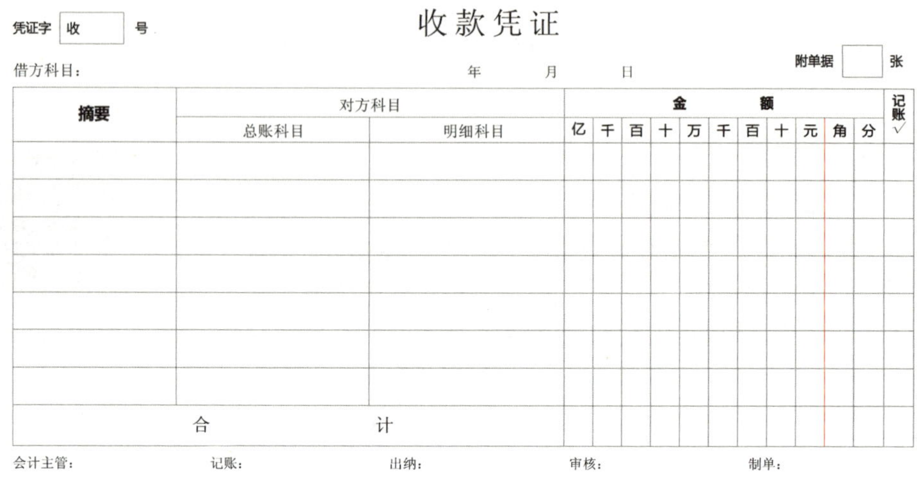

凭证字 收 号

收款凭证

借方科目： 年 月 日 附单据 张

| 摘要 | 对方科目 | | 金额 | | | | | | | | | | | 记账√ |
|---|---|---|---|---|---|---|---|---|---|---|---|---|---|---|
| | 总账科目 | 明细科目 | 亿 | 千 | 百 | 十 | 万 | 千 | 百 | 十 | 元 | 角 | 分 | |
| | | | | | | | | | | | | | | |
| | | | | | | | | | | | | | | |
| | | | | | | | | | | | | | | |
| | | | | | | | | | | | | | | |
| | | | | | | | | | | | | | | |
| | | | | | | | | | | | | | | |
| | | | | | | | | | | | | | | |
| 合计 | | | | | | | | | | | | | | |

会计主管： 记账： 出纳： 审核： 制单：

图 3-11 收款凭证

（2）付款凭证，是用于现金及银行存款**付出业务**的记账凭证，根据现金和银行存款付款业务的原始凭证填制。比如，用银行存款支付材料费、以现金支付员工报销款等。付款凭证的格式如图 3-12 所示。

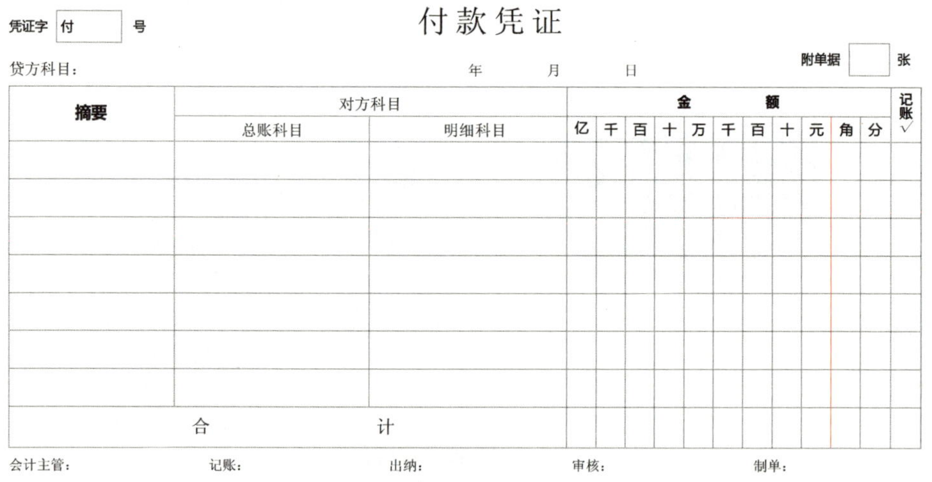

凭证字 付 号

付款凭证

贷方科目： 年 月 日 附单据 张

| 摘要 | 对方科目 | | 金额 | | | | | | | | | | | 记账√ |
|---|---|---|---|---|---|---|---|---|---|---|---|---|---|---|
| | 总账科目 | 明细科目 | 亿 | 千 | 百 | 十 | 万 | 千 | 百 | 十 | 元 | 角 | 分 | |
| | | | | | | | | | | | | | | |
| | | | | | | | | | | | | | | |
| | | | | | | | | | | | | | | |
| | | | | | | | | | | | | | | |
| | | | | | | | | | | | | | | |
| | | | | | | | | | | | | | | |
| | | | | | | | | | | | | | | |
| 合计 | | | | | | | | | | | | | | |

会计主管： 记账： 出纳： 审核： 制单：

图 3-12 付款凭证

**对于现金和银行存款之间的相互划转业务，为了防止业务重复处理，只填制付款凭证，不填制收款凭证。比如，从银行提取备用金、将现金存入银行等业务都只填制付款凭证。**

（3）转账凭证，是指用于**不涉及**现金和银行存款收付业务的记账凭证，根据有关不涉及现金和银行存款业务的原始凭证填制。比如，领用材料、产品完工入库等业务。转账凭证的格式如图 3-13 所示。

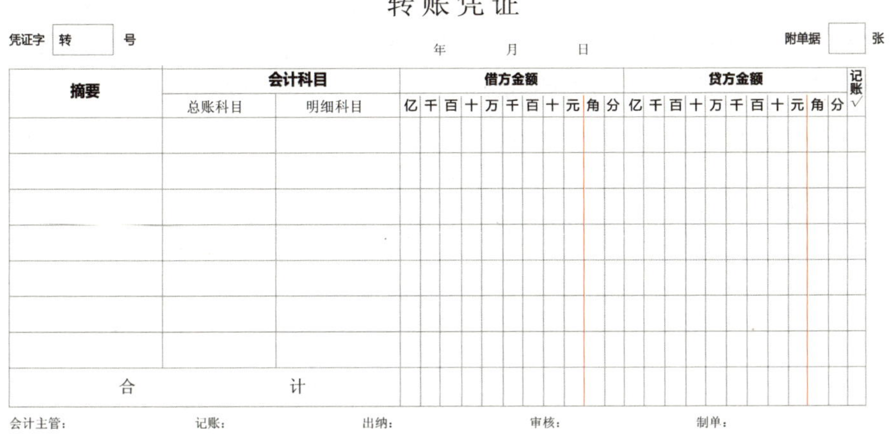

转账凭证

凭证字 转 号　　　　年　　月　　日　　　　附单据　　张

| 摘要 | 会计科目 | | 借方金额 | | | | | | | | | | | 贷方金额 | | | | | | | | | | | 记账 |
|---|---|---|---|---|---|---|---|---|---|---|---|---|---|---|---|---|---|---|---|---|---|---|---|---|---|
| | 总账科目 | 明细科目 | 亿 | 千 | 百 | 十 | 万 | 千 | 百 | 十 | 元 | 角 | 分 | 亿 | 千 | 百 | 十 | 万 | 千 | 百 | 十 | 元 | 角 | 分 | √ |
| | | | | | | | | | | | | | | | | | | | | | | | | | |
| | | | | | | | | | | | | | | | | | | | | | | | | | |
| | | | | | | | | | | | | | | | | | | | | | | | | | |
| | | | | | | | | | | | | | | | | | | | | | | | | | |
| | | | | | | | | | | | | | | | | | | | | | | | | | |
| | | | | | | | | | | | | | | | | | | | | | | | | | |
| | | | | | | | | | | | | | | | | | | | | | | | | | |
| 合计 | | | | | | | | | | | | | | | | | | | | | | | | | |

会计主管：　　记账：　　出纳：　　审核：　　制单：

**图 3–13　转账凭证**

收款凭证、付款凭证、转账凭证的划分，有利于区别不同经济业务并对其进行分类管理，还有利于经济业务的检查，但划分凭证会导致核算工作量加大，**适用于规模较大、收付款业务较多的单位**。

### 2. 通用记账凭证

通用记账凭证，是指凭证格式**具有通用性**，可以记录各种经济业务的记账凭证。一般适用于**规模小、会计业务量少、经济业务比较简单的单位**。通用记账凭证的格式如图 3–14 所示。

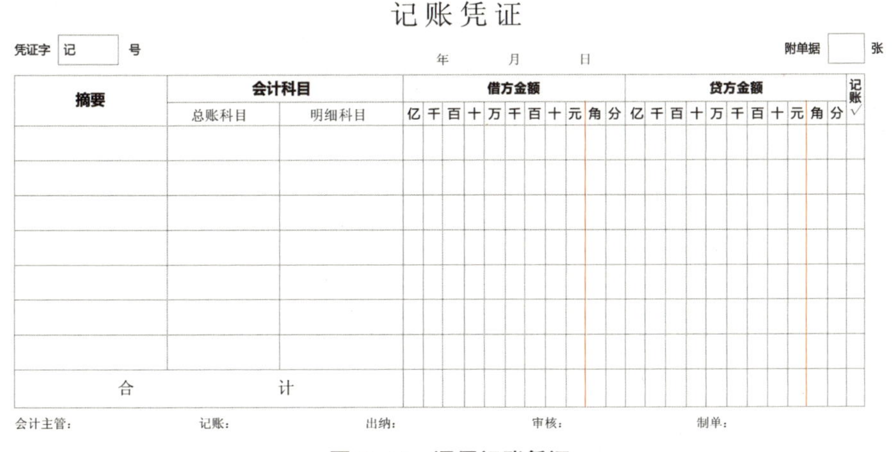

记账凭证

凭证字 记 号　　　　年　　月　　日　　　　附单据　　张

| 摘要 | 会计科目 | | 借方金额 | | | | | | | | | | | 贷方金额 | | | | | | | | | | | 记账 |
|---|---|---|---|---|---|---|---|---|---|---|---|---|---|---|---|---|---|---|---|---|---|---|---|---|---|
| | 总账科目 | 明细科目 | 亿 | 千 | 百 | 十 | 万 | 千 | 百 | 十 | 元 | 角 | 分 | 亿 | 千 | 百 | 十 | 万 | 千 | 百 | 十 | 元 | 角 | 分 | √ |
| | | | | | | | | | | | | | | | | | | | | | | | | | |
| | | | | | | | | | | | | | | | | | | | | | | | | | |
| | | | | | | | | | | | | | | | | | | | | | | | | | |
| | | | | | | | | | | | | | | | | | | | | | | | | | |
| | | | | | | | | | | | | | | | | | | | | | | | | | |
| | | | | | | | | | | | | | | | | | | | | | | | | | |
| | | | | | | | | | | | | | | | | | | | | | | | | | |
| 合计 | | | | | | | | | | | | | | | | | | | | | | | | | |

会计主管：　　记账：　　出纳：　　审核：　　制单：

**图 3–14　通用记账凭证**

## 二、记账凭证的填制及审核

### （一）记账凭证的基本内容

记账凭证是登记账簿的依据，为了保证账簿记录的正确性和业务内容的完

整性，记账凭证必须具备八项基本要素：**（1）记账凭证的名称;（2）记账凭证的填制日期;（3）凭证编号;（4）经济业务的内容摘要;（5）借贷方会计科目及记账金额;（6）记账标记;（7）附件张数;（8）经办人员签字或盖章**。基本内容如图 3-15 所示。

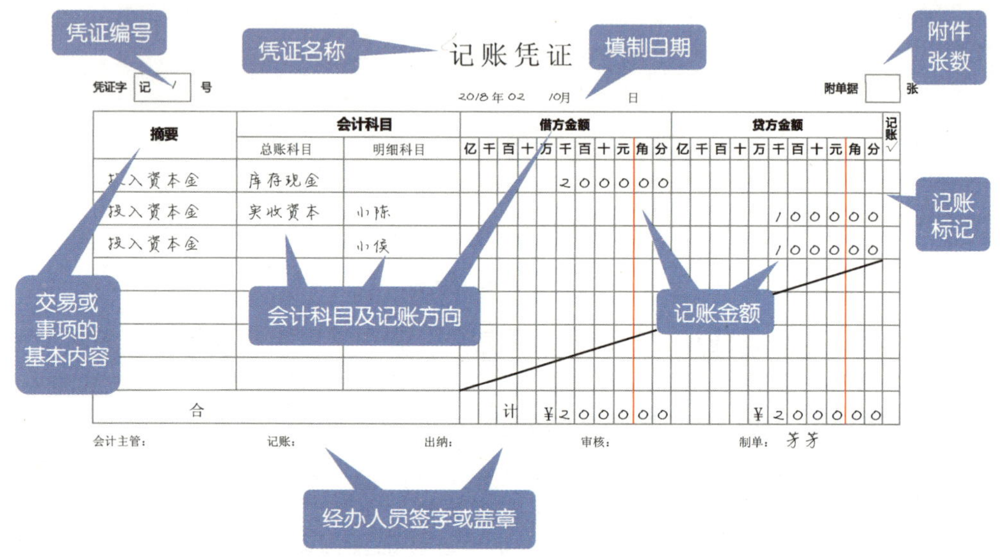


**图 3-15 记账凭证的基本内容**

## （二）记账凭证的填制要求

填制记账凭证是会计核算工作的重要环节，直接关系到记账工作的质量。填制记账凭证时，不仅要满足填制原始凭证时**"真实可靠、内容完整、填写及时、书写清楚"**的要求，还要注意以下几点：

（1）**以审核无误的原始凭证为依据**。除结账和更正错账的记账凭证可以不附原始凭证外，其他记账凭证必须附有原始凭证。可以根据一张原始凭证填制记账凭证，也可以根据若干张同类原始凭证汇总填制记账凭证，还可以根据原始凭证汇总表填制记账凭证。

（2）**按照会计制度的规定，正确填制会计科目、明细科目**。填写会计科目时，应当填写会计科目的全称，不得简写。为了方便登记日记账和明细账，还应填写明细科目。编写分录时，尽量避免多借多贷的会计分录，但是对于特殊交易，需要通过多借多贷才能说明经济业务时，可以编制多借多贷的会计分录。

（3）**选择、确定记账凭证的种类**。在采用收、付、转记账凭证的情况下，若分录借方出现"库存现金"或"银行存款"科目，应选择收款凭证；若分录贷方出现"库存现金"或"银行存款"科目，应选择付款凭证；若分录借方出现"库存现金"科目，贷方出现"银行存款"科目，或者反之，应选择付款凭证；若分录借方、贷方均未出现“库存现金”和“银行存款”科目，则应选择转账凭证。

（4）**记账凭证中金额的填写**。首先，填写的金额应与原始凭证的金额相符；阿拉伯数字应书写规范，并填写至分位；相应的数字应平行对准相应的借贷方和会计科目的栏次，防止错栏串行；填写合计行金额时，应在最高位数值前填写人民币符号“¥”，以示金额封顶，防止被篡改。

（5）**记账凭证应按行次逐笔填写，不得跳行或留有空行**。记账凭证金额栏最后留有空行的，用斜直线或“S”线注销。斜直线或“S”线应从金额栏最后一笔金额下的空行画到合计数行上面的空行。

（6）**填写记账凭证的编号**。一笔经济业务需要在两张或两张以上的记账凭证上反映时，几张记账凭证的编号应是一个总号，在此总号下，采用分数的方法来表示，这种方法称为分数编号法。比如，某笔经济业务是某月的第 16 号转账业务，需要两张凭证，那么这两张凭证编号就应该是 16(1/2)、16(2/2)。

（7）**计算并填写附件张数**。附件张数用阿拉伯数字填写，按原始凭证的自然张数计算；有原始凭证汇总表的附件，可将原始凭证汇总表张数作为记账凭证的附件张数，再将原始凭证作为原始凭证汇总表的附件张数记录；若一张或几张原始凭证涉及几张记账凭证时，可将原始凭证附在一张主要的记账凭证后面，并在摘要栏注明“本凭证附件包括 ×× 号记账凭证业务”字样，在其他记账凭证上注明“原始凭证附在 ×× 号记账凭证后面”字样。没有原始凭证，只有复印件的，不能将其作为填制记账凭证的依据。

（8）**记账凭证的签名或盖章**。记账凭证填制完成后，一般要由填制人员、审核人员、会计主管人员、记账人员分别签名或盖章，以示其经济责任，并使会计人员互相制约、互相监督，防止错误和舞弊行为的发生。

以花店场景一为例，小陈和小侯各投入现金 1 000 元，作为花店的初始投资。采用通用记账凭证填写，如图 3-16 所示。

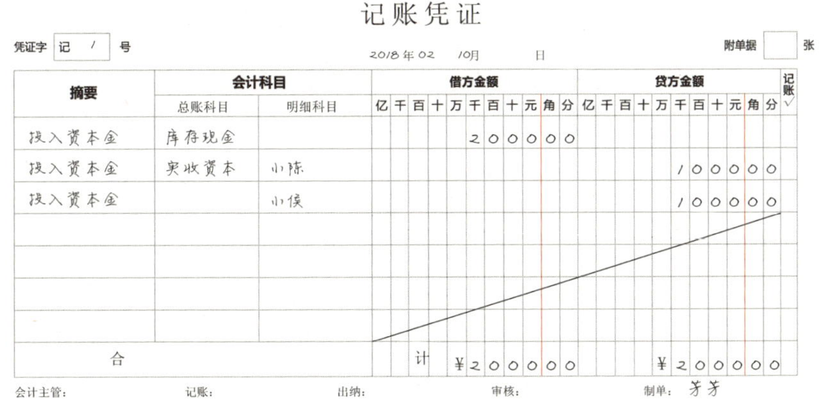

记账凭证

凭证字 记 1 号　　2018年02 10月 日　　附单据 张

| 摘要 | 会计科目 | | 借方金额 | 贷方金额 | 记账√ |
|---|---|---|---|---|---|
| | 总账科目 | 明细科目 | 亿千百十万千百十元角分 | 亿千百十万千百十元角分 | |
| 投入资本金 | 库存现金 | | 200000 | | |
| 投入资本金 | 实收资本 | 小陈 | | 100000 | |
| 投入资本金 | | 小侯 | | 100000 | |
| 合计 | | | ¥200000 | ¥200000 | |

会计主管：　记账：　出纳：　审核：　制单：芳芳

**图 3-16　记账凭证填制举例**

### （三）记账凭证的审核

记账凭证是登记账簿的直接依据，为了保证会计信息的质量，在记账之前应由有关审核人员对记账凭证进行严格的审核，审核内容如下：

（1）**内容是否真实**。审核记账凭证是否以原始凭证为依据，所附原始凭证的内容与记账凭证的内容是否一致。

（2）**项目是否齐全**。审核记账凭证各项目的填写是否齐全，如日期、凭证编号、摘要、会计科目、金额、附件张数、人员签章等。

（3）**科目是否正确**。审核记账凭证的借贷方科目是否正确，是否有明确的账户对应关系，所使用的会计科目是否符合有关会计制度的规定。

（4）**金额是否正确**。审核记账凭证所记录的金额与原始凭证的有关金额是否一致，原始凭证中的数量、单价、金额计算是否正确等。

（5）**书写是否正确**。审核记账凭证中记录的文字是否工整、数字是否清晰，是否按照规定使用蓝色或黑色墨水，是否按规定进行更正等。

出纳人员在办理收付款业务后，应在原始凭证上**加盖“收讫”或“付讫”戳记**，以避免重复收款或者重复付款的情况发生。

在审核过程中，如发现错误，应及时查明原因，按规定办法及时处理和更正，只有经过审核无误的记账凭证，才能据以登记账簿。

# 第四节　会计账簿

## 一、会计账簿的概念、种类及内容

### （一）会计账簿的概念

会计账簿，简称账簿，是根据会计科目开设并由专门格式的账页连接在一起，以会计凭证为依据，序时、分类地记录各项经济业务，为编制会计报表进行会计数据加工和存储的簿籍，俗称“账本”。

设置和登记会计账簿是编制会计报表的基础，是连接会计凭证与会计报表的中间环节。在会计核算中，对每一项经济业务，都必须取得和填制会计凭证，因而会计凭证数量很多，又很分散，而且每张会计凭证只能记载个别经济业务的内容，所提供的资料是零星的，不能全面、连续、系统地反映和监督一个经济单位在一定时期内某一类和全部经济业务活动的情况，且不便于日后查阅。因此，为了给经济管理提供系统的会计核算资料，各单位都必须在凭证的基础上设置和运用登记账簿的方法，把分散在会计凭证上的大量核算资料加以集中和归类整理，生成有用的会计信息，从而为编制会计报表、进行会计分析以及审计提供主要依据。

设置和登记会计账簿在会计核算中具有重要意义，会计账簿的作用如图3-17所示。

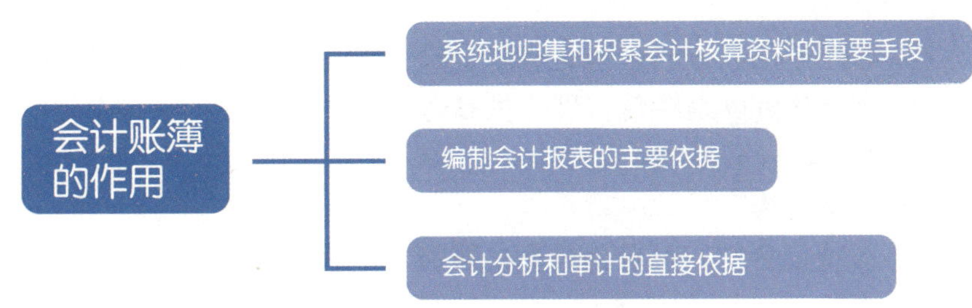


图 3-17　会计账簿的作用

### （二）会计账簿的种类

会计账簿的种类有很多，为了具体地认识各种账簿的特点，更好地发挥账簿的功能，通常将账簿按照用途、外形特征和账页格式进行分类，如图 3-18 所示。

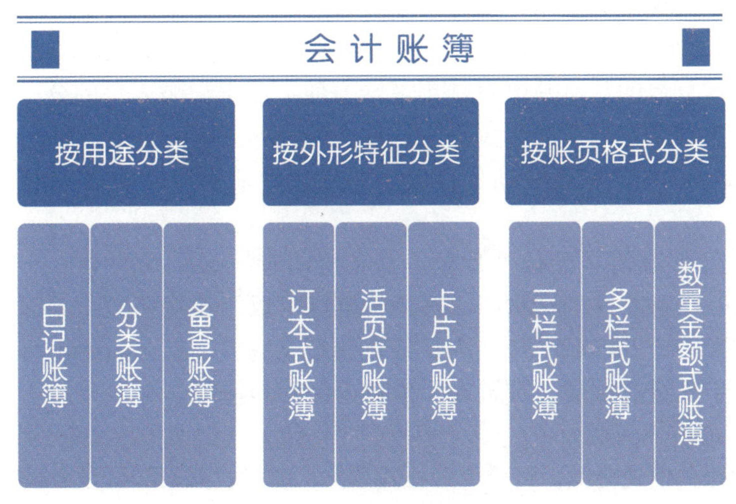


图 3-18　会计账簿的分类

#### 1. 按用途分类

账簿**按用途分类，可分为日记账簿、分类账簿和备查账簿**。

（1）日记账簿，也称序时账簿，是按照经济业务发生的时间先后顺序，逐日逐笔连续登记的会计账簿。

（2）分类账簿，是指对所有的经济业务按照会计科目开设账户并进行分类

登记的会计账簿。根据反映会计信息的详细程度不同，分类账簿又分为总分类账簿和明细分类账簿。总分类账簿，是按照总分类科目即一级科目开设账户并登记的会计账簿；明细分类账簿，是按照明细分类科目即二级或三级明细科目开设账户并登记的会计账簿。

（3）备查账簿，是指对一些在序时账簿和分类账簿中不能记载或记载不全面的经济业务进行补充登记的账簿。相对于日记账簿和分类账簿而言，备查账簿属于辅助性账簿，它可以为经营管理提供参考，比如委托加工材料登记簿、租入固定资产登记簿等。

### 2. 按外形特征分类

账簿**按外形特征分类，可分为订本式账簿、活页式账簿和卡片式账簿**。

（1）订本式账簿，简称订本账，这类账簿在启用前就把若干账页按顺序编号并装订成册。一些具有统驭作用的账簿及记录特别重要的交易或销售业务的账簿都应采用订本式账簿，比如**总分类账、日记账**。订本账的优点是可以避免账页的流失，防止账页被人为抽换，保证账簿的安全完整；它的缺点是使用起来不够灵活。

（2）活页式账簿，也称活页账，这类账簿在启用前既不连续编号也不装订，其账页放在账页夹中，记账人员可根据设置的账户和记账的需要随时取用和补充空白账页。明细分类账因其对经济业务逐项逐笔记录比较频繁，故一般采用活页式账簿。活页账的优点是账页使用灵活方便，便于记账人员的分工；它的缺点是账页平时散置，容易造成账页丢失或被人为抽换。因此，为了保证账簿安全完整，应对已登记的账页连续编号存放，并在会计期末装订成册，形成订本式账簿。

（3）卡片式账簿，简称卡片账，是指用印有记账格式的卡片登记经济业务的账簿。它是一种特殊的活页账，适用于某些可以跨年度使用、无须经常更换的明细账，比如固定资产明细账。为保证账簿安全完整、经久耐用，可以用有一定格式的硬纸卡片组成账簿，放置在卡片箱内保管和使用。

### 3. 按账页格式分类

账簿**按账页格式分类，可分为三栏式账簿、多栏式账簿和数量金额式账簿**。

（1）三栏式账簿，是将账页中登记金额的部分分为三个栏目，即借方、贷方和余额三栏。这种格式适用于只提供价值核算信息，不需要提供数量核算信息的账簿，如**总账、日记账、结算类明细账**等。

（2）多栏式账簿，是在借方和贷方的某一方或两方下面分设若干栏目，详细反映借贷方金额的组成情况。这类账簿适用于核算项目较多，且管理上要求提供各核算项目详细信息的明细账，如**费用类、成本类明细账**等。

（3）数量金额式账簿，是在借方、贷方和余额栏下分设三个栏目，用以登记财产物资的数量、单价和总金额。这类账簿适用于既需要提供金额信息又需要提供数量信息的明细账，如**材料、产成品明细账**等。

### （三）会计账簿的内容

会计账簿所记录的经济内容、账簿格式尽管多种多样，但各类账簿都应具备基本内容，即**封面、扉页、账页**。

（1）封面，如总分类账、现金日记账、应收账款明细账等，如图 3-19 所示。

图 3-19　会计账簿的封面

（2）扉页，用来填列“账簿启用及交接表”和“账簿目录表”，如图 3-20、图 3-21 所示。

**账簿启用及交接表**

<table>
<tr><td>机构名称</td><td colspan="8"></td><td colspan="2">印　鉴</td></tr>
<tr><td>账簿名称</td><td colspan="8">（第　　册）</td><td colspan="2" rowspan="4"></td></tr>
<tr><td>账簿编号</td><td colspan="8"></td></tr>
<tr><td>账簿页数</td><td colspan="8">本账簿共计　　页（　本账簿页数　　）</td></tr>
<tr><td>启用日期</td><td colspan="8">公元　　年　　月　　日</td></tr>
<tr><td rowspan="3">经管人员</td><td colspan="2">负责人</td><td colspan="2">主办会计</td><td colspan="3">复核</td><td colspan="3">记账</td></tr>
<tr><td>姓名</td><td>盖章</td><td>姓名</td><td>盖章</td><td colspan="2">姓名</td><td>盖章</td><td colspan="2">姓名</td><td>盖章</td></tr>
<tr><td></td><td></td><td></td><td></td><td colspan="2"></td><td></td><td colspan="2"></td><td></td></tr>
<tr><td rowspan="5">交接记录</td><td colspan="4">经管人员</td><td colspan="3">接管</td><td colspan="3">交出</td></tr>
<tr><td colspan="2">职别</td><td colspan="2">姓名</td><td>年</td><td>月</td><td>日　盖章</td><td>年</td><td>月</td><td>日　盖章</td></tr>
<tr><td colspan="2"></td><td colspan="2"></td><td></td><td></td><td></td><td></td><td></td><td></td></tr>
<tr><td colspan="2"></td><td colspan="2"></td><td></td><td></td><td></td><td></td><td></td><td></td></tr>
<tr><td colspan="2"></td><td colspan="2"></td><td></td><td></td><td></td><td></td><td></td><td></td></tr>
<tr><td>备注</td><td colspan="10"></td></tr>
</table>

图 3-20　账簿启用及交接表

账簿目录表

| 账户名称 | 账号 | 总页码 | 账户名称 | 账号 | 总页码 | 账户名称 | 账号 | 总页码 |
|---|---|---|---|---|---|---|---|---|
| | | | | | | | | |
| | | | | | | | | |
| | | | | | | | | |
| | | | | | | | | |
| | | | | | | | | |
| | | | | | | | | |
| | | | | | | | | |
| | | | | | | | | |

图 3-21　账簿目录表

为了保证会计账簿的合规性和账簿资料的完整性，明确记账责任，各种账簿的登记都要由专人负责。启用订本式账簿，应当从第一页到最后一页按顺序编定页数，不得跳页、缺号。更换记账人员时，应在会计主管人员的监督下办理交接手续，并在交接记录中填写有关项目后，由交接双方和会计主管人员签章。

（3）账页，是会计账簿的主要内容。账页的格式因反映的经济业务不同而不同，但基本内容一般包括账户名称、登记账户的日期栏、凭证字号、摘要栏、金额栏、总页次等。

## 二、设置并登记日记账、明细账

明细账是根据各个明细科目开设的，用来分类、连续地登记经济业务以提供详细核算资料的账簿。出于对经济业务信息分析和业务管理的需要，企业应设置的明细账有很多，明细账簿在格式和登记上也因其设立的明细账户不同而存在很大的差异。

现将日记账和明细账的格式与登记方法一一列示。

### （一）日记账

为了加强对货币资金的管理，各单位一般应设置现金日记账和银行存款日记账，出纳根据审核后的涉及收付款业务的凭证逐日逐笔登记，以序时地反映资金的收入、支出和每日结存情况。所以，这两种日记账由出纳负责登记。

#### 1. 现金日记账

现金日记账**核算和监督库存现金每日收入、支出和结存情况**，如有外币现金业务，应当分别设置人民币和外币日记账。

（1）现金日记账的格式。

现金日记账有三栏式和多栏式两种，无论采用哪种格式，都必须**使用订本式账簿**。三栏式现金日记账的格式如图 3-22 所示，多栏式现金日记账的格式如图 3-23 所示。

## 现金日记账

第____页

| 年 | | 凭证 | | 摘要 | 对方科目 | 借方 | | | | | | | | | | 贷方 | | | | | | | | | | 余额 | | | | | | | | | | √ |
|---|---|---|---|---|---|---|---|---|---|---|---|---|---|---|---|---|---|---|---|---|---|---|---|---|---|---|---|---|---|---|---|---|---|---|---|---|
| 月 | 日 | 种类 | 号数 | | | 千 | 百 | 十 | 万 | 千 | 百 | 十 | 元 | 角 | 分 | 千 | 百 | 十 | 万 | 千 | 百 | 十 | 元 | 角 | 分 | 千 | 百 | 十 | 万 | 千 | 百 | 十 | 元 | 角 | 分 | |
| | | | | | | | | | | | | | | | | | | | | | | | | | | | | | | | | | | | | |
| | | | | | | | | | | | | | | | | | | | | | | | | | | | | | | | | | | | | |
| | | | | | | | | | | | | | | | | | | | | | | | | | | | | | | | | | | | | |
| | | | | | | | | | | | | | | | | | | | | | | | | | | | | | | | | | | | | |
| | | | | | | | | | | | | | | | | | | | | | | | | | | | | | | | | | | | | |
| | | | | | | | | | | | | | | | | | | | | | | | | | | | | | | | | | | | | |
| | | | | | | | | | | | | | | | | | | | | | | | | | | | | | | | | | | | | |
| | | | | | | | | | | | | | | | | | | | | | | | | | | | | | | | | | | | | |

图 3-22　三栏式现金日记账

## 现金日记账（多栏式）

第____页

| 年 | | 凭证 | | 摘要 | 贷方科目（收入） | | | | 现金收入合计 | 借方科目（支出） | | | | 现金支出合计 | 余额 | √ |
|---|---|---|---|---|---|---|---|---|---|---|---|---|---|---|---|---|
| 月 | 日 | 种类 | 号数 | | | | | | | | | | | | | |
| | | | | | | | | | | | | | | | | |
| | | | | | | | | | | | | | | | | |
| | | | | | | | | | | | | | | | | |
| | | | | | | | | | | | | | | | | |
| | | | | | | | | | | | | | | | | |
| | | | | | | | | | | | | | | | | |
| | | | | | | | | | | | | | | | | |
| | | | | | | | | | | | | | | | | |

图 3-23　多栏式现金日记账

（2）现金日记账的登记方法。

出纳人员根据审核无误的现金收付款凭证，按业务发生的时间先后顺序逐日逐笔登记库存现金的收入、支出情况，并根据**“本日余额 = 上日余额 + 本日收入 − 本日支出”**，每日结出库存现金余额，与库存现金实存数核对，以检查每日现金收付是否有误。具体登记方法如下：

日期栏：记账凭证的日期，应与库存现金的实际收付日期一致；

凭证栏：登记入账的凭证字号；

摘要栏：经济业务的内容，以简练的文字说明清楚，一般与凭证上的摘要内容相同；

对方科目栏：库存现金收入的来源及支付的去向；

借、贷方栏：有时也标示“收入”“支出”栏，是现金实际收付的金额，即

发生额；

余额栏：根据“本日余额 = 上日余额 + 本日收入 − 本日支出”的公式计算出余额，每日余额必须和出纳保管的实存金额一致。

三栏式现金日记账的登记示例如图 3-24 所示。

**现金日记账**

第 1 页

| 2018年 月 | 日 | 凭证 种类 | 凭证 号数 | 摘要 | 对方科目 | 借方 | 贷方 | 余额 | √ |
|---|---|---|---|---|---|---|---|---|---|
| 9 | 1 | | | 期初余额 | | | | 41700 | |
| 9 | 3 | 记 | 1 | 提取备用金 | 银行存款——基本户 | 1000000 | | 1417700 | |
| 9 | 3 | | | 本日合计 | | 1000000 | | 1417700 | |
| 9 | 4 | 记 | 3 | 报销办公用品 | 管理费用——办公用品 | | 69600 | 1348100 | |
| 9 | 4 | | | 本日合计 | | | 69600 | 1348100 | |
| 9 | 6 | 记 | 5 | 报销差旅费 | 其他应收款——高磊 | 42040 | | 1390140 | |
| 9 | 6 | | | 本日合计 | | 42040 | | 1390140 | |
| 9 | 17 | 记 | 15 | 购入轿车 | 固定资产——运输工具 | | 1200000 | 190140 | |
| 9 | 17 | | | 本日合计 | | | 1200000 | 190140 | |
| 9 | 30 | | | 本月合计 | | 1042040 | 1269600 | 190140 | |
| 9 | 30 | | | 本年累计 | | 1042040 | 1269600 | 190140 | |
| | | | | | | | | | |
| | | | | | | | | | |

图 3-24 三栏式现金日记账的登记示例

多栏式现金日记账的登记方法则是分为两项：对于现金收入，按照与借记“库存现金”账户对应的贷方账户，登入“贷方科目（收入）”栏；对于现金支出，按照与贷记“库存现金”账户对应的借方账户，登入“借方科目（支出）”栏。月末再根据各栏的合计数，过入各有关总账账户。

由于多栏式现金日记账的账页过长，所以在登账时易发生数字串行或串栏的记账错误。为避免以上错误的发生和便于账簿的保管，通常将多栏式现金日记账按收入和支出一分为二：按与借记“库存现金”账户相对应的贷方账户设置“多栏式现金收入日记账”；按与贷记“库存现金”账户相对应的借方账户设置“多栏式现金支出日记账”。

### 2. 银行存款日记账

银行存款日记账是用来核算和监督银行存款每日收入、支出和结存情况的账簿。银行存款日记账应按照企业在银行开立的账户和币种分别设置，**每个账户设置一本日记账**。

（1）银行存款日记账的格式。

与三栏式现金日记账类似，银行存款日记账也必须采用订本式账簿。其格式如图 3-25 所示。

**银行存款 日记账**

第　　页

开户银行：

账　　号：

| 年 | | 凭证 | | 摘要 | 对方科目 | 借方 | 贷方 | 余额 | √ |
|---|---|---|---|---|---|---|---|---|---|
| 月 | 日 | 种类 | 号数 | | | 千百十万千百十元角分 | 千百十万千百十元角分 | 千百十万千百十元角分 | |
| | | | | | | | | | |
| | | | | | | | | | |
| | | | | | | | | | |
| | | | | | | | | | |
| | | | | | | | | | |
| | | | | | | | | | |
| | | | | | | | | | |
| | | | | | | | | | |

图 3-25　银行存款日记账的格式

（2）银行存款日记账的登记方法。

银行存款日记账通常是由出纳人员根据审核后的与银行存款有关的收付款凭证，逐日逐笔按照业务发生的时间先后顺序进行登记的。每日分别计算收入、支出的合计数及账面余额，余额计算方法与现金日记账相同。银行存款日记账的登记方法如图 3-26 所示。

**银行存款 日记账**

第 2 页

开户银行：中国建设银行京州胜利门支行

账　　号：32050161478600000628

| 2018年 | | 凭证 | | 摘要 | 对方科目 | 借方 | 贷方 | 余额 | √ |
|---|---|---|---|---|---|---|---|---|---|
| 月 | 日 | 种类 | 号数 | | | 千百十万千百十元角分 | 千百十万千百十元角分 | 千百十万千百十元角分 | |
| | | | | 承前页 | | 49546632 | 59185176 | 87631489 | |
| 9 | 19 | 记 | 17 | 从浙江玉珠采购商品 | 应付账款——浙江玉珠电器集团 | | 1057920 0 | 77052289 | |
| 9 | 19 | | | 本日合计 | | | 10579200 | 77052289 | |
| 9 | 21 | 记 | 18 | 支付银行手续费 | 财务费用——手续费 | | 5600 | 77046689 | |
| 9 | 21 | | | 本日合计 | | | 5600 | 77046689 | |
| 9 | 25 | 记 | 19 | 支付水电费 | 管理费用——水电费 | | 162408 | 76884281 | |
| 9 | 25 | | | 本日合计 | | | 162408 | 76884281 | |
| 9 | 30 | | | 本月合计 | | 24773316 | 40339796 | 76884281 | |
| 9 | 30 | | | 本年累计 | | 24773316 | 40339796 | 76884281 | |
| | | | | | | | | | |
| | | | | | | | | | |

图 3-26　银行存款日记账的登记方法

## （二）明细账

明细账一般采用活页式或卡片式账簿，按照经济业务发生的时间顺序逐笔登记。根据管理需要以及记录内容的不同，明细账可以采用不同的格式。

### 1. 明细账的格式

一般有**三栏式、多栏式、数量金额式**等多种形式。

（1）三栏式明细账，设有借方、贷方和余额三个金额栏目，其格式与三栏式现金日记账类似，适用于只进行金额核算的明细分类账户，如应收账款、应付账款等债权债务明细账簿。应收账款三栏式明细账的格式如图 3-27 所示。

**应收账款 明细账**　　第 1 页

一 级科目 应收账款　　二 级科目 京州汇东机械设备有限公司　　级科目

| 2018年 月 | 日 | 凭证 种类 | 号数 | 摘 要 | 借方金额（十亿千百十万千百十元角分） | 贷方金额（十亿千百十万千百十元角分） | 借或贷 | 余额（十亿千百十万千百十元角分） |
|---|---|---|---|---|---|---|---|---|
| 9 | 1 | | | 期初余额 | | | 借 | 426516 |
| 9 | 3 | 记 | 2 | 收到京州汇东欠款 | | 426516 | 平 | 000 |
| 9 | 5 | 记 | 4 | 向京州汇东赊销商品 | 21460000 | | 借 | 21460000 |
| 9 | 25 | 记 | 20 | 向京州汇东销售商品 | 22504000 | | 借 | 43964000 |
| 9 | 25 | 记 | 20 | 向京州汇东销售商品 | | 22504000 | 借 | 21460000 |
| 9 | 30 | | | 本月合计 | 43964000 | 26768516 | 借 | 21460000 |
| 9 | 30 | | | 本年累计 | 43964000 | 26768516 | 借 | 21460000 |
| | | | | | | | | |
| | | | | | | | | |

图 3-27　应收账款三栏式明细账的格式

（2）多栏式明细账，是将属于同一个总账科目的各个明细科目合并在一张账页上进行登记，以便在同一张账页上集中反映有关明细核算资料，一般适用于**成本、费用、利润等明细账户**，如生产成本、制造费用、管理费用、财务费用、销售费用、主营业务收入等账户。管理费用多栏式明细账的格式如图 3-28 所示。

（3）数量金额式明细账，基本结构是收入、发出和结余三栏，每栏下再分别设数量、单价、金额三个小栏目，以分别登记实物的数量和金额。这种账簿适用于既要反映金额又要反映数量的财产物资账户，如**原材料、库存商品**等账户。库存商品数量金额式明细账的格式如图 3-29 所示。

### 2. 明细账的登记方法

不同类型经济业务的明细账可根据管理需要，依据记账凭证逐笔登记或者定期汇总登记。对于固定资产、债权债务等明细账应逐日逐笔登记；对于原材

# 管理费用 明细账

总第_____页 分第_____页
___级科目编号及名称________
___级科目编号及名称________

| 2018年 月 | 日 | 凭证号数 | 摘要 | 借方 | 贷方 | 余额 | 办公用品 | 房租 | 水电费 | 工资 | 保险金 | 累计折旧 | 公积金 | 摊销 |
|---|---|---|---|---|---|---|---|---|---|---|---|---|---|---|
| 9 | 1 | | 期初余额 | | | 000 | | | | | | | | |
| 9 | 4 | 记-3 | 报销办公用品 | 60000 | | 60000 | 60000 | | | | | | | |
| 9 | 25 | 记-19 | 支付水电费 | 141774 | | 201774 | | | 141774 | | | | | |
| 9 | 25 | 记-21 | 计提9月工资 | 3125000 | | 3326774 | | | | 3125000 | | | | |
| 9 | 25 | 记-22 | 计提9月社保和公积金 | 940625 | | 4267399 | | | | | 940625 | | | |
| 9 | 25 | 记-22 | 计提9月社保和公积金 | 250000 | | 4517399 | | | | | | | 250000 | |
| 9 | 30 | 记-24 | 计提折旧费用 | 237500 | | 4754899 | | | | | | 237500 | | |
| 9 | 30 | 记-25 | 计提9月摊销 | 50000 | | 4804899 | | | | | | | | 50000 |
| 9 | 30 | 记-26 | 摊销9月房租 | 600000 | | 5404899 | | 600000 | | | | | | |
| 9 | 30 | 记-33 | 结转本期损益 | | 5404899 | 000 | -60000 | -600000 | -141774 | -3125000 | -940625 | -237500 | -250000 | -50000 |
| 9 | 30 | | 本月合计 | 5404899 | 5404899 | 000 | 60000 | 600000 | 141774 | 3125000 | 940625 | 237500 | 250000 | 50000 |
| 9 | 30 | | 本年累计 | 5404899 | 5404899 | 000 | 60000 | 600000 | 141774 | 3125000 | 940625 | 237500 | 250000 | 50000 |
| | | | | | | | | | | | | | | |
| | | | | | | | | | | | | | | |

图 3-28 管理费用多栏式明细账的格式

库存商品 明细账

第 1 页

编号名称 调压器 存放地点 寄存放地点 计量单位 规格 TDGC2J-0.5 类别

| 2018年 | | 凭证字号 | 摘要 | 收入 | | | 发出 | | | 结存 | | |
|---|---|---|---|---|---|---|---|---|---|---|---|---|
| 月 | 日 | | | 数量 | 单价 | 金额（亿千百十万千百十元角分） | 数量 | 单价 | 金额（亿千百十万千百十元角分） | 数量 | 单价 | 金额（亿千百十万千百十元角分） |
| 9 | 1 | | 期初余额 | | | | | | | 60 | 1 104 | 6623540 |
| 9 | 10 | 记-8 | 从京州大路采购商品 | 40 | 1 100 | 4400000 | | | | 100 | 1 102 | 11023540 |
| 9 | 30 | 记-27 | 结转9月销货成本 | | | | 80 | 1 102 | 8818800 | 20 | 1 102 | 2204740 |
| 9 | 30 | | 本月合计 | 40 | 1 100 | 4400000 | 80 | 1 102 | 8818800 | 20 | 1 102 | 2204740 |
| 9 | 30 | | 本年累计 | 40 | 1 100 | 4400000 | 80 | 1 102 | 8818800 | 20 | 1 102 | 2204740 |
| | | | | | | | | | | | | |
| | | | | | | | | | | | | |

**图 3–29 库存商品数量金额式明细账的格式**

料、库存商品等收发明细账以及收入、费用明细账可以逐日逐笔登记，也可以定期汇总登记。

对于只设有借方的多栏式明细分类账，如**生产成本、管理费用等账户，平时在借方分栏目登记账户的发生额，若平时有贷方发生额，则用红字登记，表示冲减**。月末结转时，如有贷方栏，就将借方发生额一次性在贷方转出，如没有贷方栏，就用红字登记转出的金额。

同样，对于只设有贷方的多栏式明细分类账，登记原理与上述只设有借方的多栏式明细账一致。

## 三、登记总账

总账是根据总账科目设置的、总括地反映企业经济业务的会计账簿，是编制会计报表依据，同时对其所属的各明细账起控制和统驭作用。

### （一）账务处理程序

在实际工作中，由于各单位的业务性质不同、规模大小不同，因此需要设置的凭证和账簿的格式、种类以及与之相适应的记账程序和方法也就不完全相同。为了使会计工作有条不紊地进行，提高会计工作的质量和效率，确保正确、及时、完整地提供各种会计信息，各单位应根据各自的实际情况，建立适应本单位生产经营活动特点的会计核算程序，即账务处理程序。

账务处理程序，其实就是**会计凭证、账簿、会计报表相结合的方式，包括会计凭证和账簿的种类、格式，会计凭证和账簿之间的联系方法，由原始凭证到记账凭证、登记明细账和总账、编制财务会计报告的工作程序**等。账务处理程序中，记账步骤是指从会计凭证到登记账簿再到编制报表的具体步骤。

在会计实践中，不同的账簿组织、记账程序和记账方法及其不同的结合方式，形成了不同种类的账务处理程序。实务中，常用的账务处理程序有三种，如

图 3-30 所示。

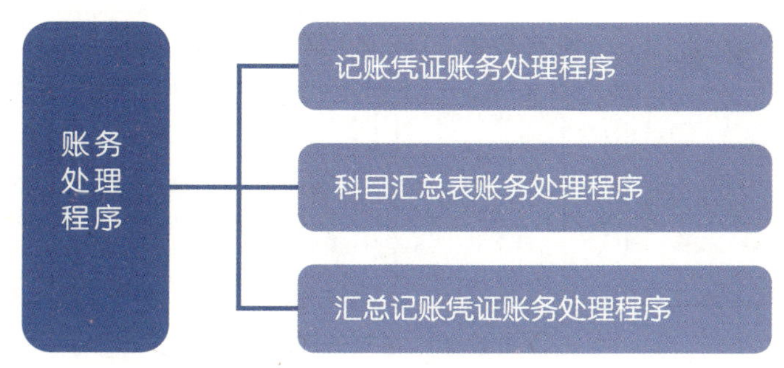


**图 3-30 账务处理程序**

这三种账务处理程序有相同点，也有不同点。比如，建立的凭证、账簿和报表组织体系的内容基本是类似的，会计核算的一般步骤也是相同的，但是各自又有不同的特点，表现在**登记总账的依据和方法不同**。

### （二）总账的登记方法

由于三种账务处理程序的主要区别在于登记总账的依据和方法不同，因此，如何登记总账，取决于单位采用的账务处理程序。

#### 1. 记账凭证账务处理程序下总账的登记方法

**记账凭证账务处理程序是指对会计主体发生的每项经济业务，根据原始凭证填制记账凭证，再直接根据记账凭证逐笔登记总账的一种账务处理程序。**它的显著特点是不需要按照一定方式汇总，直接根据每一张记账凭证逐笔登记总账。这是最基本的账务处理程序，是其他各种会计核算程序的基础。

记账凭证账务处理程序的核算一般分为七个步骤，如图 3-31 所示。

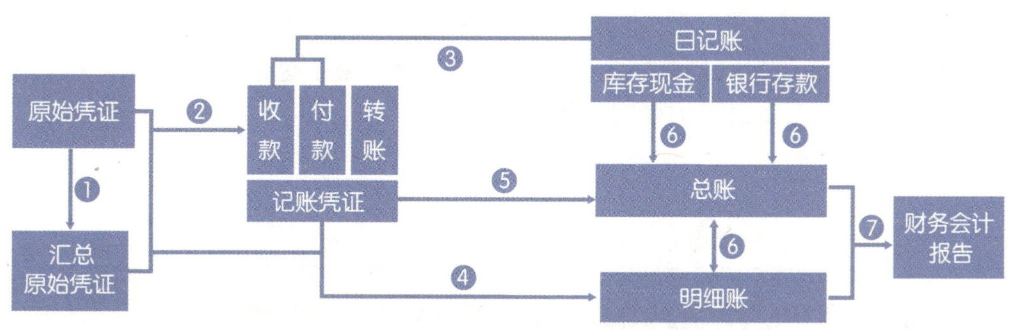


**图 3-31 记账凭证账务处理程序的核算步骤**

在记账凭证账务处理程序下，登记总账的方法最为简单。其操作方法与前述登记三栏式日记账和三栏式明细账类似，格式如图 3-32 所示。

**总 账**

第 页

| 年 | | 凭证 | | 摘要 | 借方金额 | | | | | | | | | | | | 贷方金额 | | | | | | | | | | | | 借或贷 | 余额 | | | | | | | | | | | | √ |
|---|---|---|---|---|---|---|---|---|---|---|---|---|---|---|---|---|---|---|---|---|---|---|---|---|---|---|---|---|---|---|---|---|---|---|---|---|---|---|---|---|---|---|
| 月 | 日 | 种类 | 号数 | | 十 | 亿 | 千 | 百 | 十 | 万 | 千 | 百 | 十 | 元 | 角 | 分 | 十 | 亿 | 千 | 百 | 十 | 万 | 千 | 百 | 十 | 元 | 角 | 分 | | 十 | 亿 | 千 | 百 | 十 | 万 | 千 | 百 | 十 | 元 | 角 | 分 | |
| | | | | | | | | | | | | | | | | | | | | | | | | | | | | | | | | | | | | | | | | | | |
| | | | | | | | | | | | | | | | | | | | | | | | | | | | | | | | | | | | | | | | | | | |
| | | | | | | | | | | | | | | | | | | | | | | | | | | | | | | | | | | | | | | | | | | |
| | | | | | | | | | | | | | | | | | | | | | | | | | | | | | | | | | | | | | | | | | | |
| | | | | | | | | | | | | | | | | | | | | | | | | | | | | | | | | | | | | | | | | | | |

图 3-32 总账的格式

### 2. 科目汇总表账务处理程序下总账的登记方法

**科目汇总表账务处理程序又称为记账凭证汇总表账务处理程序，它是根据记账凭证定期汇总编制科目汇总表，再根据科目汇总表登记总分类账的一种账务处理程序**。它的主要特点是定期编制科目汇总表，并据此登记总账。

科目汇总表账务处理程序的核算一般分为八个步骤，如图 3-33 所示。

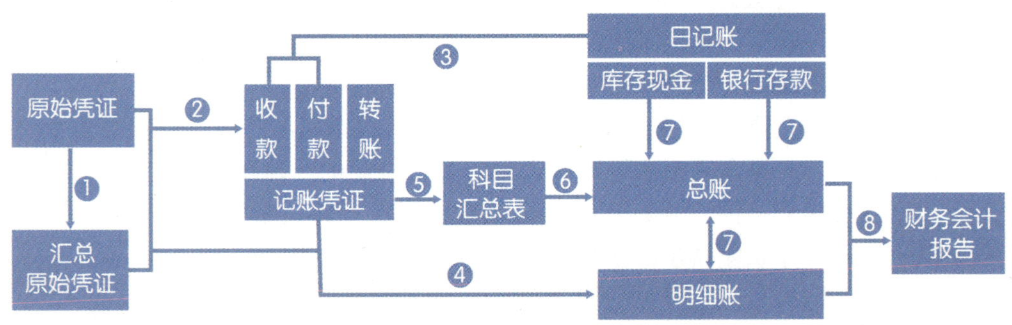


图 3-33 科目汇总表账务处理程序的核算步骤

**科目汇总表是根据记账凭证定期汇总编制的，属于登记总分类账的一种汇总记账凭证**。科目汇总表的格式如表 3-1 所示。

表 3-1 科目汇总表

汇字第　　号

年　月　日至　日　　记账凭证：　字第　　号至 第　　号止

| 科目代码 | 会计科目 | 记账√ | 借方 | 贷方 | 科目代码 | 会计科目 | 记账√ | 借方 | 贷方 |
|---|---|---|---|---|---|---|---|---|---|
| | | | | | | | | | |
| | | | | | | | | | |
| | | | | | | | | | |

续前表

| 科目代码 | 会计科目 | 记账√ | 借方 | 贷方 | 科目代码 | 会计科目 | 记账√ | 借方 | 贷方 |
|---|---|---|---|---|---|---|---|---|---|
| | | | | | | | | | |
| | | | | | | | | | |
| | | | | | | | | | |
| | | | | | | | | | |
| | | | | | | | | | |
| | | | | | | | | | |
| | | | | | 合计 | | | | |
| | | | | | 借贷方平衡总计 | | | | |

财务主管　　　　记账　　　　复核　　　　制表

根据科目汇总表登记总账的方法与依据记账凭证登记总账类似，只是在填写凭证字号时应填入科目汇总表的编号，相比之下，使用科目汇总表登记的总账较为简化。

### 3. 汇总记账凭证账务处理程序下总账的登记方法

**汇总记账凭证账务处理程序是定期根据收、付、转凭证，按照账户的对应关系进行汇总，分别编制汇总记账凭证，然后根据各汇总记账凭证登记总账的一种账务处理程序**。它也有显著的特点，首先定期汇总并编制汇总记账凭证，然后根据汇总记账凭证登记总账。

汇总记账凭证账务处理程序的核算一般分为八个步骤，如图 3-34 所示。

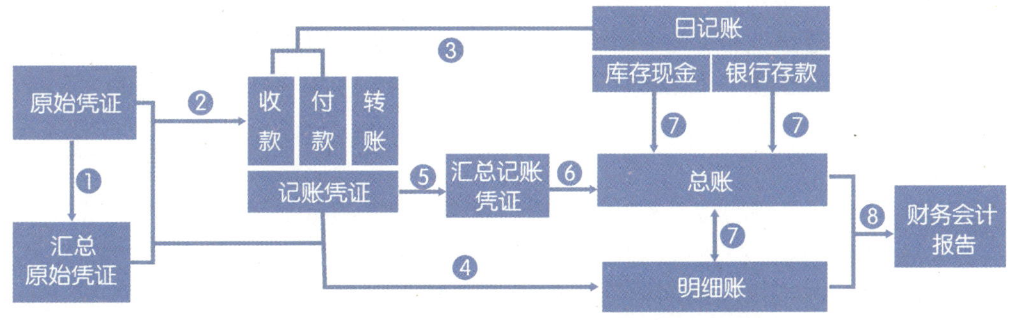


**图 3-34　汇总记账凭证账务处理程序的核算步骤**

根据汇总记账凭证登记总账的方法与依据记账凭证登记总账类似，只是在填写凭证字号时应填入汇总记账凭证的编号。

## 四、账簿的登记规则

账簿是编制会计报表、进行会计分析与检查的重要依据。为了保证会计账簿资料的真实可靠，会计人员在登记账簿时，一定要严格遵守相关使用规则。

### （一）基本规则

（1）会计人员应根据审核无误的会计凭证及时登记账簿。

（2）日记账应当根据办理完毕的收、付款凭证，及时逐笔登记，至少每天登记一次，并结出当日发生额与余额。

（3）明细账一般根据记账凭证每天登记，尤其是债权债务类明细账和财产物资类明细账，需要每天进行登记，以便随时与对方单位结算核对。

（4）总账需要按照单位所选用的账务处理程序来确定登记的具体时间。

### （二）具体要求

（1）登记账簿时，需要将会计凭证日期、凭证字号、业务摘要、金额和其他相关资料逐项记入账簿内，同时记账人员要在记账凭证上签名或盖章，并在记账凭证的“过账”栏内画“√”符号，表示已经记账完毕，避免重记、漏记。

（2）各类账簿要**按账页顺序连续登记，不得跳行、隔页**。如发生跳行、隔页，应将空行、空页划线注销，或注明“此行空白”或“此页空白”字样，并由记账人员签名或盖章。

（3）为了保持账簿记录的持久性、防止涂改，登记账簿必须**使用蓝黑墨水或碳素墨水并用钢笔或签字笔书写，不得使用圆珠笔（银行的复写账簿除外）或者铅笔书写**。

（4）有一些特殊情况，可以使用红色墨水记账，比如：**按照红字冲账的记账凭证，冲销错误记录；在不设借或贷栏的多栏式账页中，登记减少数；在三栏式账簿的余额栏前，如未印明余额方向，在余额栏内登记负数余额；等等**。由于会计中的红字代表负数，所以除了上述情况外，一律不得使用红色墨水登记账簿。

（5）记账要保持清晰、整洁，记账文字和数字要端正、清楚、书写规范，**一般应占账簿格距的二分之一，以便留有改错的空间**。

（6）凡需要结出余额的账户，应当定期结出余额。日记账必须每天结出余额。结出余额后，**应在借或贷栏内写明“借”或“贷”字样。没有余额的账户，应在该栏内写“平”字**，并在余额栏元位上用“0”表示。

（7）每登记满一张账页结转下页时，应当结出本页合计数和余额，写在本页最后一行和下页第一行内，并在本页的摘要栏内注明**“过次页”**字样，在次页的摘要栏内注明**“承前页”**字样；也可以将本页合计数及金额只写在下页第一行有关栏内，并在摘要栏内注明“承前页”字样，以保持账簿记录的连续性，便于对账和结账。

# 第五节 财务报表

会计数据处理的最终结果要呈现于财务报表上。为了能够全面反映企业的财务状况和经营成果，需要在登记会计账簿的基础上编制财务报表。财务报表是会计核算工作的结果，也是财务部门提供财务信息资料的重要手段。会计人员必须掌握财务报表的所有内容，并能独立完成编制工作。

## 一、财务报告概述

### （一）财务报告的概念

财务报告是指单位根据经过审核的会计账簿和有关资料，编制并对外提供的反映单位**某一特定日期财务状况和某一会计期间经营成果、现金流量等会计信息的文件**。它是单位根据日常的会计核算资料归集、加工和汇总形成的，是单位会计核算的最终成果，也是会计核算工作的总结。

各类经济单位都需要编制财务报告，目的是向财务报告使用者（投资者、债权人、政府及相关机构、单位管理人员、社会公众等）提供全面、系统的财务信息，以帮助他们了解该经济单位管理层受托责任的履行情况，分析其业务活动中存在的问题，便于报告使用者做出更加合理的经济决策。

### （二）财务报告的构成

在实际工作中，人们往往将财务报告和财务报表混为一谈。其实，财务报告包括财务报表和其他应当在财务报告中披露的相关信息和资料。换句话说，财务报表是财务报告的主要组成部分。其中，年、半年度财务报告包括财务报表、财务报表附注和财务情况说明书。季度和月度财务报告通常仅指财务报表。

财务报表是对企业财务状况、经营成果和现金流量的结构性表述。主要包括**资产负债表、利润表、现金流量表、所有者权益变动表及相关附表**。其中，资产负债表、利润表、现金流量表是最重要的“三大报表”。

财务报告的内容和构成如图 3-35 所示。

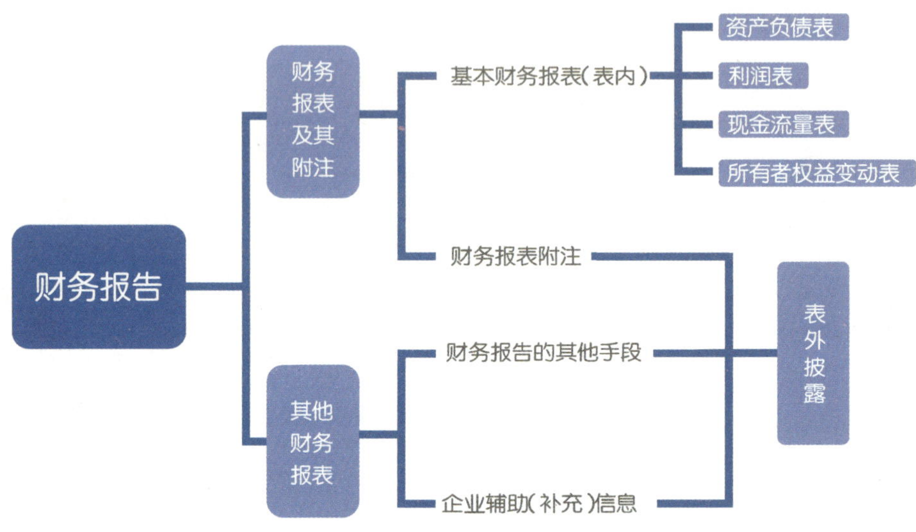


图 3-35 财务报告的内容和构成

## (三)财务报表的作用

财务报表就像是一面镜子，管理人员可以从中看到企业的财务状况和经营全貌，为实施经营管理和进行相关决策提供丰富的会计信息。财务报表的作用如图 3-36 所示。

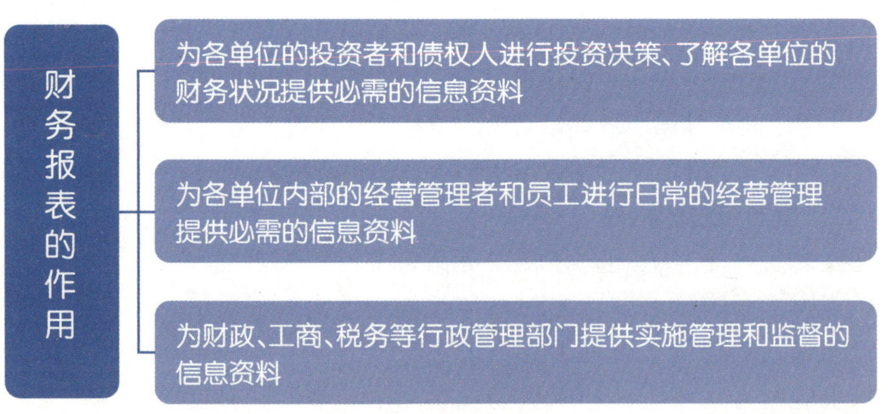


图 3-36 财务报表的作用

## (四)财务报表的分类

财务报表有多种不同的分类方法，如图 3-37 所示。

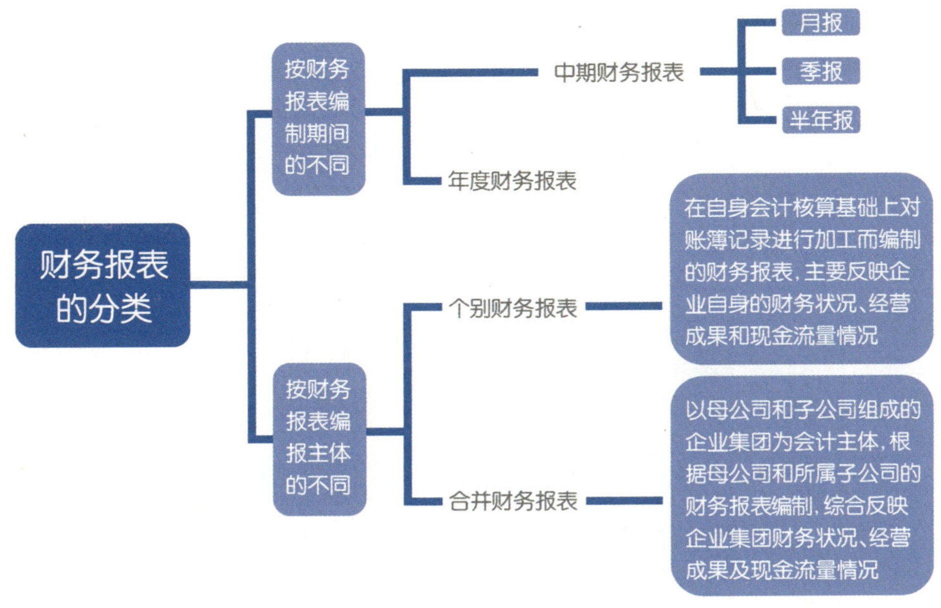


图 3-37 财务报表的分类

## 二、资产负债表

资产负债表是反映企业某一特定日期全部资产、负债和所有者权益情况的会计报表。它是根据**“资产 = 负债 + 所有者权益”**这一会计等式，按照一定的分类标准和顺序，将企业在一定日期的全部资产、负债和所有者权益项目进行适当分类、汇总、排列后编制而成的。由于报表中的数据体现的是特定日期的财务状况，因此，**资产负债表属于静态报表**。

### （一）资产负债表的结构

**资产负债表的格式主要有账户式和报告式两种**。账户式结构分为左右两边，左边列示资产项目，右边列示负债和所有者权益项目，根据基本会计等式的平衡原理，左右两边的总金额是相等的。报告式结构分为上下两方，上方列示资产项目，下方列示负债和所有者权益项目，上下合计数相等。我国《企业会计准则》规定，我国企业的资产负债表的格式为账户式。

从会计等式中我们得知，资产负债表由三部分组成，如图 3-38 所示。资产负债表的右边，负债和所有者权益所表示的是企业如何筹集到资金。负债表示资金是从外界（比如银行）借入的，所以有偿还的压力；所有者权益表示这些资金是企业所有者自己投入的，也就是自有资本部分。这些钱都用到哪里了呢？一部分用于购买厂房、生产用的设备等，这些资产叫作固定资产，可以长期使用；一

部分用于日常生产经营活动，比如存货有进有出、与客户之间的账款有收有放；还有一部分货币资金备用等。资产负债表将企业从何处筹集的资金，又将其用于何处全部体现出来，所以说它显示的是企业整体经营的循环，是了解企业基本状况的一扇窗口。

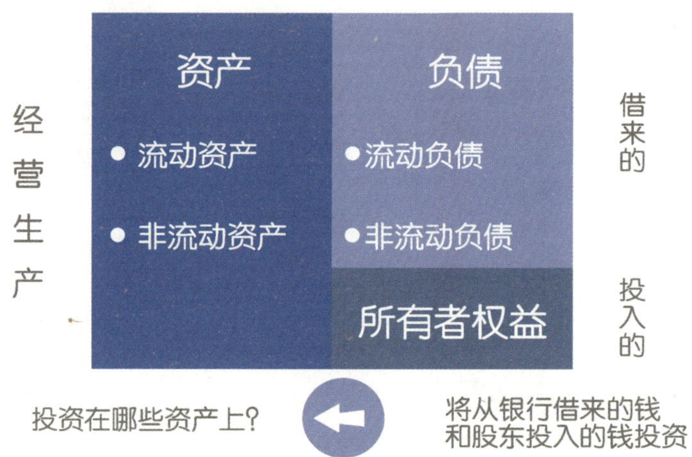


图 3-38　资产负债表的结构

资产负债表的内容在排列格式上也有一定的要求。资产类项目列在左边，所有项目按流动性强弱排列，流动性强的排在前面，分为流动资产和非流动资产。其中，流动资产项目按照变现能力强弱排列，变现能力强的排在前面，分为货币资金、交易性金融资产、应收票据及应收账款和存货等。负债和所有者权益项目列在右边，负债类项目按照偿还期的长短排列，分为流动负债和非流动负债。所有者权益类项目按其永久性高低程度排列，一般按实收资本、资本公积、其他综合收益、盈余公积和未分配利润等项目排列。以上这种排列方式能够清晰地反映企业资产的流动性和负债的偿还期，有利于分析企业的资产分布和偿债能力。资产负债表的格式如表 3-2 所示。

表 3-2　　资产负债表

会企 01 表

编制单位：　　年　月　日　　单位：元

| 资产 | 期末余额 | 年初余额 | 负债和所有者权益（或股东权益） | 期末余额 | 年初余额 |
| --- | --- | --- | --- | --- | --- |
| 流动资产： | | | 流动负债： | | |
| 货币资金 | | | 短期借款 | | |
| 交易性金融资产 | | | 交易性金融负债 | | |

续前表

| 资产 | 期末余额 | 年初余额 | 负债和所有者权益（或股东权益） | 期末余额 | 年初余额 |
|---|---|---|---|---|---|
| 应收票据及应收账款 | | | 应付票据及应付账款 | | |
| 预付款项 | | | 预收款项 | | |
| 其他应收款 | | | 应付职工薪酬 | | |
| 存货 | | | 应交税费 | | |
| 持有待售资产 | | | 其他应付款 | | |
| 一年内到期的非流动资产 | | | 持有待售负债 | | |
| 其他流动资产 | | | 一年内到期的非流动负债 | | |
| 流动资产合计 | | | 其他流动负债 | | |
| 非流动资产： | | | 流动负债合计 | | |
| 债权投资 | | | 非流动负债： | | |
| 其他债权投资 | | | 长期借款 | | |
| 长期应收款 | | | 应付债券 | | |
| 长期股权投资 | | | 其中：优先股 | | |
| 投资性房地产 | | | 永续债 | | |
| 固定资产 | | | 长期应付款 | | |
| 在建工程 | | | 预计负债 | | |
| 生产性生物资产 | | | 递延收益 | | |
| 油气资产 | | | 递延所得税负债 | | |
| 无形资产 | | | 其他非流动负债 | | |
| 开发支出 | | | 非流动负债合计 | | |
| 商誉 | | | 负债合计 | | |
| 长期待摊费用 | | | 所有者权益（或股东权益）： | | |
| 递延所得税资产 | | | 实收资本（或股本） | | |
| 其他非流动资产 | | | 资本公积 | | |
| 非流动资产合计 | | | 减：库存股 | | |
| | | | 其他综合收益 | | |
| | | | 盈余公积 | | |
| | | | 未分配利润 | | |
| | | | 所有者权益（或股东权益）合计 | | |
| 资产总计 | | | 负债和所有者权益（或股东权益）总计 | | |

### （二）资产负债表的编制方法

资产负债表的各项目均需要填制**“年初余额”**和**“期末余额”**两栏。

#### 1.“年初余额”栏的填制方法

“年初余额”栏内各项数字，应根据上年年末资产负债表的“期末余额”栏

内数字填列。如果本年度资产负债表各项目的名称和内容与上年相比发生变动，应对上年年末资产负债表各项目的名称和数字按本年度的规定进行调整，将调整后的数字填入报表中的“年初余额”栏内。

2.“期末余额”栏的填制方法

“期末余额”栏内各项数字可为月末、季末或年末数字，应根据会计账簿记录填列。具体的填列方法归纳起来，主要有以下五种情况：

（1）直接根据某个总账账户的期末余额填列。

主要有“递延所得税资产”“短期借款”“应交税费”“应付职工薪酬”“递延所得税负债”“持有待售负债”“实收资本（或股本）”等项目。另外，“交易性金融资产”项目根据“交易性金融资产”总账账户期末余额填列，“交易性金融负债”项目根据“交易性金融负债”总账账户期末余额填列。一般情况下，资产类项目直接根据其总账账户的借方余额填列，负债和所有者权益类项目直接根据其总账账户的贷方余额填列。

需要注意的是，某些负债项目，如“应交税费”“应付职工薪酬”等，是根据其总账账户的期末贷方余额填列的，但如果这些账户期末余额在借方，则以“—”号填列。

（2）根据若干总账账户的余额计算填列。

主要有“货币资金”“其他应收款”“存货”“在建工程”“其他应付款”“未分配利润”等项目。其计算公式如下：

“货币资金”项目＝库存现金＋银行存款＋其他货币资金

“其他应收款”项目＝应收利息＋应收股利＋其他应收款—坏账准备（相关坏账准备余额）

“存货”项目＝材料采购（在途物资）＋原材料＋生产成本＋库存商品＋周转材料＋委托加工物资＋材料成本差异＋发出商品—存货跌价准备（贷方余额）

“在建工程”项目＝在建工程＋工程物资

“其他应付款”项目＝应付利息＋应付股利＋其他应付款

“未分配利润”项目＝本年利润（贷方余额为正）＋利润分配（贷方余额为正）

在“存货”项目的计算中，“存货跌价准备”账户是存货资产的备抵账户，存货资产如发生减值，其减值金额在“存货跌价准备”账户中反映。

“未分配利润”项目平时应根据“本年利润”和“利润分配”账户的余额分析计算填列。这两个账户的贷方余额表示利润金额，用“+”号表示；借方余额表示亏损金额，用“—”号表示。年度终了，“本年利润”账户结转后余额为零，

“未分配利润”项目可以只根据“利润分配”账户的期末余额填列。

（3）根据有关明细分类账户的余额计算填列。

主要有“应收票据及应收账款”“预付款项”“应付票据及应付账款”“预收款项”等项目。其计算公式如下：

“应收票据及应收账款”项目＝应收票据期末余额＋应收账款明细账借方余额＋预收账款明细账借方余额－相关坏账准备

“预付款项”项目＝预付账款明细账借方余额＋应付账款明细账借方余额－相关坏账准备

“应付票据及应付账款”项目＝应付票据期末余额＋应付账款明细账贷方余额＋预付账款明细账贷方余额

“预收款项”项目＝预收账款明细账贷方余额＋应收账款明细账贷方余额

（4）根据总账及其明细分类账户的余额计算填列。

主要有“长期应收款”“长期待摊费用”“长期借款”“应付债券”“长期应付款”等项目。这些长期项目随着时间的推移，如果即将于 1 年内到期，应根据明细账的记录，将其金额从总账金额中减去，归入“一年内到期的非流动资产”或“一年内到期的非流动负债”项目。

**（5）根据有关资产类账户与其备抵账户抵销后的净额填列。**

主要有**“应收票据及应收账款”“其他应收款”**“存货”“持有待售资产”“长期股权投资”**“固定资产”“在建工程”“无形资产”**等项目。例如，“固定资产”项目，应当根据“固定资产”账户期末余额，减去“累计折旧”“固定资产减值准备”账户期末余额后的金额，以及“固定资产清理”账户的期末余额填列。有关总账账户与其备抵账户的对应关系如表 3-3 所示。

**表 3-3　　总账账户及其备抵账户对应表**

| 总账账户 | 备抵账户 |
| --- | --- |
| 应收票据 | 坏账准备 |
| 应收账款 | |
| 其他应收款 | |
| 存货 | 存货跌价准备 |
| 持有待售资产 | 持有待售资产减值准备 |
| 持有至到期投资 | 持有至到期投资减值准备 |
| 长期股权投资 | 长期股权投资减值准备 |

续前表

| 总账账户 | 备抵账户 |
| --- | --- |
| 固定资产 | 累计折旧、固定资产减值准备 |
| 在建工程 | 在建工程减值准备 |
| 无形资产 | 累计摊销、无形资产减值准备 |
| 长期应收款 | 未实现融资收益 |
| 长期应付款 | 未确认融资费用 |

### （三）资产负债表编制案例

京州市新大风发动机制造厂为工业企业，主要从事汽油发动机、柴油发电机及发电机组的设计、制造、销售等业务。现提供其2018年5月31日的资产负债表（见表3-4）以及2018年6月的科目余额表（见表3-5）、部分明细科目余额表（见表3-6），要求编制京州市新大风发动机制造厂2018年6月30日的资产负债表。

表3-4　　资产负债表

会企01表

编制单位：京州市新大风发动机制造厂　　2018年5月31日　　单位：元

| 资产 | 期末余额 | 年初余额 | 负债和所有者权益（或股东权益） | 期末余额 | 年初余额 |
| --- | --- | --- | --- | --- | --- |
| 流动资产： | | | 流动负债： | | |
| 货币资金 | 2 174 160.37 | 1 576 429.89 | 短期借款 | — | — |
| 交易性金融资产 | — | — | 交易性金融负债 | — | — |
| 应收票据及应收账款 | 1 829 200.00 | 211 000.00 | 应付票据及应付账款 | 99 000.00 | 99 000.00 |
| 预付款项 | — | 20 000.00 | 预收款项 | — | — |
| 其他应收款 | — | 5 000.00 | 应付职工薪酬 | 236 834.20 | 236 834.20 |
| 存货 | 6 646 734.75 | 7 893 850.00 | 应交税费 | 534 734.24 | 9 772.35 |
| 持有待售资产 | — | — | 其他应付款 | 107 550.34 | 107 550.34 |
| 一年内到期的非流动资产 | — | — | 持有待售负债 | — | — |
| 其他流动资产 | — | — | 一年内到期的非流动负债 | — | — |
| 流动资产合计 | 10 650 095.12 | 9 706 279.89 | 其他流动负债 | — | — |
| 非流动资产： | | | 流动负债合计 | 978 118.78 | 453 156.89 |
| 债权投资 | — | — | 非流动负债： | | |
| 其他债权投资 | — | — | 长期借款 | — | — |
| 长期应收款 | — | — | 应付债券 | — | — |

续前表

| 资产 | 期末余额 | 年初余额 | 负债和所有者权益（或股东权益） | 期末余额 | 年初余额 |
|---|---|---|---|---|---|
| 长期股权投资 | — | — | 其中：优先股 | — | — |
| 投资性房地产 | — | — | 永续债 | — | — |
| 固定资产 | 5 462 277.75 | 5 424 222.20 | 长期应付款 | — | — |
| 在建工程 | — | — | 预计负债 | — | — |
| 生产性生物资产 | — | — | 递延收益 | — | — |
| 油气资产 | — | — | 递延所得税负债 | — | — |
| 无形资产 | — | — | 其他非流动负债 | — | — |
| 开发支出 | — | — | 非流动负债合计 | — | — |
| 商誉 | — | — | 负债合计 | 978 118.78 | 453 156.89 |
| 长期待摊费用 | — | — | 所有者权益（或股东权益）： | | |
| 递延所得税资产 | — | — | 实收资本（或股本） | 13 000 000.00 | 13 000 000.00 |
| 其他非流动资产 | — | — | 资本公积 | 850 000.00 | 850 000.00 |
| 非流动资产合计 | 5 462 277.75 | 5 424 222.20 | 减：库存股 | — | — |
| | | | 其他综合收益 | — | — |
| | | | 盈余公积 | — | — |
| | | | 未分配利润 | 1 284 254.09 | 827 345.20 |
| | | | 所有者权益（或股东权益）合计 | 15 134 254.09 | 14 677 345.20 |
| 资产总计 | 16 112 372.87 | 15 130 502.09 | 负债和所有者权益（或股东权益）总计 | 16 112 372.87 | 15 130 502.09 |

**表 3–5　　　　　　　　　　　科目余额表**

京州市新大风发动机制造厂　　　　　2018 年 6 月

| 科目名称 | 期末余额 | |
|---|---|---|
| | 借方 | 贷方 |
| 库存现金 | 59 458.20 | |
| 银行存款 | 2 784 083.81 | |
| 应收票据 | 86 000.00 | |
| 应收账款 | 4 657 400.00 | |
| 预付账款 | 112 000.00 | |
| 坏账准备 | | 280 800.00 |

续前表

| 科目名称 | 期末余额 | |
|---|---|---|
| | 借方 | 贷方 |
| 原材料 | 1 309 580.00 | |
| 库存商品 | 3 799 783.65 | |
| 固定资产 | 6 675 000.00 | |
| 累计折旧 | | 565 170.88 |
| 短期借款 | | 1 000 000.00 |
| 应付账款 | | 513 350.00 |
| 预收账款 | | 100 000.00 |
| 应付职工薪酬 | | 236 834.20 |
| 应交税费 | | 548 304.12 |
| 其他应付款 | | 107 550.34 |
| 实收资本 | | 14 000 000.00 |
| 资本公积 | | 1 050 000.00 |
| 本年利润 | | 1 345 339.87 |
| 利润分配 | | 284 166.65 |
| 生产成本 | 548 210.40 | |

**表 3–6　　　　部分明细科目余额表**

京州市新大风发动机制造厂　　　　2018 年 6 月

| 科目名称 | 期末余额 | |
|---|---|---|
| | 借方 | 贷方 |
| 应收账款 | 4 657 400.00 | |
| 苏州艾克汽车制造厂 | 1 618 200.00 | |
| 京州中强汽车制造厂 | 2 784 000.00 | |
| 上海一众汽车制造厂 | 255 200.00 | |
| 预付账款 | 112 000.00 | |
| 京州灵锡机电设备有限公司 | 112 000.00 | |
| 坏账准备 | | 280 800.00 |
| 应收账款坏账准备 | | 280 800.00 |
| 应付账款 | | 513 350.00 |

续前表

| 科目名称 | 期末余额 | |
| --- | --- | --- |
| | 借方 | 贷方 |
| 上海正亚机电设备有限公司 | | 26 000.00 |
| 京州金佳物业管理有限公司 | | 28 350.00 |
| 上海康亚设备有限公司 | | 435 000.00 |
| 京州海达科技有限公司 | | 24 000.00 |
| 预收账款 | | 100 000.00 |
| 上海耐尔汽车制造厂 | | 100 000.00 |

根据以上数据编制 2018 年 6 月 30 日资产负债表，如表 3-7 所示。

**表 3-7　　资产负债表**

会企 01 表

编制单位：京州市新大风发动机制造厂　　2018 年 6 月 30 日　　单位：元

| 资产 | 期末余额 | 年初余额 | 负债和所有者权益（或股东权益） | 期末余额 | 年初余额 |
| --- | --- | --- | --- | --- | --- |
| 流动资产： | | | 流动负债： | | |
| 货币资金 | 2 843 542.01 | 1 576 429.89 | 短期借款 | 1 000 000.00 | — |
| 交易性金融资产 | — | — | 交易性金融负债 | — | — |
| 应收票据及应收账款 | 4 462 600.00 | 211 000.00 | 应付票据及应付账款 | 513 350.00 | 99 000.00 |
| 预付款项 | 112 000.00 | 20 000.00 | 预收款项 | 100 000.00 | — |
| 其他应收款 | — | 5 000.00 | 应付职工薪酬 | 236 834.20 | 236 834.20 |
| 存货 | 5 657 574.05 | 7 893 850.00 | 应交税费 | 548 304.12 | 9 772.35 |
| 持有待售资产 | — | — | 其他应付款 | 107 550.34 | 107 550.34 |
| 一年内到期的非流动资产 | — | — | 持有待售负债 | — | — |
| 其他流动资产 | — | — | 一年内到期的非流动负债 | — | — |
| 流动资产合计 | 13 075 716.06 | 9 706 279.89 | 其他流动负债 | — | — |
| 非流动资产： | | | 流动负债合计 | 2 506 038.66 | 453 156.89 |
| 债权投资 | — | — | 非流动负债： | — | — |
| 其他债权投资 | — | — | 长期借款 | — | — |
| 长期应收款 | — | — | 应付债券 | — | — |
| 长期股权投资 | — | — | 其中：优先股 | — | — |
| 投资性房地产 | — | — | 永续债 | — | — |

续前表

| 资产 | 期末余额 | 年初余额 | 负债和所有者权益（或股东权益） | 期末余额 | 年初余额 |
|---|---|---|---|---|---|
| 固定资产 | 6 109 829.12 | 5 424 222.20 | 长期应付款 | — | — |
| 在建工程 | — | — | 预计负债 | — | — |
| 生产性生物资产 | — | — | 递延收益 | — | — |
| 油气资产 | — | — | 递延所得税负债 | — | — |
| 无形资产 | — | — | 其他非流动负债 | — | — |
| 开发支出 | — | — | 非流动负债合计 | — | — |
| 商誉 | — | — | 负债合计 | 2 506 038.66 | 453 156.89 |
| 长期待摊费用 | — | — | 所有者权益（或股东权益）： | | |
| 递延所得税资产 | — | — | 实收资本（或股本） | 14 000 000.00 | 13 000 000.00 |
| 其他非流动资产 | — | — | 资本公积 | 1 050 000.00 | 850 000.00 |
| 非流动资产合计 | 6 109 829.12 | 5 424 222.20 | 减：库存股 | — | — |
| | | | 其他综合收益 | — | — |
| | | | 盈余公积 | — | — |
| | | | 未分配利润 | 1 629 506.52 | 827 345.20 |
| | | | 所有者权益（或股东权益）合计 | 16 679 506.52 | 14 677 345.20 |
| 资产总计 | 19 185 545.18 | 15 130 502.09 | 负债和所有者权益（或股东权益）总计 | 19 185 545.18 | 15 130 502.09 |

有关项目计算如下：

（1）“货币资金”项目 = 库存现金 + 银行存款 + 其他货币资金

= 59 458.20+2 784 083.81=2 843 542.01（元）

（2）“应收票据及应收账款”项目 = 应收票据期末余额 + 应收账款明细账借方余额 + 预收账款明细账借方余额 − 相关坏账准备

= 86 000+1 618 200+2 784 000+255 200−280 800

= 4 462 600（元）

（3）“存货”项目 = 材料采购（在途物资）+ 原材料 + 生产成本 + 库存商品 + 周转材料 + 委托加工物资 + 材料成本差异 + 发出商品 − 存货跌价准备（贷方余额）

= 1 309 580+3 799 783.65+548 210.40=5 657 574.05（元）

（4）流动资产合计 = 流动资产项目的金额合计数

=2 843 542.01+4 462 600+112 000+5 657 574.05

=13 075 716.06（元）

（5）“固定资产”项目＝固定资产－累计折旧－固定资产减值准备

=6 675 000−565 170.88=6 109 829.12（元）

（6）非流动资产合计＝非流动资产项目的金额合计数

=6 109 829.12（元）

（7）资产总计＝流动资产合计＋非流动资产合计 =19 185 545.18（元）

（8）“应付票据及应付账款”项目＝应付票据期末余额＋应付账款明细账贷方余额＋预付账款明细账贷方余额

=26 000+28 350+435 000+24 000

=513 350（元）

（9）“其他应付款”项目＝应付利息＋应付股利＋其他应付款

=107 550.34（元）

（10）流动负债合计＝流动负债项目的金额合计数

=1 000 000+513 350+100 000+236 834.20+548 304.12+107 550.34

=2 506 038.66（元）

（11）负债合计＝流动负债合计＋非流动负债合计 =2 506 038.66（元）

（12）“未分配利润”项目＝本年利润＋利润分配

=1 345 339.87+284 166.65=1 629 506.52（元）

（13）所有者权益合计＝所有者权益项目的金额合计数

=14 000 000+1 050 000+1 629 506.52

=16 679 506.52（元）

（14）负债和所有者权益（或股东权益）总计＝负债合计＋所有者权益合计

=2 506 038.66+16 679 506.52

=19 185 545.18（元）

计算完毕，“资产总计”与“负债和所有者权益（或股东权益）总计”金额应相等。

### 三、利润表

利润表又称**损益表**，是反映企业在一定会计期间**经营成果**的报表。利润表是根据**“收入－费用＝利润”**这一会计等式，按照一定的顺序，将企业在某会计期间所形成的收入、成本、费用和利润的实现情况进行汇总和计算后形成的。由于利润表数据说明的是企业在某一会计期间的情况，因此，**利润表属于**

**动态报表。**

### （一）利润表的格式

利润表的格式主要有**单步式和多步式两种**。单步式利润表是将当期收入金额相加，然后将所有费用金额相加，一次计算出当期的利润，其特点是表中所提供的均为原始数据，便于理解；多步式利润表是将各种利润分步计算，最后计算出净利润，其特点是便于使用者对企业经营情况和盈利能力进行比较和分析。按照《企业会计准则》的规定，**我国企业利润表采用多步式格式**，如表 3-8 所示。

表 3-8　　　　利润表

会企 02 表

编制单位：　　　　年　　月　　　　单位：元

| 项目 | 本期金额 | 上期金额 |
| --- | --- | --- |
| 一、营业收入 | | |
| 减：营业成本 | | |
| 税金及附加 | | |
| 销售费用 | | |
| 管理费用 | | |
| 研发费用 | | |
| 财务费用 | | |
| 其中：利息费用 | | |
| 利息收入 | | |
| 资产减值损失 | | |
| 信用减值损失 | | |
| 加：其他收益 | | |
| 投资收益（损失以“－”号填列） | | |
| 其中：对联营企业和合营企业的投资收益 | | |
| 净敞口套期收益（损失以“－”号填列） | | |
| 公允价值变动收益（损失以“－”号填列） | | |
| 资产处置收益（损失以“－”号填列） | | |
| 二、营业利润（亏损以“－”号填列） | | |
| 加：营业外收入 | | |
| 减：营业外支出 | | |
| 三、利润总额（亏损总额以“－”号填列） | | |

续前表

| 项目 | 本期金额 | 上期金额 |
| --- | --- | --- |
| 减：所得税费用 | | |
| 四、净利润（净亏损以“－”号填列） | | |
| （一）持续经营净利润（净亏损以“－”号填列） | | |
| （二）终止经营净利润（净亏损以“－”号填列） | | |
| 五、其他综合收益的税后净额 | | |
| （一）不能重分类进损益的其他综合收益 | | |
| …… | | |
| （二）将重分类进损益的其他综合收益 | | |
| …… | | |
| 六、综合收益总额 | | |
| 七、每股收益 | | |
| （一）基本每股收益 | | |
| （二）稀释每股收益 | | |

表 3-8 中对利润的形成分三个层次展开，利润的分步计算公式如下：

（1）营业利润。

**营业利润＝营业收入－营业成本－税金及附加－销售费用－管理费用－财务费用－资产减值损失－信用减值损失＋其他收益＋投资收益＋净敞口套期收益＋公允价值变动收益＋资产处置收益**

（2）利润总额。

**利润总额＝营业利润＋营业外收入－营业外支出**

（3）净利润。

**净利润＝利润总额－所得税费用**

另外，对于普通股或潜在普通股已公开交易的企业及正处于公开发行普通股或潜在普通股过程中的企业，还应当在利润表中列示每股收益信息。

### （二）利润表的编制方法

利润表的金额栏分为**“上期金额”**和**“本期金额”**两栏。

1. “上期金额”栏的填制方法

“上期金额”栏应根据上年同月利润表中“本期金额”栏内所列数字填列。如果上年该期利润表规定的各个项目名称和内容与本期不一致，应对上期报表项目的名称和数字按本期的规定进行调整，填入“上期金额”栏内。

2. “本期金额”栏的填制方法

“本期金额”栏的各项数据应填写自年初起至本核算月份止的本年累计数，一般应将上月利润表的“本期金额”加上本月金额。在计算时，本月金额的计算方法归纳起来主要有以下三种：

（1）根据某个损益类账户发生额分析填列。利润表项目可分为收益类项目和支出类项目。收益类项目大多是根据收益类账户期末结转前贷方发生额减去借方发生额后的差额填列，若差额为负数，则以“－”号填列，如“投资收益”“公允价值变动收益”等项目。支出类项目大多是根据支出类账户期末结转前的借方发生额减去贷方发生额后的差额填列，若差额为负数，则以“－”号填列，如“资产减值损失”“信用减值损失”等项目。

（2）根据若干损益类账户发生额分析填列。利润表中的“营业收入”项目，应根据“主营业务收入”借贷方发生额的差额，加上“其他业务收入”账户的借贷方发生额的差额之和填列。同样，“营业成本”项目，应根据“主营业务成本”账户借贷方发生额的差额，加上“其他业务成本”账户借贷方发生额的差额之和填列。

（3）根据计算结果分析填列。利润表中的“营业利润”“利润总额”“净利润”等项目应根据计算公式计算填列，若为亏损，则以“－”号填列。

### （三）利润表编制案例

现提供京州市新大风发动机制造厂截至 2018 年 6 月的损益类科目累计发生额（见表 3-9），该厂适用的所得税税率为 25%，假设没有所得税纳税调整项目，应纳税所得额即利润总额，要求编制该厂 2018 年 6 月的利润表。

**表 3–9　　　　损益类科目发生额**

京州市新大风发动机制造厂　　　　2018 年第 6 期　　　　单位：元

| 账户名称 | 本年累计发生额 |
|---|---|
| 主营业务收入 | 5 880 000.00 |
| 其他业务收入 | 220 000.00 |
| 主营业务成本 | 3 935 745.95 |
| 其他业务成本 | 202 400.00 |
| 税金及附加 | 72 706.96 |

续前表

| 账户名称 | 本年累计发生额 |
|---|---|
| 销售费用 | 170 083.76 |
| 管理费用 | 262 967.01 |
| 财务费用 | − 143.79 |
| 资产减值损失 | 280 800.00 |
| 营业外支出 | 105 891.68 |
| 所得税费用 | 267 387.11 |

根据以上数据填制 2018 年 6 月 30 日的利润表，如表 3-10 所示。

**表 3–10　　　　利润表**

会企 02 表

编制单位：京州市新大风发动机制造厂　　2018 年 6 月　　单位：元

| 项目 | 本期金额 | 上期金额（略） |
|---|---|---|
| 一、营业收入 | 6 100 000.00 | |
| 减：营业成本 | 4 138 145.95 | |
| 税金及附加 | 72 706.96 | |
| 销售费用 | 170 083.76 | |
| 管理费用 | 262 967.01 | |
| 研发费用 | | |
| 财务费用 | −143.79 | |
| 其中：利息费用 | | |
| 利息收入 | | |
| 资产减值损失 | 280 800.00 | |
| 信用减值损失 | | |
| 加：其他收益 | | |
| 投资收益（损失以“—”号填列） | | |
| 其中：对联营企业和合营企业的投资收益 | | |
| 净敞口套期收益（损失以“—”号填列） | | |
| 公允价值变动收益（损失以“—”号填列） | | |
| 资产处置收益（损失以“—”号填列） | | |
| 二、营业利润（亏损以“—”号填列） | 1 175 440.11 | |

续前表

| 项目 | 本期金额 | 上期金额（略） |
|---|---|---|
| 加：营业外收入 | | |
| 减：营业外支出 | 105 891.68 | |
| 三、利润总额（亏损总额以“－”号填列） | 1 069 548.43 | |
| 减：所得税费用 | 267 387.11 | |
| 四、净利润（净亏损以“－”号填列） | 802 161.32 | |
| （一）持续经营净利润（净亏损以“－”号填列） | | |
| （二）终止经营净利润（净亏损以“－”号填列） | | |
| 五、其他综合收益的税后净额 | | |
| （一）不能重分类进损益的其他综合收益 | | |
| …… | | |
| （二）将重分类进损益的其他综合收益 | | |
| …… | | |
| 六、综合收益总额 | 802 161.32 | |
| 七、每股收益 | | |
| （一）基本每股收益 | | |
| （二）稀释每股收益 | | |

有关项目计算如下：

（1）营业收入＝主营业务收入＋其他业务收入

＝5 880 000+220 000=6 100 000（元）

（2）营业成本＝主营业务成本＋其他业务成本

＝3 935 745.95+202 400=4 138 145.95（元）

（3）营业利润＝营业收入－营业成本－税金及附加－销售费用－管理费用－财务费用－资产减值损失－信用减值损失＋其他收益＋投资收益＋净敞口套期收益＋公允价值变动收益＋资产处置收益

＝6 100 000 － 4 138 145.95 － 72 706.96 － 170 083.76 － 262 967.01 －（－ 143.79）－ 280 800

＝1 175 440.11（元）

（4）利润总额＝营业利润＋营业外收入－营业外支出

＝1 175 440.11 － 105 891.68=1 069 548.43（元）

（5）所得税费用＝1 069 548.43×25%=267 387.11（元）

（前提假设：应纳税所得额＝利润总额。）

（6）净利润 = 利润总额－所得税费用

= 1 069 548.43 － 267 387.11=802 161.32（元）

## 四、现金流量表

现金流量表是反映企业在**一定会计期间内现金和现金等价物流入和流出情况的报表**。

现金有狭义和广义之分。狭义的现金通常指库存现金；广义的现金指企业的库存现金以及可以随时用于支付的存款，包括库存现金、银行存款和其他货币资金。现金流量表所指的现金是广义的现金。

现金等价物是指企业持有的期限短 ( 一般指从购买日起 3 个月内到期 )、流动性强、易于转换为已知金额现金及价值变动风险很小的投资。现金等价物通常为企业持有的、原定期限等于或短于 3 个月的债券投资。

现金流量是指企业一定期间的现金及现金等价物的流入量和流出量。企业从银行提取现金、将现金存入银行、用现金购买短期到期的国库券等活动，是现金和现金等价物之间的转换，不会导致现金流量的变化。

### （一）现金流量表的结构和内容

现金流量表为会计报表使用者提供了企业一定会计期间内现金及现金等价物流入和流出的信息。通过对现金流量表的分析，可以评价企业获取现金和现金等价物的能力，评价企业偿还债务及支付投资者投资报酬的能力，了解企业本期净利润与经营活动产生的现金流量净额发生差异的原因，可以从一个侧面评价企业利润的质量。我国企业现金流量表的格式如表 3-11 所示。

**表 3-11　　现金流量表**

会企 03 表

编制单位：　　年　月　　单位：元

| 项目 | 本期金额 | 上期金额 |
|---|---|---|
| 一、经营活动产生的现金流量： | | |
| 销售商品、提供劳务收到的现金 | | |
| 收到的税费返还 | | |
| 收到其他与经营活动有关的现金 | | |
| 经营活动现金流入小计 | | |
| 购买商品、接受劳务支付的现金 | | |
| 支付给职工以及为职工支付的现金 | | |
| 支付的各项税费 | | |

续前表

| 项目 | 本期金额 | 上期金额 |
|---|---|---|
| 支付其他与经营活动有关的现金 | | |
| 经营活动现金流出小计 | | |
| 经营活动产生的现金流量净额 | | |
| 二、投资活动产生的现金流量： | | |
| 收回投资收到的现金 | | |
| 取得投资收益收到的现金 | | |
| 处置固定资产、无形资产和其他长期资产收回的现金净额 | | |
| 处置子公司及其他营业单位收到的现金净额 | | |
| 收到其他与投资活动有关的现金 | | |
| 投资活动现金流入小计 | | |
| 购建固定资产、无形资产和其他长期资产支付的现金 | | |
| 投资支付的现金 | | |
| 取得子公司及其他营业单位支付的现金净额 | | |
| 支付其他与投资活动有关的现金 | | |
| 投资活动现金流出小计 | | |
| 投资活动产生的现金流量净额 | | |
| 三、筹资活动产生的现金流量： | | |
| 吸收投资收到的现金 | | |
| 取得借款收到的现金 | | |
| 收到其他与筹资活动有关的现金 | | |
| 筹资活动现金流入小计 | | |
| 偿还债务支付的现金 | | |
| 分配股利、利润或偿付利息支付的现金 | | |
| 支付其他与筹资活动有关的现金 | | |
| 筹资活动现金流出小计 | | |
| 筹资活动产生的现金流量净额 | | |
| 四、汇率变动对现金及现金等价物的影响 | | |
| 五、现金及现金等价物净增加额 | | |
| 加：期初现金及现金等价物余额 | | |
| 六、期末现金及现金等价物余额 | | |

现金流量表的结构主要分为正表和补充资料两部分。正表采用报告式结构，分类反映经营活动、投资活动、筹资活动、汇率变动等方面所产生的现金流量，并汇总反映企业一定期间现金及现金等价物的净增加额。

1. 经营活动产生的现金流量

经营活动是指企业投资活动和筹资活动以外的所有交易和事项，主要包括销售商品或提供劳务、购买商品或接受劳务、支付职工薪酬、支付税费等。通过经营活动产生的现金流量，可以说明企业的经营活动对现金流入和流出的影响程度，判断企业在不对外筹资的情况下，是否足以维持生产经营、偿还债务等。

2. 投资活动产生的现金流量

投资活动是指企业长期资产的购建和不包括在现金等价物范围内的投资及其处置活动。现金流量表所指的投资既包括对外投资，也包括长期资产的购建与处置。投资活动主要包括取得和收回投资、购建和处置固定资产、购买和处置无形资产等。通过投资活动产生的现金流量，可以判断投资活动对企业现金流量净额的影响程度。

3. 筹资活动产生的现金流量

筹资活动是指导致企业资本及债务规模和构成发生变化的活动。筹资活动主要包括发行股票或接受投入资本、分派现金、取得和偿还银行借款、发行和偿还公司债券等。通过筹资活动产生的现金流量，可以分析企业获取现金的能力，判断筹资活动对企业现金流量净额的影响程度。

4. 汇率变动对现金及现金等价物的影响

企业外币现金流量及境外子公司的现金流量折算为人民币时，采用的是现金流量发生日的汇价或平均汇价，而现金流量表“现金及现金等价物净增加额”项目中外币现金净增加额是按期末汇价折算的，按两种不同汇率折算的记账本位币之间的差额即汇率变动对现金及现金等价物的影响额。

5. 现金及现金等价物净增加额

现金及现金等价物净增加额是指企业现金及现金等价物的流入量与现金及现金等价物的流出量之间的差额。

补充资料是指未列入现金流量表正表的但需要予以披露的内容。补充资料由不涉及现金收支的投资和筹资活动、将净利润调节为经营活动的现金流量、现金及现金等价物净增加额三个部分组成。

**（二）现金流量表的编制方法**

现金流量表正表分为六个部分，最复杂的部分是经营活动产生的现金流量净额。因为经营活动产生的现金流量净额是根据收付实现制确认的净利润，而会计准则要求会计核算按权责发生制确认净利润，因此，在编制现金流量表时，就

需要将权责发生制下确认的净利润转换为收付实现制下的净利润。转换的方法有直接法和间接法两种。

直接法是指以利润表中各主要经营收支项目为基础，并以实际的现金收入和现金支出进行调整，结算出现金流入量、现金流出量和现金流量净额的方法。

间接法是指以利润表中各主要经营收支项目为基础，以非现金费用和债权债务人以及存货的变动额加以调整，结算出现金流量净额的方法。在现金流量表中，经营活动产生的现金流量净额在正表部分采用的是直接法计算，在补充资料部分采用的是间接法计算。现将现金流量表各项目的填列方法说明如下。

1. 经营活动产生的现金流量各项目的填列方法

（1）“销售商品、提供劳务收到的现金”项目。该项目反映企业本期销售商品和提供劳务收到的现金、前期销售商品和提供劳务本期收到的现金、销售商品实际收到的增值税税额及本期预收的账款，减去本期销售本期退回的商品和前期销售本期退回的商品支付的现金的净额。企业销售材料和代购代销业务收到的现金，也在本项目反映。

（2）“收到的税费返还”项目。该项目反映企业收到返还的各种税费，包括收到返还的增值税、消费税、所得税、关税等。

（3）“收到其他与经营活动有关的现金”项目。该项目反映企业除上述各项目外，收到的其他与经营活动有关的现金流入，如罚款现金收入、没收包装物押金收入、流动资产损失中由个人赔偿的现金、经营租赁租金等。

（4）“购买商品、接受劳务支付的现金”项目。该项目反映企业本期购进商品和材料、接受劳务支付的现金，本期支付前期购进商品和材料、接受劳务的未付款项和本期预付款项，以及企业购进商品、材料等实际支付的能够抵扣销项税额的进项税额。进货退回的商品、材料收到的现金应从本项目内减去。企业代购代销业务支付的现金，也在本项目反映。

（5）“支付给职工以及为职工支付的现金”项目。该项目反映企业实际支付给职工以及为职工支付的现金，包括本期实际支付给职工的工资、奖金、各种津贴和补贴，以及为职工支付的其他费用，但不包括支付给离退休人员的各项费用和支付给在建工程人员的工资等。企业代扣代缴的职工个人所得税，也在本项目反映。

（6）“支付的各项税费”项目。该项目反映企业按规定支付的各种税费，包括本期发生并支付的税费，以及本期支付以前各期发生的税费和预交的税金。包括增值税、消费税、所得税、城市维护建设税、教育费附加、房产税、土地增值税、印花税、车船税、地方教育附加、矿产资源补偿费等。

（7）“支付其他与经营活动有关的现金”项目。该项目反映企业除上述各项目外，支付的其他与经营活动有关的现金，如经营租赁支付的租金，捐赠现金支出，罚款支出，支付的差旅费、业务招待费、保险费以及企业支付给离退休人员的各项费用等。

### 2. 投资活动产生的现金流量各项目的填列方法

（1）“收回投资收到的现金”项目。该项目反映企业因出售、转让或到期收回除现金等价物以外的交易性金融资产、长期股权投资而收到的现金，以及收回长期债权投资本金而收到的现金，但长期债权投资收回的利息和处置子公司及其他营业单位收到的现金净额除外。

（2）“取得投资收益收到的现金”项目。该项目反映企业进行股权性投资和债权性投资而取得的现金股利和利息，以及从子公司、联营单位和合营单位分回利润收到的现金，但不包括股票股利。

（3）“处置固定资产、无形资产和其他长期资产收回的现金净额”项目。该项目反映企业处置固定资产、无形资产和其他长期资产收回的现金（包括因资产毁损而收到的保险赔偿收入），减去为处置这些资产而支付的有关费用后的净额。

（4）“处置子公司及其他营业单位收到的现金净额”项目。该项目反映企业处置子公司及其他营业单位所取得的现金，减去相关处置费用，以及子公司及其他营业单位持有的现金和现金等价物后的净额。

（5）“收到其他与投资活动有关的现金”项目。该项目反映企业除了上述各项目外，收到的其他与投资活动有关的现金流入。

（6）“购建固定资产、无形资产和其他长期资产支付的现金”项目。该项目反映企业购建固定资产、取得无形资产和其他长期资产支付的现金（含增值税税款等），以及用现金支付的应由在建工程和无形资产负担的职工薪酬。不包括为购建固定资产而发生的借款利息资本化的部分，以及融资租入固定资产支付的租赁费。

（7）“投资支付的现金”项目。该项目反映企业进行股权性投资和债券性投资支付的现金，以及支付的佣金、手续费等附加费用，但取得子公司及其他营业单位支付的现金净额除外。

（8）“取得子公司及其他营业单位支付的现金净额”项目。该项目反映企业购买子公司及其他营业单位出价中以现金支付的部分，减去子公司及其他营业单位持有的现金和现金等价物后的净额。

（9）“支付其他与投资活动有关的现金”项目。该项目反映企业除上述各项以外所支付的其他与投资活动有关的现金流出。

### 3. 筹资活动产生的现金流量各项目的填列方法

（1）“吸收投资收到的现金”项目。该项目反映企业收到的投资者投入的现金，包括以发行股票、债券等方式筹集的资金实际收到的款项净额（发行收入减去支付的佣金、手续费、宣传费、咨询费、印刷费等发行费用后的净额）。

（2）“取得借款收到的现金”项目。该项目反映企业举借各种短期、长期借款实际收到的现金。

（3）“收到其他与筹资活动有关的现金”项目。该项目反映企业除上述各项目外，收到的其他与筹资活动有关的现金流入。

（4）“偿还债务支付的现金”项目。该项目反映企业以现金偿还债务的本金，包括偿还金融企业的借款本金、偿还债务的本金等。

（5）“分配股利、利润或偿付利息支付的现金”项目。该项目反映企业实际支付的现金股利、支付给其他投资单位的利润以及支付的借款利息、债券利息等。

（6）“支付其他与筹资活动有关的现金”项目。该项目反映企业除了上述各项目外，支付的其他与筹资活动有关的现金流出，例如捐赠现金支出等。

### 4. 汇率变动对现金及现金等价物的影响的填列方法

该项目根据“财务费用——汇兑损失”账户净发生额填列。发生汇兑损失用负数表示，发生汇兑收益则用正数表示。

### 5. 现金及现金等价物净增加额的填列方法

该项目根据资产负债表中“货币资金”项目的年末数减去该项目的年初数，再加上“交易性金融资产”账户中现金等价物的年末数，减去该账户的年初数填列。其计算结果应与前面四部分之和相等。

### 6. 期末现金及现金等价物余额的填列方法

该项目根据现金流量表中“现金及现金等价物净增加额”项目加上“期初现金及现金等价物余额”项目计算填列。

## 归纳总结

本章按照会计工作流程，系统介绍了在会计实务工作中涉及的单据及账表。会计工作的起始环节是填制和审核会计凭证，包括原始凭证和记账凭证，这是会计核算工作进行的基础。然后，根据审核无误的记账凭证登记会计账簿，这也是编制会计报表的基础，因此，掌握各账簿的设立、登记、对账和结转方法是会计核算工作的基本要求。最终环节就是在期末，根据已登记并对账、结账的会计账簿资料编制财务报表，编制资产负债表和利润表的方法是大家学习的重点。本章的主要知识点及内在关联如下图所示。

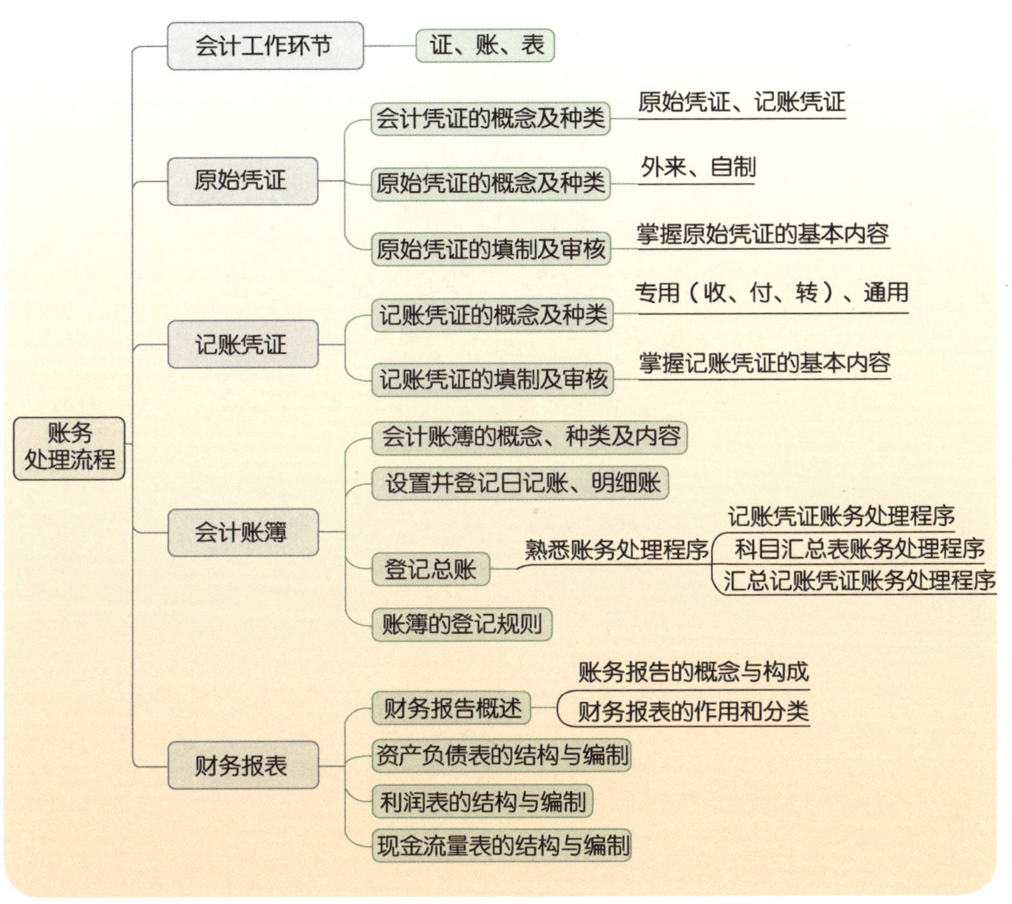
账务处理流程
会计工作环节
证、账、表
原始凭证
会计凭证的概念及种类
原始凭证、记账凭证
原始凭证的概念及种类
外来、自制
原始凭证的填制及审核
掌握原始凭证的基本内容
记账凭证
记账凭证的概念及种类
专用（收、付、转）、通用
记账凭证的填制及审核
掌握记账凭证的基本内容
会计账簿
会计账簿的概念、种类及内容
设置并登记日记账、明细账
登记总账
熟悉账务处理程序
记账凭证账务处理程序
科目汇总表账务处理程序
汇总记账凭证账务处理程序
账簿的登记规则
财务报表
财务报告概述
账务报告的概念与构成
财务报表的作用和分类
资产负债表的结构与编制
利润表的结构与编制
现金流量表的结构与编制

# 第四章 经济业务的账务处理

## 学习目标

- 了解企业经济业务流程
- 掌握各环节主要经济业务的账务处理方法

## 第一节　经济业务流程

回顾一下第一章开花店卖花的故事，短短的八个场景其实就包含了企业中大部分的经济业务。我们来总结一下，卖花的大体流程是：**筹资→采购→销售→核算成本和费用→计算利润。**

商品流通企业的主要经营过程，概括地说就是商品流转的过程。在商品流转过程中，资金一般以“货币→商品→货币”的形式进行运动，资金运动只经过购进和销售两个过程。在购进过程中，通过购买商品支付货款及费用，货币资金转化为商品资金；在销售过程中，通过销售商品取得收入，商品资金又转化成货币资金。随着商品购销活动的进行，资金不断地转化形态，这种周而复始的循环周转构成商品流通企业的资金运动，如图 4-1 所示。商品流通企业的资金运动过程即商品流通企业主要经营过程核算的内容。

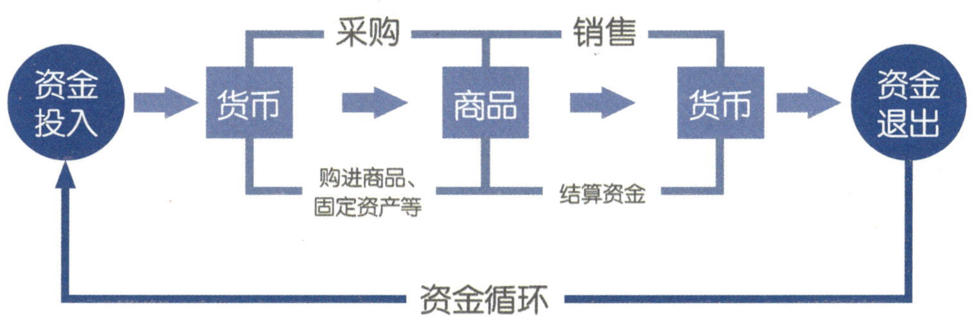


**图 4-1　商品流通企业资金运动**

制造业企业是产品的生产单位，其完整的生产经营由供应过程、生产过程和销售过程所构成。制造业企业与商品流通企业最大的不同之处就是生产过程，生产过程是制造业企业经营过程的中心环节。制造业企业的资金在采购、生产、销售过程中，经历货币资金、储备资金、生产资金、商品资金等形态，最后转化为货币资金，不断地循环与周转，如图 4–2 所示。

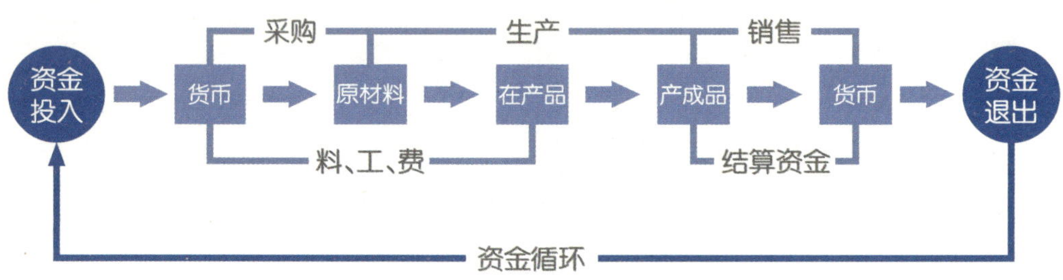


图 4–2　制造业企业资金运动

综上所述，制造业企业生产经营活动比商品流通企业复杂，但也有许多共同之处。因此，本章以制造业企业生产经营过程中的主要经济业务为对象，介绍制造业企业主要经济业务的账务处理方法。制造业企业主要经济业务包括资金筹集、生产准备、产品生产、商品销售和利润分配五个方面的内容，如图 4–3 所示。

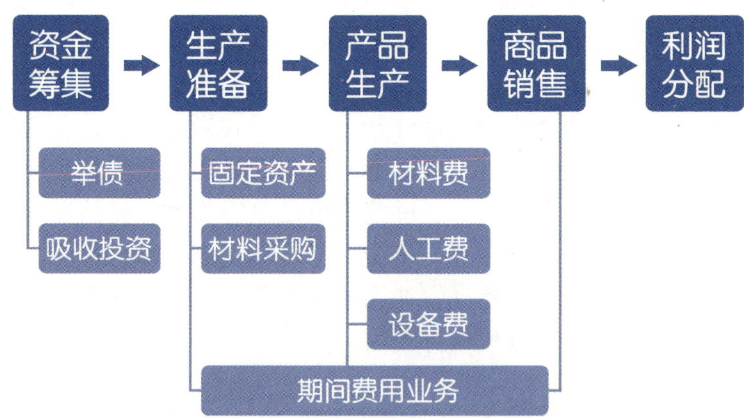


图 4–3　制造业企业主要经济业务流程

针对企业生产经营过程中发生的上述经济业务，本章根据以下内容详细阐述企业主要经济业务的账务处理方法：

（1）资金筹集业务的账务处理；

（2）采购付款业务的账务处理；

（3）生产加工业务的账务处理；

（4）销售收款业务的账务处理；

（5）期间费用的账务处理；

（6）税费的账务处理；

（7）利润形成与分配的账务处理。

## 第二节　资金筹集

企业的资金筹集业务按资金来源通常分为所有者权益筹资和负债筹资。所有者权益筹资形成所有者权益（通常称为权益资本），包括投资者的投资及其增资，这部分资本的所有者既享有企业的经营收益，又承担企业的经营风险；负债筹资形成债权人的权益（通常称为债务资本），主要包括企业向债权人借入的资金和结算形成的负债资金等，这部分资本的所有者享有按约定收回本金和利息的权利。

### 一、所有者权益筹资业务

所有者投入的资本主要包括实收资本（或股本）和资本公积。

实收资本（或股本）是指企业的投资者按照企业章程、合同或协议的约定，实际投入企业的资本资金及按照有关规定由资本公积、盈余公积等转增资本的资金。

资本公积是企业收到投资者投入的超出其在企业注册资本（或股本）中所占份额的投资，以及直接计入所有者权益的利得和损失等。资本公积作为企业所有者权益的重要组成部分，主要用于转增资本。

#### （一）账户设置

企业通常设置以下账户对所有者权益筹资业务进行核算。

##### 1.“银行存款”账户

该账户用以核算企业存入银行或其他金融机构的各种款项。账户结构如图 4-4 所示。

| 借方　　　　　　　　　银行存款 | 贷方 |
|---|---|
| 存入的款项（表示增加） | 提取或支出的存款（表示减少） |
| 余额：企业存在银行或其他金融机构的各种款项 | |

图 4-4　“银行存款”账户

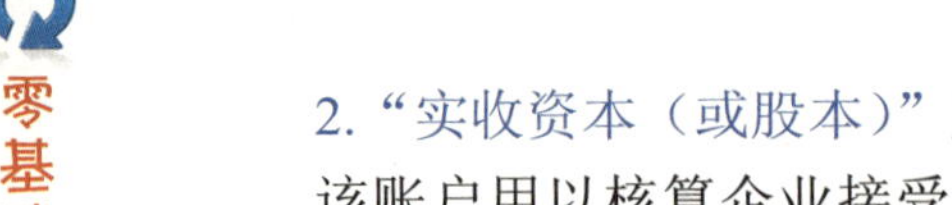

### 2.“实收资本（或股本）”账户

该账户用以核算企业接受投资者投入的实收资本（股份有限公司设置“股本”账户）。账户结构如图 4-5 所示。

| 借方 | 实收资本（或股本） | 贷方 |
| --- | --- | --- |
| 所有者投入企业资本金的减少额（表示减少） | | 所有者投入企业资本金的增加额（表示增加） |
| | | 余额：企业期末实收资本（或股本）总额 |

图 4-5 “实收资本（或股本）”账户

### 3.“资本公积”账户

该账户用以核算企业收到投资者出资额超出其在注册资本或股本中所占份额的部分，以及直接计入所有者权益的利得和损失等。账户结构如图 4-6 所示。

| 借方 | 资本公积 | 贷方 |
| --- | --- | --- |
| 资本公积的减少额（表示减少） | | 资本公积的增加额（表示增加） |
| | | 余额：企业期末资本公积的结余数额 |

图 4-6 “资本公积”账户

## （二）常见经济业务账务处理

所有者对企业的投资有多种形式，可以用货币资金投资，也可以用实物资产投资，还可以用无形资产投资。以货币资金投资的，应将实际收到的款项作为实际投资额入账；以实物资产或无形资产投资的，应按双方认可的估价、合同或协议约定的价值入账，但合同或协议约定价值不公允的除外，超过占注册资本比例的部分通过资本公积处理。

【例题 4-1】**接受货币资金投资**。2018 年 7 月 1 日，陈东风出资 100 万元设立 A 有限责任公司，公司已如数收到陈东风投资的款项。该笔经济业务的分析如图 4-7 所示。

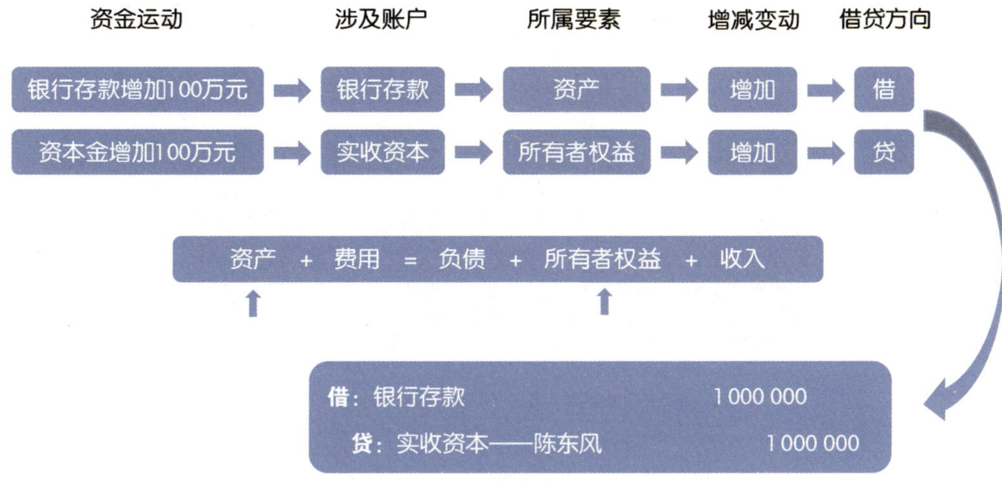


图 4-7

【例题 4-2】**接受非货币资产投资**。2018 年 7 月 15 日，陈海峰以厂房对 A 有限责任公司进行投资，双方约定的公允价值为 100 万元（假设不产生溢价），不考虑其他因素。该笔经济业务的分析如图 4-8 所示。

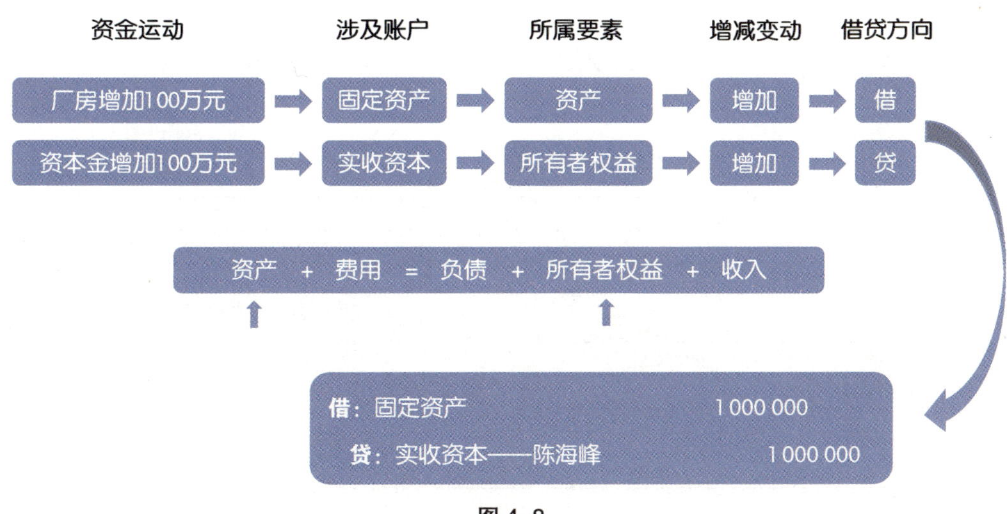


图 4-8

【例题 4-3】**接受投资价值超过其占注册资本比例**。2018 年 8 月 20 日，A 有限责任公司接受 B 股份有限公司一项价值 120 万元的专利权投资。经协商一致，A 有限责任公司的注册资本增加到 300 万元，B 股份有限公司占 A 有限责任公司 30% 的股份，B 股份有限公司向 A 有限责任公司移交了专利证书等凭证，有关出资及变更手续登记完毕。该笔经济业务的分析如图 4-9 所示。

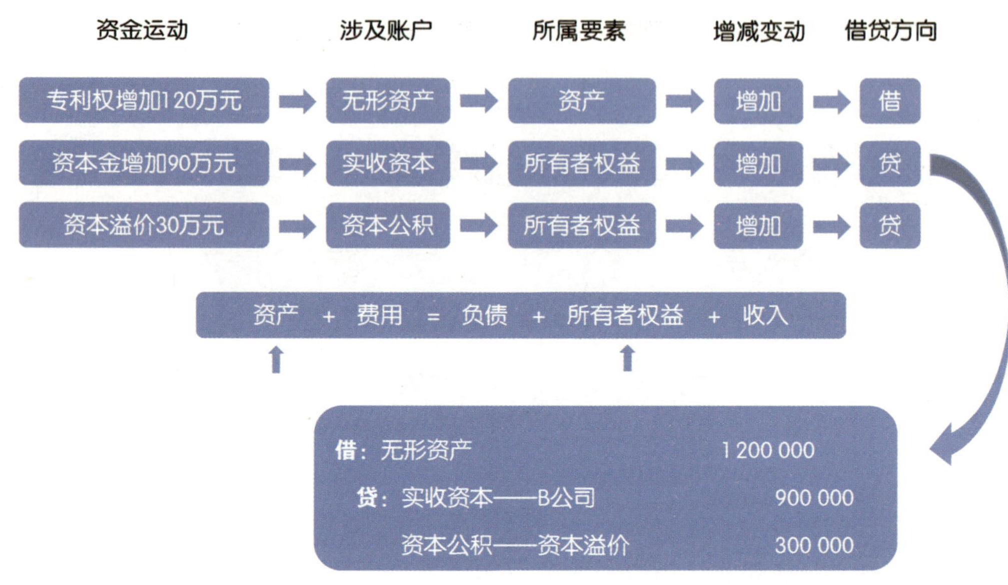


图 4–9

## （三）实务操作

【实务情景 4-1】2018 年 5 月 1 日，股东郑快进出资 1 300 万元设立京州市新大风发动机制造厂，款项通过银行收妥。原始凭证如图 4-10 所示。

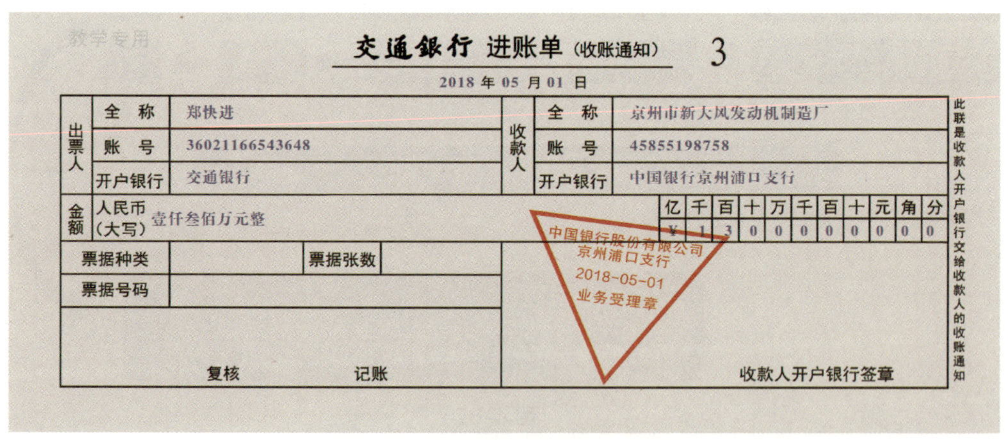

教学专用

**交通银行 进账单（收账通知）** 3

2018 年 05 月 01 日

| | | | | | |
|---|---|---|---|---|---|
| 出票人 | 全称 | 郑快进 | 收款人 | 全称 | 京州市新大风发动机制造厂 |
| | 账号 | 36021166543648 | | 账号 | 45855198758 |
| | 开户银行 | 交通银行 | | 开户银行 | 中国银行京州浦口支行 |
| 金额 | 人民币（大写） | 壹仟叁佰万元整 | | 亿 千 百 十 万 千 百 十 元 角 分 | ¥ 1 3 0 0 0 0 0 0 0 0 |
| 票据种类 | | 票据张数 | | | |
| 票据号码 | | | | | |
| | 复核 | 记账 | | 收款人开户银行签章 | |

中国银行股份有限公司 京州浦口支行 2018-05-01 业务受理章

此联是收款人开户银行交给收款人的收账通知

图 4–10

不考虑其他因素，财务部门编制如下会计分录：

借：银行存款　　13 000 000

　贷：实收资本——郑快进　　13 000 000

## 二、负债筹资业务

负债筹资主要包括举借短期借款、长期借款以及结算形成的负债等。

短期借款是指企业为了满足其生产经营对资金的临时性需要而从银行或其他金融机构等借入的偿还期限在一年以内（含一年）的各种借款。

长期借款是指企业向银行或其他金融机构等借入的偿还期限在一年以上（不含一年）的各种借款。

结算形成的负债主要有应付账款、应付职工薪酬、应交税费等。

### （一）账户设置

企业通常设置以下账户对负债筹资业务进行会计核算。

#### 1.“短期借款”账户

该账户用以核算企业从银行或其他金融机构等借入的偿还期在一年以内（含一年）的各种借款。账户结构如图 4-11 所示。

| 借方 | 短期借款 贷方 |
| --- | --- |
| 短期借款本金的减少额<br>（表示减少） | 短期借款本金的增加额<br>（表示增加） |
| | 余额：企业期末尚未归还的短期借款 |

图 4-11 “短期借款”账户

#### 2.“长期借款”账户

该账户用以核算企业从银行或其他金融机构等借入的偿还期在一年以上（不含一年）的各种借款。账户结构如图 4-12 所示。

| 借方 | 长期借款 贷方 |
| --- | --- |
| 归还的本金和利息<br>（表示减少） | 长期借款本金和到期一次<br>还本付息长期借款预计的利息<br>（表示增加） |
| | 余额：企业期末尚未归还的长期借款 |

图 4-12 “长期借款”账户

3.“应付利息”账户

该账户用以核算企业按照合同约定应支付的利息。账户结构如图 4-13 所示。

| 借方 | 应付利息 贷方 |
| --- | --- |
| 实际支付的利息（表示减少） | 企业按合同利率计算确定的应付未付利息（表示增加） |
| | 余额：企业应付未付的利息 |

图 4-13 “应付利息”账户

4.“财务费用”账户

该账户用以核算企业为筹集生产经营所需资金等而发生的筹资费用，包括利息支出（减利息收入）、汇兑损益及相关的手续费、企业发生的现金折扣或收到的现金折扣等。账户结构如图 4-14 所示。

| 借方 | 财务费用 贷方 |
| --- | --- |
| 手续费、利息费用等增加额（表示增加） | 应冲减财务费用的利息收入、期末转入“本年利润”账户的财务费用净额等（表示减少） |
| 余额：无 | |

图 4-14 “财务费用”账户

### （二）常见经济业务账务处理

企业在生产经营过程中，由于周转资金不足或为了扩大生产经营规模，可以向银行或其他金融机构借款。根据借款期限的不同，可分为短期借款和长期借款。企业借入的款项必须按贷款单位规定的用途使用，按期支付利息，到期归还本金。

【例题 4-4】甲公司于 2018 年 1 月 1 日取得银行借款 1 000 000 元，期限 6 个月，年利率为 6%，该借款到期后按期如数偿还，利息分月预提，按季支付。

（1）**取得借款**。1 月 1 日取得短期借款时，经济业务分析如图 4-15 所示。

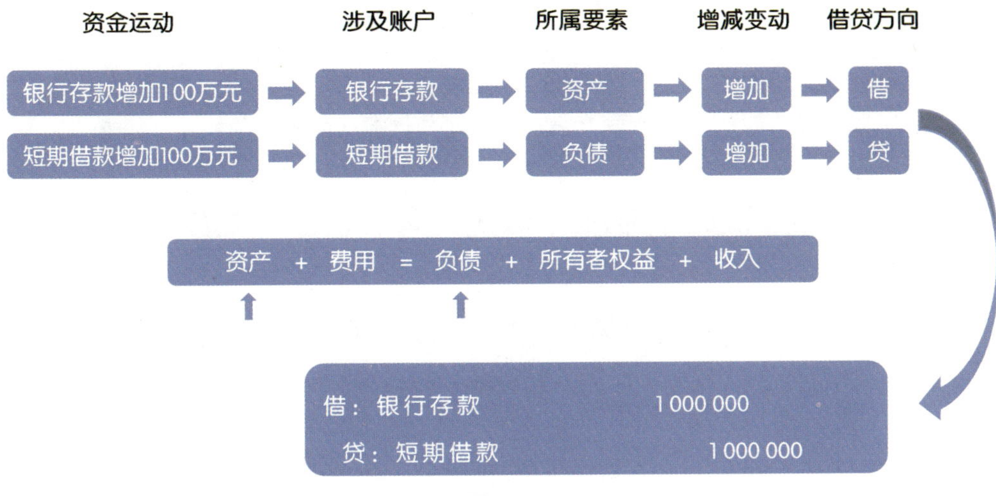


图 4-15

（2）**计提利息**。1 月末、2 月末计提当月借款利息时，经济业务分析如图 4-16 所示。

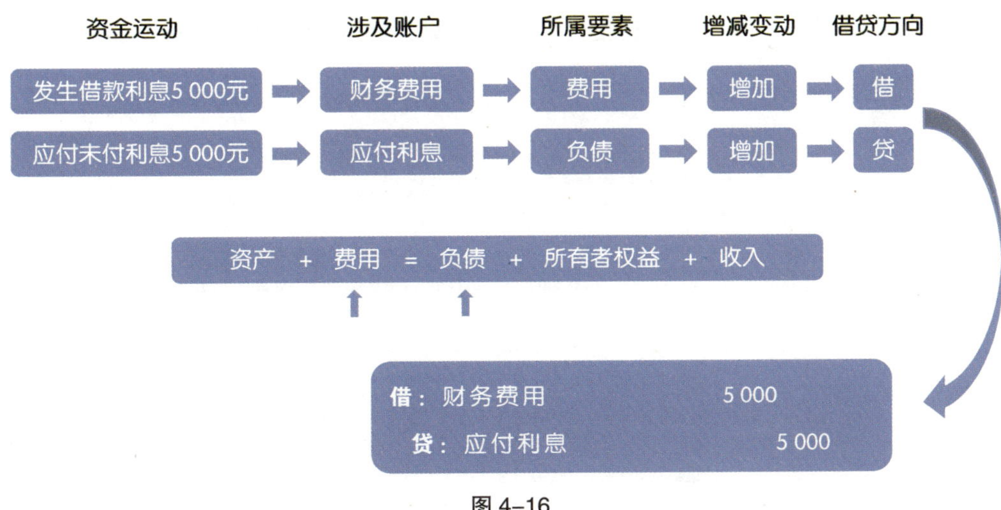


图 4-16

（3）**支付并计提本月利息**。3 月末支付本季度借款利息时，经济业务分析如图 4-17 所示。

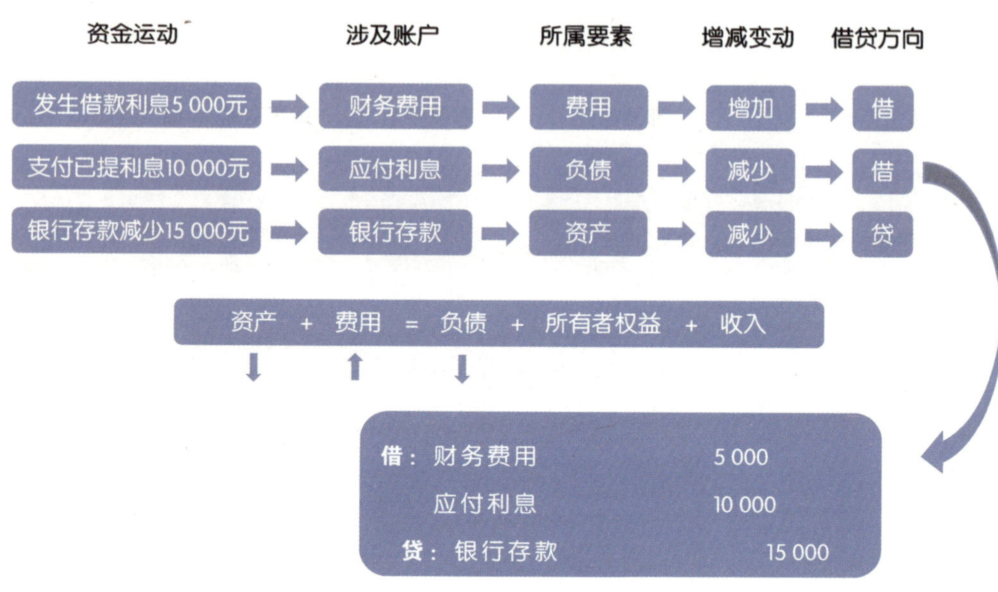


图 4-17

【注】**如果利息不预提，采取直接支付的方式，可以一次性计入财务费用。**

（4）**偿还借款**。6 月末归还借款本金时，经济业务分析如图 4-18 所示。

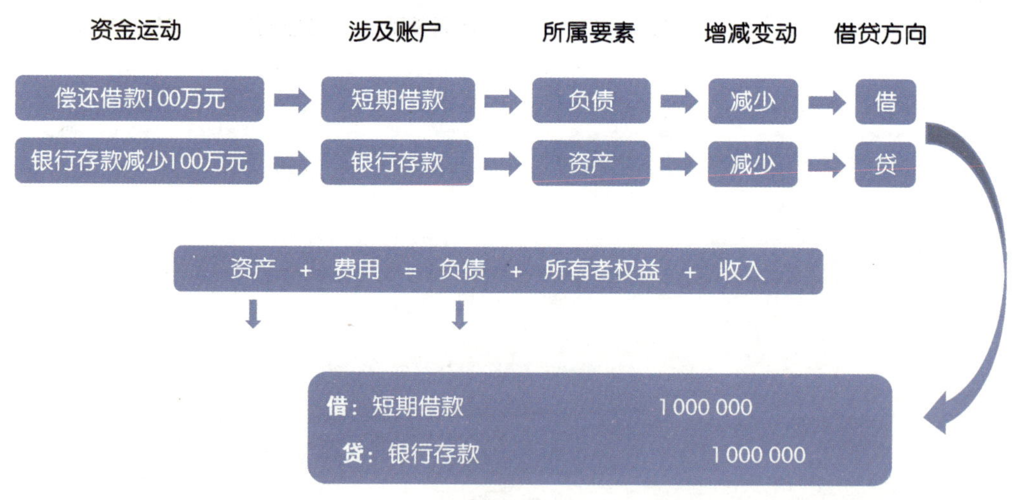


图 4-18

### （三）实务操作

【实务情景 4-2】2018 年 5 月 3 日，京州市新大风发动机制造厂从银行借入 1 年期借款 20 万元，款项通过转账存入该厂一般存款账户。原始凭证如图 4-19 所示。

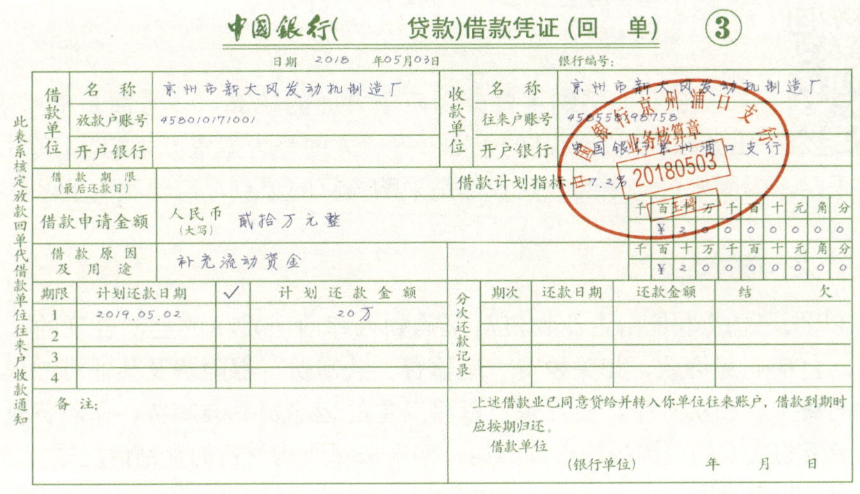

教学专用

中国银行(　　贷款)借款凭证(回　单) ③

日期 2018 年05月03日　　银行编号:

| | | | | | |
|---|---|---|---|---|---|
| 借款单位 | 名称 | 京州市新大风发动机制造厂 | 收款单位 | 名称 | 京州市新大风发动机制造厂 |
| | 放款户账号 | 4580101171001 | | 往来户账号 | 45855598758 |
| | 开户银行 | | | 开户银行 | 中国银行京州浦口支行 |
| 借款期限（最后还款日） | | | 借款计划指标 | 7.2% | |
| 借款申请金额 | 人民币（大写） | 贰拾万元整 | | | ¥200000000 |
| 借款原因及用途 | | 补充流动资金 | | | ¥200000000 |

| 期限 | 计划还款日期 | ✓ | 计划还款金额 | 分次还款记录 | 期次 | 还款日期 | 还款金额 | 结欠 |
|---|---|---|---|---|---|---|---|---|
| 1 | 2019.05.02 | | 20万 | | | | | |
| 2 | | | | | | | | |
| 3 | | | | | | | | |
| 4 | | | | | | | | |

备注:

上述借款业已同意贷给并转入你单位往来账户，借款到期时应按期归还。

借款单位

（银行单位）　年　月　日

此联系核定放款回单代借款单位往来户收款通知

中国银行京州浦口支行 业务核算章 20180503

图 4–19

财务部门根据银行借款凭证编制如下会计分录：

借：银行存款——一般户　　200 000

贷：短期借款　　200 000

## 本节分录集合

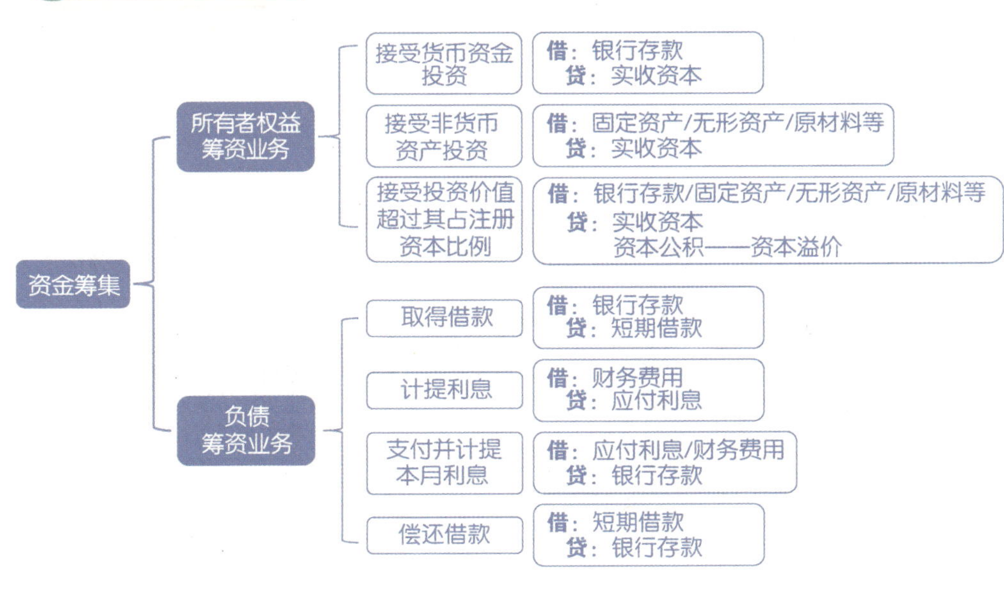

# 第三节　采购付款

企业的采购主要分为两个方面的核算，一方面是材料采购，比如原材料、商品的采购；另一方面是大型资产采购，比如房屋、设备的采购，为固定资产采购。两者都是采购核算的重点，需要我们予以重视。

## 一、采购材料

材料的采购成本是指企业物资从采购到入库前所发生的全部合理的、必要的支出，包括购买价款、相关税费、运输费、装卸费、保险费及其他可归属于采购成本的费用。在实务中，企业也可以将发生的运输费、装卸费、保险费及其他可归属于采购成本的费用等先进行归集，期末按照所购材料的存销情况进行分摊。

### （一）账户设置

企业通常设置以下账户对采购业务进行会计核算。

#### 1.“原材料”账户

该账户用以核算企业库存的各种材料，包括原料及主要材料、辅助材料、外购半成品（外购件）、修理用备件（备品备件）、包装材料、燃料等的计划成本或实际成本。账户结构如图 4-20 所示。

| 借方　　　　原材料 | 贷方 |
|---|---|
| 已验收入库材料的成本<br>（表示增加） | 发出材料的成本<br>（表示减少） |
| 余额：企业库存材料的计划成本或实际成本 | |

图 4-20　“原材料”账户

#### 2.“在途物资”账户

该账户用于企业采用实际成本（或进价）进行材料和商品等物资的日常核算、核算货款已付尚未验收入库的在途物资的采购成本。账户结构如图 4-21 所示。

| 借方　　　　在途物资 | 贷方 |
|---|---|
| 购入材料、商品等物资的买价<br>和采购费用（采购实际成本）<br>（表示增加） | 验收入库材料、商品等物资<br>应结转的实际采购成本<br>（表示减少） |
| 余额：企业期末在途材料、商品等物资的采购成本 | |

图 4-21　“在途物资”账户

### 3.“应付账款”账户

该账户用以核算企业因购买材料、商品和接受劳务等经营活动应支付的款项。账户结构如图 4-22 所示。

| 借方 | 应付账款 贷方 |
| --- | --- |
| 偿还的应付账款<br>（表示减少） | 企业因购入材料、商品和接受劳务等尚未支付的款项<br>（表示增加） |
| 余额：企业期末预付账款余额 | 余额：企业期末尚未支付的应付账款余额 |

图 4-22 “应付账款”账户

### 4.“应付票据”账户

该账户用以核算企业购买材料、商品和接受劳务等开出、承兑的商业汇票，包括银行承兑汇票和商业承兑汇票。账户结构如图 4-23 所示。

| 借方 | 应付票据 贷方 |
| --- | --- |
| 企业已经支付或者到期无力支付的商业汇票<br>（表示减少） | 企业开出、承兑的商业汇票的票面金额<br>（表示增加） |
| | 余额：企业尚未到期的商业汇票的票面金额 |

图 4-23 “应付票据”账户

### 5.“预付账款”账户

该账户用以核算企业按照合同规定预付的款项。预付款项情况不多的，企业也可以不设置该账户，将预付的款项直接记入“应付账款”账户的借方。账户结构如图 4-24 所示。

| 借方 | 预付账款 贷方 |
| --- | --- |
| 企业因购货等业务预付的款项<br>（表示增加） | 企业收到货物后应支付的款项等<br>（表示减少） |
| 余额：企业期末预付的款项 | 余额：企业期末尚需补付的款项 |

图 4-24 “预付账款”账户

### （二）常见经济业务账务处理

企业在经营过程中，一方面要从购货单位取得材料，另一方面要向材料供应商支付材料的买价和增值税；与此同时，还会产生各项采购费用，包括运杂费、运输途中的合理损耗等。材料的买价加上各项采购费用，就构成了材料采购成本的常规项目。

基于重要性原则，实际工作中对某些本应计入材料采购成本的采购费用，如采购人员的差旅费、专设采购机构的经费等，一般不计入材料采购成本，而是作为管理费用来核算。因此，材料的买价、增值税和各项采购费用的发生和结算，材料采购成本的计算，以及材料的验收入库等就构成了供应过程中材料采购业务核算的主要内容。

【例题 4-5】**原材料已验收入库**。2018 年 7 月 8 日，甲公司（增值税一般纳税人）从乙公司购入 A 材料一批，增值税专用发票上注明的货款为 60 000 元，增值税为 9 600 元，其中乙公司替甲公司代垫运杂费 200 元，全部货款用银行转账支票付讫，材料已验收入库。该笔经济业务的分析如图 4-25 所示。

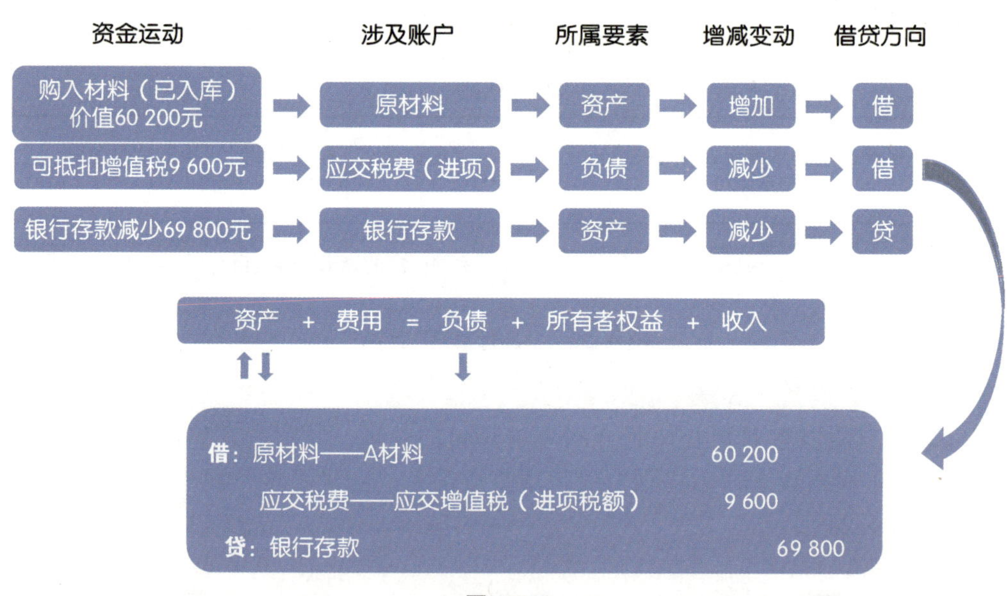


图 4-25

**【注】增值税进项税额的增加意味着负债的减少。根据增值税计算公式：应交增值税 = 销项税额—进项税额，可以发现，进项税额的增加会导致应交税费的减少，相应的就会导致负债的减少。负债增加，记贷方；负债减少，记借方。因此，进项税额的增加记入“应交税费——应交增值税（进项税额）”科目的借方。**

【例题 4-6】**原材料尚未验收入库**。2018 年 7 月 1 日，甲公司（增值税一般纳税人）采用汇兑结算方式从丙工厂购入 B 材料一批，增值税专用发票上注明的货款为 10 000 元，增值税为 1 600 元，运费为 400 元（假定运费不考虑增值税抵扣问题），全部款项已支付，材料尚未到达。该笔经济业务的分析如图 4-26 所示。

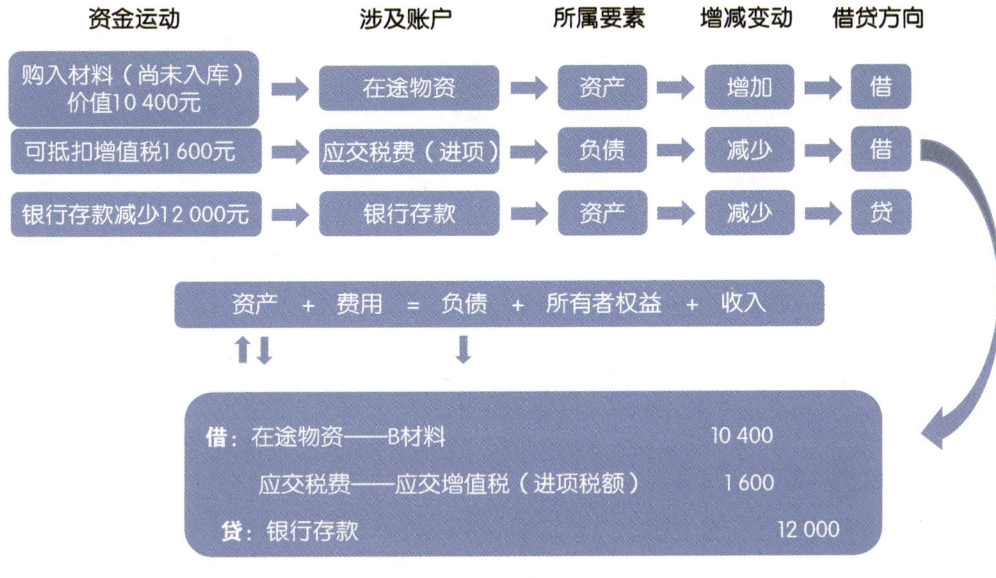


图 4-26

【例题 4-7】**原材料验收入库**。承例题 4-6，2018 年 7 月 10 日，甲公司购入的 B 材料已收到，并验收入库。该笔经济业务的分析如图 4-27 所示。

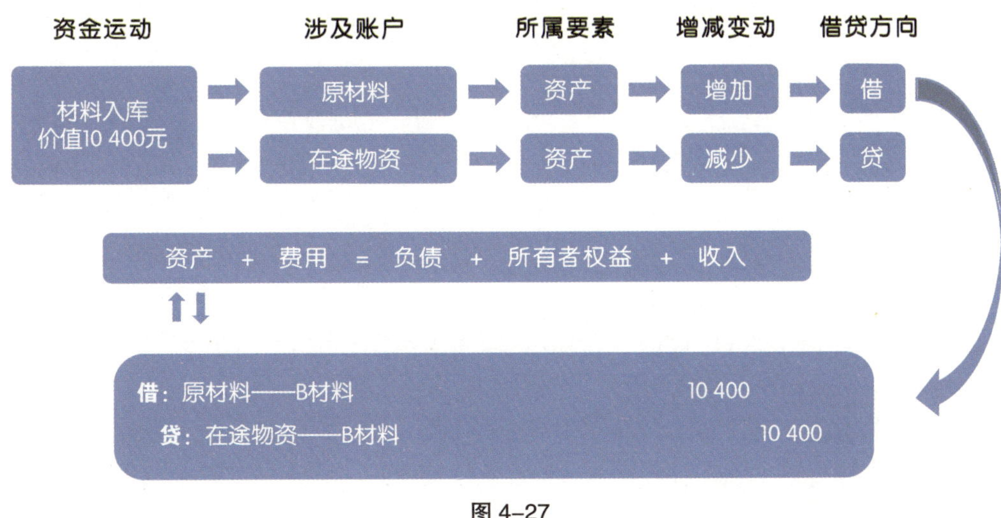


图 4-27

### （三）实务操作

【实务情景 4-3】2018 年 5 月 8 日，京州市新大风发动机制造厂从京州汇东机电设备有限公司采购喷油嘴 65 件，不含税价款为 126 750 元，增值税为 20 280 元，货物尚未到达，财务部门收到增值税专用发票并审核无误后，通过转账支付货款。原始凭证如图 4-28、图 4-29、图 4-30、图 4-31 所示。

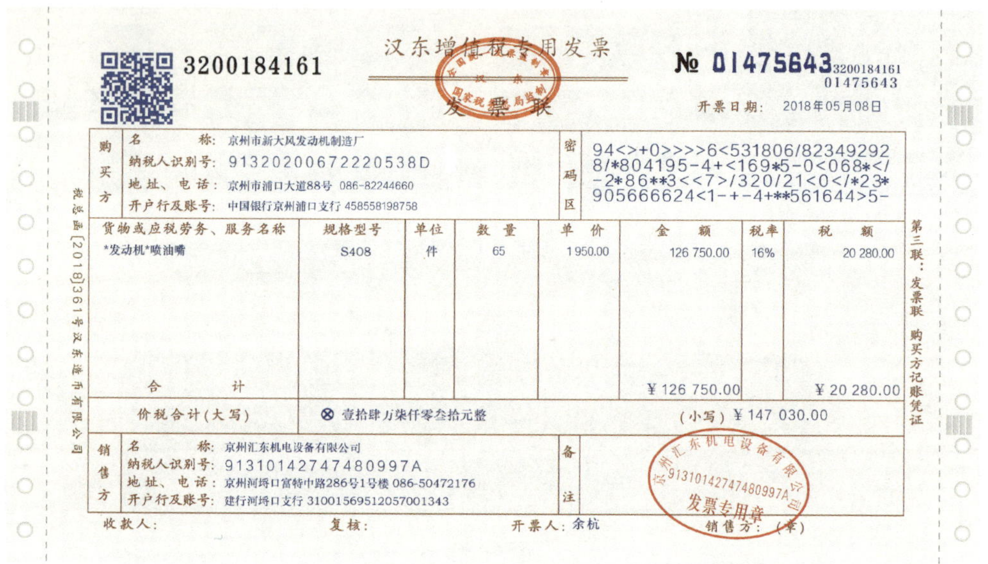

汉东增值税专用发票

3200184161　　№ 01475643　3200184161 01475643

发票联　　开票日期：2018年05月08日

| 购买方 | 名称：京州市新大风发动机制造厂<br>纳税人识别号：91320200672220538D<br>地址、电话：京州市浦口大道88号 086-82244660<br>开户行及账号：中国银行京州浦口支行 458558198758 | 密码区 | 94<>+0>>>>6<531806/82349292<br>8/*804195-4+<169*5-0<068*</<br>-2*86**3<<7>/320/21<0</*23*<br>905666624<1-+-4+**561644>5- |
|---|---|---|---|

| 货物或应税劳务、服务名称 | 规格型号 | 单位 | 数量 | 单价 | 金额 | 税率 | 税额 |
|---|---|---|---|---|---|---|---|
| *发动机*喷油嘴 | S408 | 件 | 65 | 1 950.00 | 126 750.00 | 16% | 20 280.00 |
| 合计 | | | | | ¥126 750.00 | | ¥20 280.00 |
| 价税合计（大写） | ⊗壹拾肆万柒仟零叁拾元整 | | | | （小写）¥147 030.00 | | |

| 销售方 | 名称：京州汇东机电设备有限公司<br>纳税人识别号：91310142747480997A<br>地址、电话：京州河坶口富特中路286号1号楼 086-50472176<br>开户行及账号：建行河坶口支行 31001569512057001343 | 备注 | |
|---|---|---|---|

收款人：　　复核：　　开票人：余杭　　销售方：（章）

税总函[2018]361号汉东造币有限公司

第三联：发票联　购买方记账凭证

图 4-28

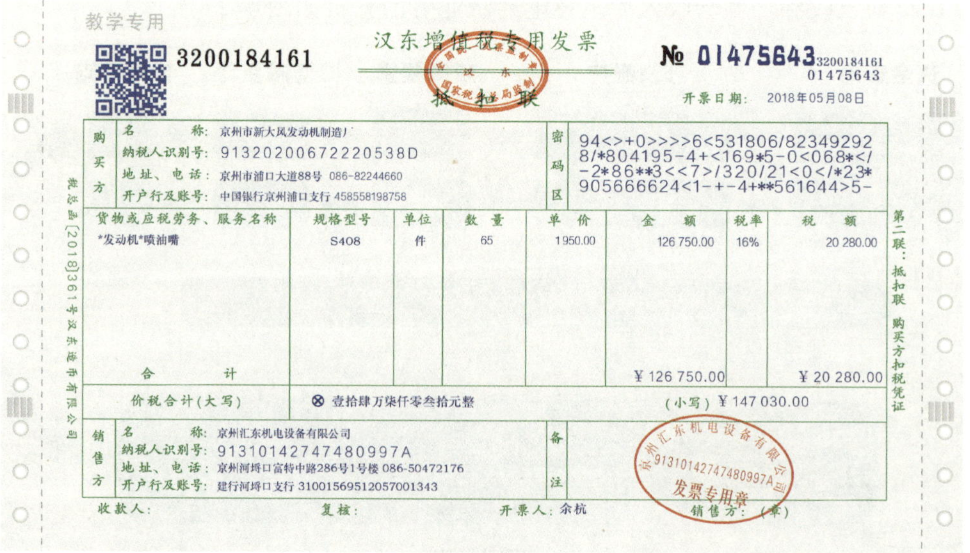

教学专用

汉东增值税专用发票

3200184161　　№ 01475643　3200184161 01475643

抵扣联　　开票日期：2018年05月08日

| 购买方 | 名称：京州市新大风发动机制造厂<br>纳税人识别号：91320200672220538D<br>地址、电话：京州市浦口大道88号 086-82244660<br>开户行及账号：中国银行京州浦口支行 458558198758 | 密码区 | 94<>+0>>>>6<531806/82349292<br>8/*804195-4+<169*5-0<068*</<br>-2*86**3<<7>/320/21<0</*23*<br>905666624<1-+-4+**561644>5- |
|---|---|---|---|

| 货物或应税劳务、服务名称 | 规格型号 | 单位 | 数量 | 单价 | 金额 | 税率 | 税额 |
|---|---|---|---|---|---|---|---|
| *发动机*喷油嘴 | S408 | 件 | 65 | 1 950.00 | 126 750.00 | 16% | 20 280.00 |
| 合计 | | | | | ¥126 750.00 | | ¥20 280.00 |
| 价税合计（大写） | ⊗壹拾肆万柒仟零叁拾元整 | | | | （小写）¥147 030.00 | | |

| 销售方 | 名称：京州汇东机电设备有限公司<br>纳税人识别号：91310142747480997A<br>地址、电话：京州河坶口富特中路286号1号楼 086-50472176<br>开户行及账号：建行河坶口支行 31001569512057001343 | 备注 | |
|---|---|---|---|

收款人：　　复核：　　开票人：余杭　　销售方：（章）

税总函[2018]361号汉东造币有限公司

第二联：抵扣联　购买方扣税凭证

图 4-29

教学专用

# 付款申请单

金蝶统一会计凭证账簿系列（SX103-1）金蝶妙想互联公司承印

申请部门：车间　　2018 年 05 月 08 日　　编号：000011

| 收款单位 | 京州汇东机电设备有限公司 | | 付款原因 |
|---|---|---|---|
| 银行账号 | 3100156951205700134 3 | | 材料款 |
| 开户行 | 建行河埒口支行 | | |
| 金额 | ⊗佰壹拾肆万柒仟零佰叁拾零元零角零分 | | |
| 用款方式 | 转账 | ¥ 147,030.00 | |

| 单位领导 | 财务主管 | 部门主管 | 经办人 |
|---|---|---|---|
| 郑快进 | 王晓琳 | 李玉松 | 马阳 |

图 4–30

教学专用

## 国内支付业务付款回单

客户号：150347939　　日期：2018年05月08日

付款人账号：458558198758　　收款人账号：31001569512057001343

付收款人名称：京州市新大风发动机制造厂　　收款人名称：京州汇东机电设备有限公司

付款人开户行：中国银行京州浦口支行　　收款人开户行：建行河埒口支行

金额：CNY147,030.00

人民币壹拾肆万柒仟零叁拾元整

报文种类：beps.121.001.01-客户发起普通贷记业务报文　　收支申报号：

业务类型：A100-普通汇兑　　业务编号：BNET 5600006178686634/000000000000

业务标识号：2018050845055386　　接收行行号：402332509010

发起行行号：104302046303　　接收行名称：建行河埒口支行

发起行名称：中国银行股份有限公司京州浦口支行

扣账账号：458558198758　　扣账户名：京州市新大风发动机制造厂

用途：货款

附言：货款

中国银行股份有限公司 电子回单专用章

如您已通过银行网点取得相应纸质回单，请注意核对，勿重复记账！

交易机构：07195　　交易渠道：网上银行　　交易流水号：108257730-581　　经办：

回单编号：2018050839183197　　回单验证码：242K3LFR7R87　　打印时间：　　打印次数：　　次

图 4–31

财务部门根据上述原始凭证编制如下会计分录：

借：在途物资——喷油嘴　　126 750

　　应交税费——应交增值税（进项税额）　　20 280

　贷：银行存款——基本户　　147 030

【实务情景 4-4】2018 年 5 月 10 日，京州市新大风发动机制造厂从京州汇东机电设备有限公司采购的 65 件喷油嘴已全部送达，并验收入库。原始凭证如图 4-32 所示。

教学专用

**收 料 单**　　№ 0254

材料科目：原材料

供应单位：京州汇东机电设备有限公司

发票号码：01975643　　2018 年 05 月 10 日　　收料仓库：

| 材料名称 | 规格 | 计量单位 | 数量 | | 实际成本 | | | | | |
|---|---|---|---|---|---|---|---|---|---|---|
| | | | 应收 | 实收 | 买价 | | 摊运杂费 | 其他 | 合计 | 单位成本 |
| | | | | | 单价 | 金额 | | | | |
| 喷油嘴 | | 件 | 65 | 65 | 1,950.00 | 126,750.00 | — | — | 126,750.00 | |
| | | | | | | | | | | |
| | | | | | | | | | | |
| | | | | | | | | | | |
| 合　计 | | | | | | | | | 126,750.00 | |

②交会计（绿）

记账：朱红　　收料：孟兰　　制单：孟兰

图 4-32

财务部门根据收料单编制如下会计分录：

借：原材料——喷油嘴　　126 750

　贷：在途物资——喷油嘴　　126 750

【实务情景 4-5】2018 年 5 月 10 日，京州市新大风发动机制造厂从汉东弘知工程机械有限公司采购缸体，预付货款 20 000 元。原始凭证如图 4-33、图 4-34 所示。

教学专用

**付款申请单**

申请部门：车间　　2018 年 05 月 10 日　　编号：000011

| 收款单位 | 汉东弘知工程机械有限公司 | | 付款原因 |
|---|---|---|---|
| 银行账号 | 11030208172001942221 | | 材料款 |
| 开户行 | 工商银行京州珠江路支行 | | |
| 金额 | ⊗佰⊗拾贰万零仟零佰零拾零元零角零分 | | |
| 用款方式 | 转账 | ¥ 20,000.00 | |

| 单位领导 | 财务主管 | 部门主管 | 经办人 |
|---|---|---|---|
| 郑胜进 | 王晓琳 | 李玉栋 | 马阳 |

图 4-33

中国银行 BANK OF CHINA

国内支付业务付款回单

客户号：150347939　　日期：2018年05月10日

付款人账号：458558198758　　收款人账号：1103020817200194221

付收款人名称：京州市新大风发动机制造厂　　收款人名称：汉东弘知工程机械有限公司

付款人开户行：中国银行京州浦口支行　　收款人开户行：工商银行京州珠江路支行

金额：CNY20，000.00

人民币贰万元整

报文种类：beps.121.001.01-客户发起普通贷记业务报文

业务类型：A100-普通汇兑

业务标识号：2018051045055386

发起行行号：104302046303

发起行名称：中国银行股份有限公司京州浦口支行

收支申报号：

业务编号：BNET 5600006178686634/000000000000

接收行行号：402332509010

接收行名称：工商银行京州珠江路支行

扣账账号：458558198758　　扣账户名：京州市新大风发动机制造厂

用途：货款

附言：货款

如您已通过银行网点取得相应纸质回单，请注意核对，勿重复记账！

中国银行股份有限公司 电子回单专用章

交易机构：07195　交易渠道：网上银行　交易流水号：108257730-581　经办：

回单编号：2018051039183197　回单验证码：242K3LFR7R87　打印时间：　打印次数：　次

图 4-34

财务部门根据上述原始凭证编制如下会计分录：

借：预付账款——汉东弘知工程机械有限公司　　20 000

　　贷：银行存款——基本户　　20 000

【实务情景 4-6】2018 年 5 月 13 日，京州市新大风发动机制造厂从汉东弘知工程机械有限公司采购的 180 件缸体已全部验收入库，不含税价款为 117 000 元，增值税为 18 720 元，财务部门收到增值税专用发票确认无误后支付剩余款项。原始凭证如图 4-35、图 4-36、图 4-37、图 4-38、图 4-39 所示。



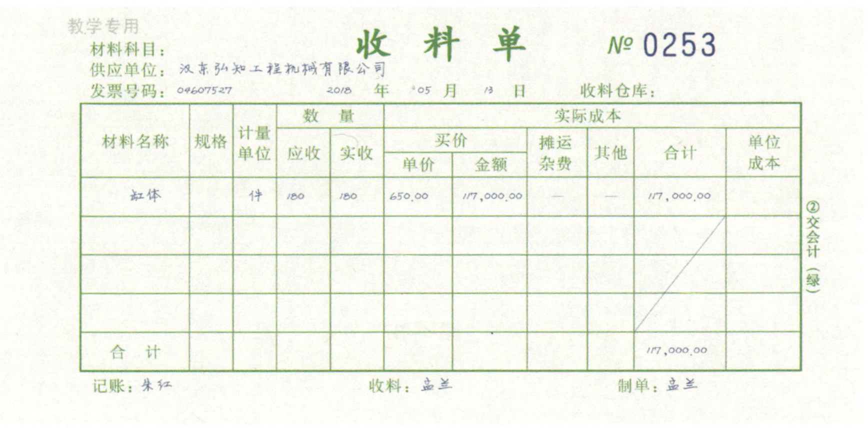

收 料 单　№ 0253

材料科目：

供应单位：汉东弘知工程机械有限公司

发票号码：04607527　　2018 年 05 月 13 日　　收料仓库：

| 材料名称 | 规格 | 计量单位 | 数量 应收 | 数量 实收 | 买价 单价 | 买价 金额 | 摊运杂费 | 其他 | 合计 | 单位成本 |
|---|---|---|---|---|---|---|---|---|---|---|
| 缸体 | | 件 | 180 | 180 | 650.00 | 117,000.00 | — | — | 117,000.00 | |
| | | | | | | | | | | |
| | | | | | | | | | | |
| | | | | | | | | | | |
| 合　计 | | | | | | | | | 117,000.00 | |

②交会计（绿）

记账：朱红　　收料：孟兰　　制单：孟兰

图 4-35

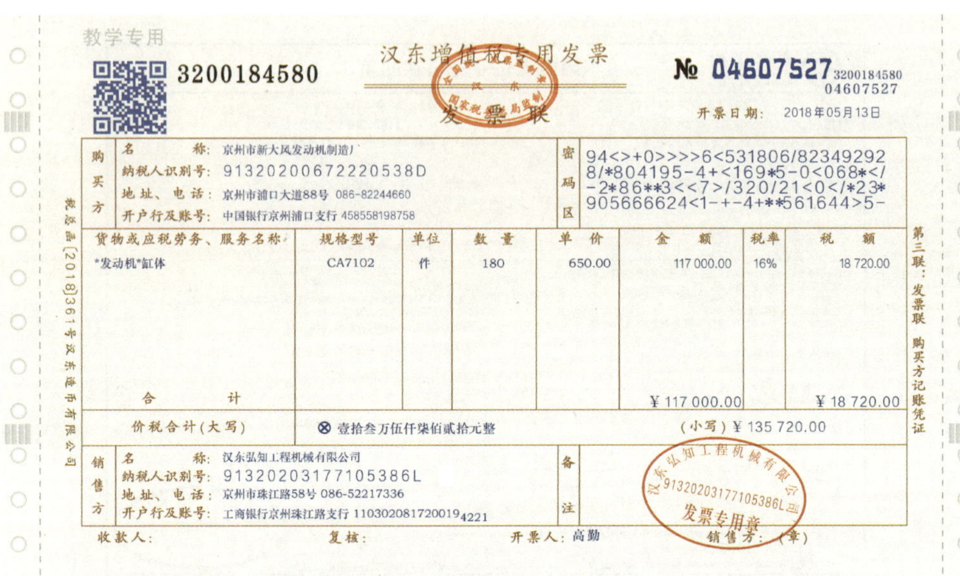

教学专用

汉东增值税专用发票

3200184580

№ 04607527 3200184580 04607527

发票联

开票日期：2018年05月13日

| 购买方 | 名称：京州市新大风发动机制造厂<br>纳税人识别号：91320200672220538D<br>地址、电话：京州市浦口大道88号 086-82244660<br>开户行及账号：中国银行京州浦口支行 458558198758 | 密码区 | 94<>+0>>>>6<531806/82349292<br>8/*804195-4+<169*5-0<068*</<br>-2*86**3<<7>/320/21<0</*23*<br>905666624<1-+-4+**561644>5- |
|---|---|---|---|

| 货物或应税劳务、服务名称 | 规格型号 | 单位 | 数量 | 单价 | 金额 | 税率 | 税额 |
|---|---|---|---|---|---|---|---|
| *发动机*缸体 | CA7102 | 件 | 180 | 650.00 | 117 000.00 | 16% | 18 720.00 |
| 合计 | | | | | ¥117 000.00 | | ¥18 720.00 |
| 价税合计（大写） | ⊗壹拾叁万伍仟柒佰贰拾元整 | | | | （小写）¥135 720.00 | | |

| 销售方 | 名称：汉东弘知工程机械有限公司<br>纳税人识别号：91320203177105386L<br>地址、电话：京州市珠江路58号 086-52217336<br>开户行及账号：工商银行京州珠江路支行 1103020817200194221 | 备注 | |
|---|---|---|---|

收款人： 复核： 开票人：高勤 销售方：（章）

税总函[2018]361号汉东造币有限公司

第三联：发票联 购买方记账凭证



图 4-36

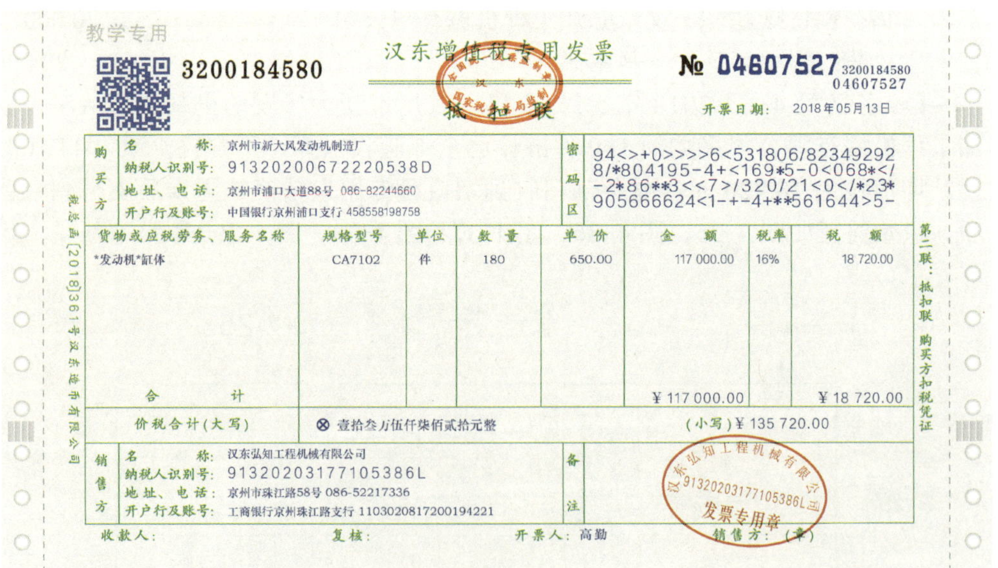

教学专用

汉东增值税专用发票

3200184580

№ 04607527 3200184580 04607527

抵扣联

开票日期：2018年05月13日

| 购买方 | 名称：京州市新大风发动机制造厂<br>纳税人识别号：91320200672220538D<br>地址、电话：京州市浦口大道88号 086-82244660<br>开户行及账号：中国银行京州浦口支行 458558198758 | 密码区 | 94<>+0>>>>6<531806/82349292<br>8/*804195-4+<169*5-0<068*</<br>-2*86**3<<7>/320/21<0</*23*<br>905666624<1-+-4+**561644>5- |
|---|---|---|---|

| 货物或应税劳务、服务名称 | 规格型号 | 单位 | 数量 | 单价 | 金额 | 税率 | 税额 |
|---|---|---|---|---|---|---|---|
| *发动机*缸体 | CA7102 | 件 | 180 | 650.00 | 117 000.00 | 16% | 18 720.00 |
| 合计 | | | | | ¥117 000.00 | | ¥18 720.00 |
| 价税合计（大写） | ⊗壹拾叁万伍仟柒佰贰拾元整 | | | | （小写）¥135 720.00 | | |

| 销售方 | 名称：汉东弘知工程机械有限公司<br>纳税人识别号：91320203177105386L<br>地址、电话：京州市珠江路58号 086-52217336<br>开户行及账号：工商银行京州珠江路支行 1103020817200194221 | 备注 | |
|---|---|---|---|

收款人： 复核： 开票人：高勤 销售方：（章）

税总函[2018]361号汉东造币有限公司

第二联：抵扣联 购买方扣税凭证



图 4-37

教学专用

# 付款申请单

申请部门：车间　　2018 年 05 月 13 日　　编 号：000003

| 收款单位 | 汉东弘知工程机械有限公司 | | 付款原因 |
|---|---|---|---|
| 银行账号 | 1103020817200194221 | | 材料剩余款 |
| 开户行 | 工商银行京州珠江路支行 | | |
| 金额 | ⊗佰壹拾壹万伍仟柒佰贰拾零元零角零分 | | |
| 用款方式 | 转账 | ￥ 115,720.00 | |

| 单位领导 | 财务主管 | 部门主管 | 经办人 |
|---|---|---|---|
| 郑快进 | 王晓琳 | 李玉松 | 马阳 |

图 4–38

教学专用

中国银行 BANK OF CHINA

## 国内支付业务付款回单

客户号：150347939　　日期：2018年05月13日

付款人账号：458558198758　　收款人账号：1103020817200194221

付款人名称：京州市新大风发动机制造厂　　收款人名称：汉东弘知工程机械有限公司

付款人开户行：中国银行京州浦口支行　　收款人开户行：工商银行京州珠江路支行

金额：CNY115，720.00

人民币壹拾壹万伍仟柒佰贰拾元整

报文种类：beps.121.001.01-客户发起普通贷记业务报文

业务类型：A100-普通汇兑

业务标识号：20180513445055386

发起行行号：104302046303

发起行名称：中国银行股份有限公司京州浦口支行

收支申报号：

业务编号：BNET 5600006178686634/000000000000

接收行行号：402332509010

接收行名称：工商银行京州珠江路支行

扣账账号：458558198758　　扣账户名：京州市新大风发动机制造厂

用途：货款

附言：货款

如您已通过银行网点取得相应纸质回单，请注意核对，勿重复记账！

中国银行股份有限公司 电子回单专用章

交易机构：07195　交易渠道：网上银行　交易流水号：108257730-581　经办：

回单编号：2018051339183197　回单验证码：242K3LFR7R87　打印时间：　打印次数：　次

图 4–39

财务部门根据上述原始凭证编制如下会计分录：

借：原材料——缸体　117 000

　　应交税费——应交增值税（进项税额）　18 720

　贷：预付账款——汉东弘知工程机械有限公司　20 000

　　　银行存款——基本户　115 720

## 二、购置固定资产

### （一）固定资产的概念

固定资产是指为生产商品、提供劳务、出租或者经营管理而持有、使用寿命超过一个会计年度的有形资产。

固定资产具有以下特征：

（1）**固定资产是有形资产。**

固定资产具有实物特征，这一特征将固定资产与无形资产区别开来。有些无形资产可能同时符合固定资产的其他特征，如有的无形资产为生产商品、提供劳务而持有，使用寿命超过一个会计年度，但是，由于其没有实物形态，所以不属于固定资产。

（2）**为生产商品、提供劳务、出租或者经营管理而持有。**

企业持有固定资产的目的是生产商品、提供劳务、出租或者经营管理，而不是直接用于出售。

（3）**使用寿命超过一个会计年度。**

固定资产使用寿命超过一个会计年度，表明固定资产属于非流动资产，随着使用和磨损，通过计提折旧方式逐渐减少其账面价值。

### （二）固定资产核算

固定资产的成本是指企业购建某项固定资产达到预定可使用状态前所发生的一切合理、必要的支出。

企业可以通过外购、自行建造、投资者投入、非货币性资产交换、债务重组、企业合并和融资租赁等方式取得固定资产。

外购固定资产的成本，包括购买价款，相关税费，使固定资产达到预定可使用状态前所发生的可归属于该项资产的运输费、装卸费、安装费和专业人员服务费。其中，相关税费不包括可抵扣的进项税额。

### （三）固定资产折旧及折旧方法

折旧是指在固定资产使用寿命内，按照确定的方法对应计折旧额进行的系统分摊。其中，应计折旧额是指应当计提折旧的固定资产的原价扣除其预计净残值后的金额。已计提减值准备的固定资产，还应当扣除已计提的固定资产减值准备累计金额。

**预计净残值**是指假定固定资产的预计使用寿命已满并处于使用寿命终了时的预期状态，企业目前从该项资产的处置中获得的扣除预计处置费用后的金额。**预计净残值率**是指固定资产预计净残值占其原价的比率。企业应当根据固定资产的性质和使用情况，合理确定固定资产的预计净残值。预计净残值一经确定，不得随意变更。

影响折旧的因素主要有固定资产原价、预计净残值、固定资产减值准备、固定资产的使用寿命。

折旧的时间范围和空间范围如图 4-40 所示。

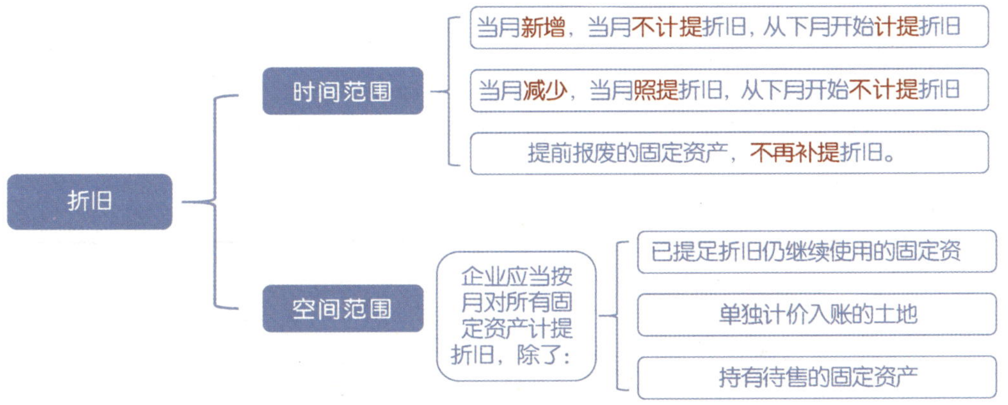


**图 4-40　折旧的时间范围和空间范围**

计提固定资产折旧一般采用年限平均法。年限平均法又称直线法，是指将固定资产的应计折旧额均匀地分摊到固定资产预计使用寿命内的一种方法。各月应计提折旧额的计算公式如下：

$$年折旧率 =（1 -预计净残值率）\div 预计使用寿命（年）$$

$$月折旧率 = 年折旧率 \div 12$$

$$月折旧额 = 固定资产原价 \times 月折旧率$$

$$= 固定资产原价 \times \frac{1 -预计净产值率}{预计使用寿命（月）}$$

### （四）账户设置

企业通常设置以下账户对固定资产业务进行会计核算。

1.“在建工程”账户

该账户用以核算企业基建、更新改造等在建工程发生的支出。账户结构如图 4-41

所示。

| 借方 | 在建工程 | 贷方 |
|---|---|---|
| 企业各项在建工程的实际支出（表示增加） | | 工程达到预定可使用状态时转出的成本（表示减少） |
| 余额：企业期末尚未达到预定可使用状态的在建工程的成本 | | |

图 4-41 “在建工程”账户

### 2.“工程物资”账户

该账户用以核算企业为在建工程准备的各种物资的成本，包括工程用材料、尚未安装的设备以及为生产准备的工器具等。账户结构如图 4-42 所示。

| 借方 | 工程物资 | 贷方 |
|---|---|---|
| 企业购入工程物资的成本（表示增加） | | 领用工程物资的成本（表示减少） |
| 余额：企业期末为在建工程准备的各种物资的成本 | | |

图 4-42 “工程物资”账户

### 3.“固定资产”账户

该账户用以核算企业持有的固定资产原价。账户结构如图 4-43 所示。

| 借方 | 固定资产 | 贷方 |
|---|---|---|
| 固定资产原价的增加（表示增加） | | 固定资产原价的减少（表示减少） |
| 余额：企业期末固定资产的原价 | | |

图 4-43 “固定资产”账户

### 4. “累计折旧”账户

该账户用以核算企业固定资产计提的累计折旧。账户结构如图 4-44 所示。

| 借方 | 累计折旧 贷方 |
| --- | --- |
| 因减少固定资产而转出的累计折旧（表示减少） | 按月提取的折旧额（表示增加） |
| | 余额：企业期末固定资产的累计折旧额 |

图 4-44 “累计折旧”账户

## （五）常见经济业务账务处理

【例题 4-8】**外购不需要安装的固定资产**。2018 年 8 月，A 公司（增值税一般纳税人）购入一台不需要安装的生产设备，取得增值税专用发票上注明的设备买价为 500 000 元，增值税为 80 000 元，另支付运杂费 2 600 元、包装费 400 元。款项均已用银行存款支付。该笔经济业务的分析如图 4-45 所示。

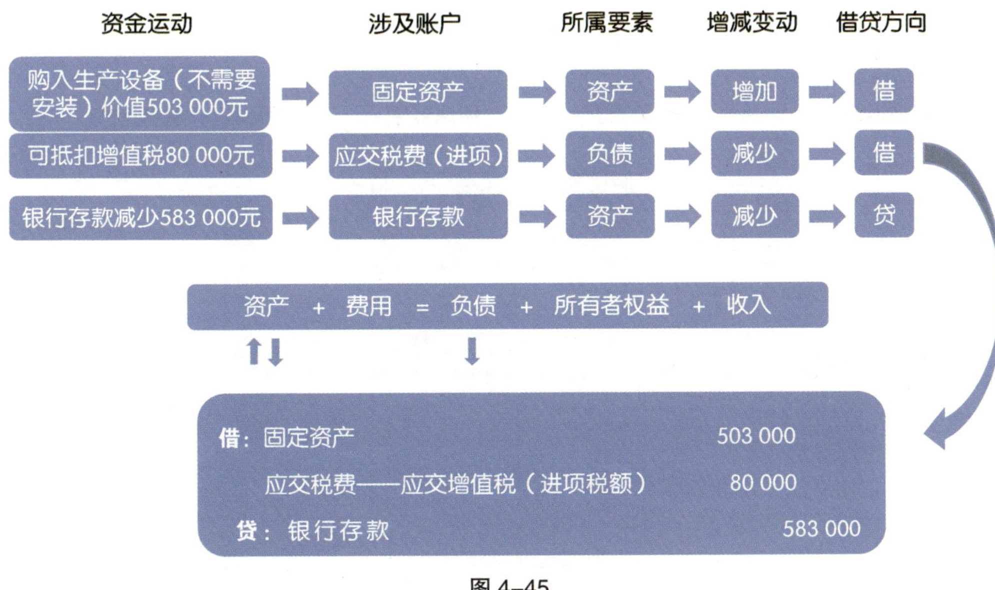


图 4-45

【例题 4-9】**外购需要安装的固定资产**。2018 年 9 月，A 公司（增值税一般纳税人）购入一台需要安装的机电设备，取得增值税专用发票上注明的设备价款

为 800 000 元，增值税为 128 000 元，安装设备时，支付安装费 6 000 元。所有款项已通过银行存款支付。

支付设备价款、增值税时，经济业务分析如图 4-46 所示。

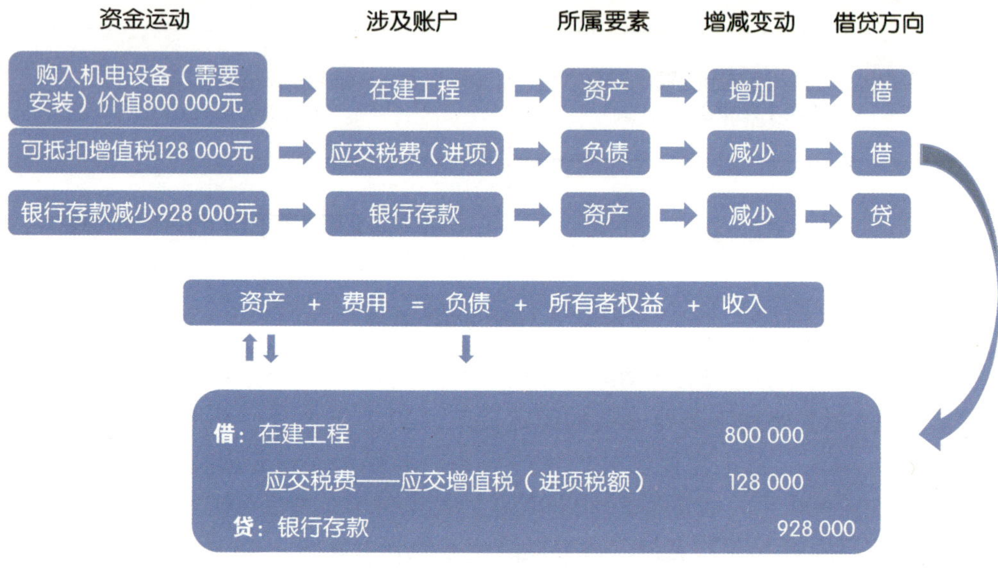


图 4-46

支付安装费时，经济业务分析如图 4-47 所示。

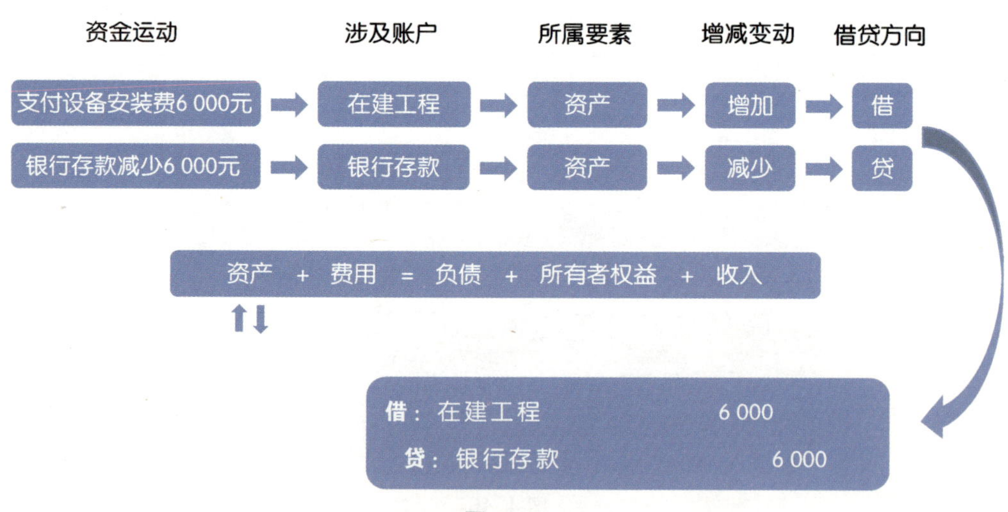


图 4-47

设备安装完毕达到预定可使用状态时，经济业务分析如图 4-48 所示。

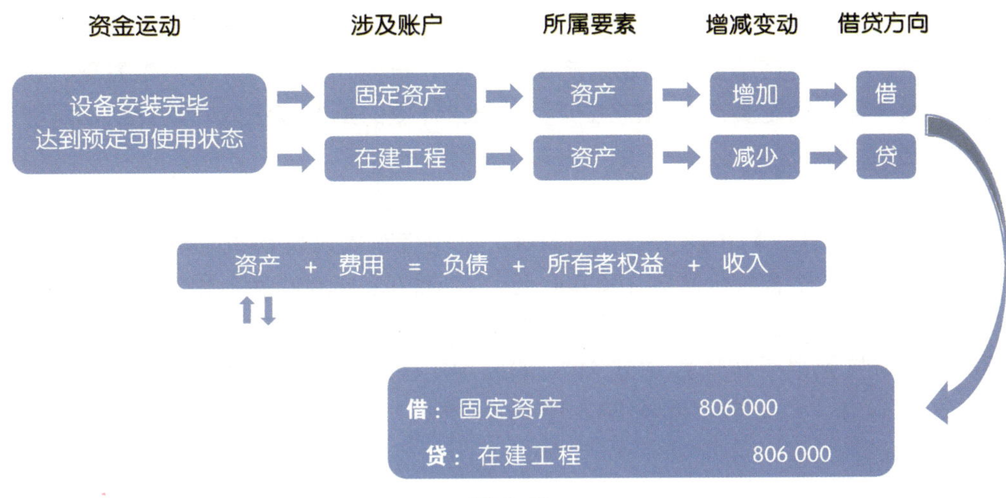


图 4–48

【例题 4-10】**计提固定资产折旧**。2018 年 8 月 31 日，A 公司提取本月固定资产折旧 30 000 元，其中车间使用固定资产的折旧额为 15 000 元，行政管理部门使用固定资产的折旧额为 10 000 元，销售部门使用设备的折旧额为 2 000 元，出租设备折旧额为 3 000 元。该笔经济业务的分析如图 4-49 所示。

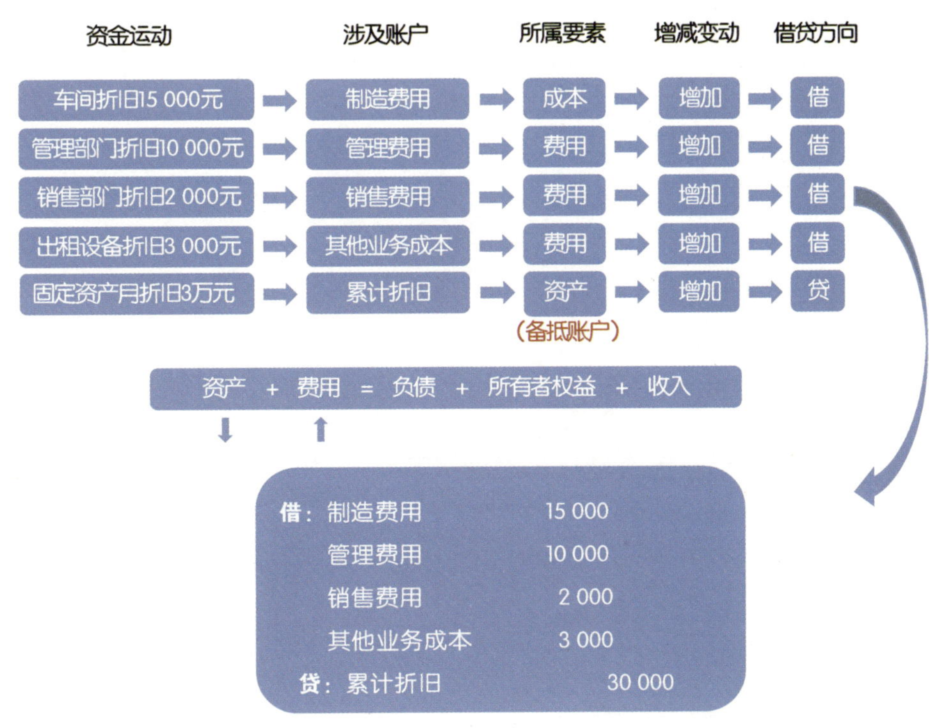


图 4–49

零基础学会计

【注】“累计折旧”是资产类账户“固定资产”的备抵账户，本身也属于资产类账户。固定资产净值 = 固定资产原值 − 累计折旧，根据该公式不难发现，折旧的增加会导致固定资产净值的减少。因此，计提的折旧应记入“累计折旧”账户的贷方。

### （六）实务操作

【实务情景 4-7】2018 年 5 月 17 日，京州市新大风发动机制造厂购入生产设备铣床一台，不含税价款为 100 000 元，增值税为 16 000 元，预计使用年限为 5 年，预计净残值率为 5%，采用年限平均法计提折旧。财务部门收到增值税专用发票，审核无误后转账给对方 50% 的款项，余款下个月支付。原始凭证如图 4-50、图 4-51、图 4-52、图 4-53、图 4-54 所示。

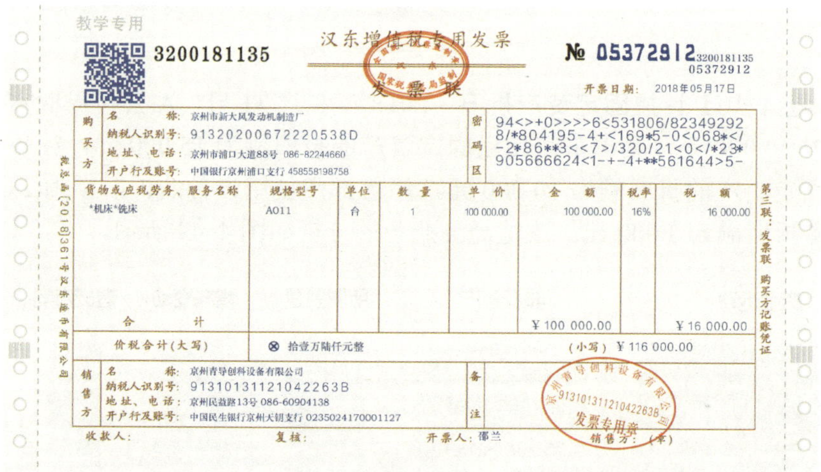

教学专用

3200181135　　汉东增值税专用发票　　№ 05372912 3200181135 05372912

发票联　　开票日期：2018年05月17日

购买方　名称：京州市新大风发动机制造厂
纳税人识别号：91320200672220538D
地址、电话：京州市浦口大道88号 086-82244660
开户行及账号：中国银行京州浦口支行 458558198758

密码区：
94<>+0>>>>6<531806/82349292
8/*804195-4+<169*5-0<068*</
-2*86**3<<7>/320/21<0</*23*
905666624<1-+-4+**561644>5-

| 货物或应税劳务、服务名称 | 规格型号 | 单位 | 数量 | 单价 | 金额 | 税率 | 税额 |
|---|---|---|---|---|---|---|---|
| *机床*铣床 | A011 | 台 | 1 | 100 000.00 | 100 000.00 | 16% | 16 000.00 |
| 合计 | | | | | ¥100 000.00 | | ¥16 000.00 |
| 价税合计（大写） | ⊗拾壹万陆仟元整 | | | | （小写）¥116 000.00 | | |

销售方　名称：京州青导创科设备有限公司
纳税人识别号：91310131121042263B
地址、电话：京州民益路13号 086-60904138
开户行及账号：中国民生银行京州天钥支行 0235024170001127

备注

收款人：　　复核：　　开票人：邵兰　　销售方：（章）

税总函[2018]361号汉东造币有限公司

第三联：发票联　购买方记账凭证

图 4-50

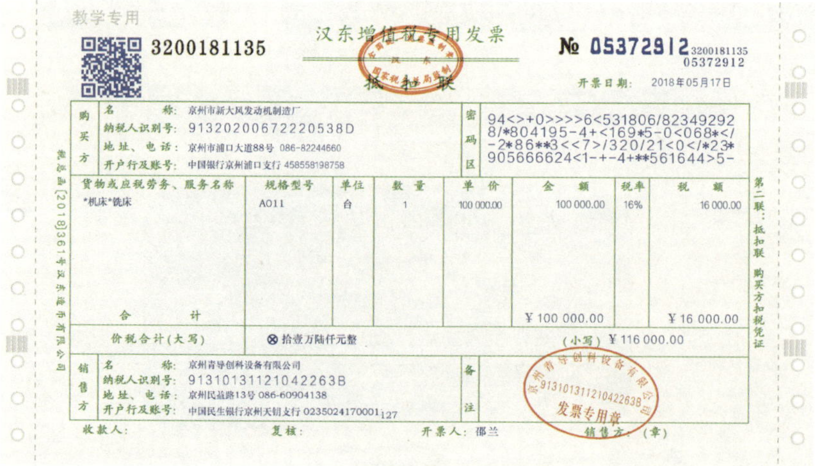

教学专用

3200181135　　汉东增值税专用发票　　№ 05372912 3200181135 05372912

抵扣联　　开票日期：2018年05月17日

购买方　名称：京州市新大风发动机制造厂
纳税人识别号：91320200672220538D
地址、电话：京州市浦口大道88号 086-82244660
开户行及账号：中国银行京州浦口支行 458558198758

密码区：
94<>+0>>>>6<531806/82349292
8/*804195-4+<169*5-0<068*</
-2*86**3<<7>/320/21<0</*23*
905666624<1-+-4+**561644>5-

| 货物或应税劳务、服务名称 | 规格型号 | 单位 | 数量 | 单价 | 金额 | 税率 | 税额 |
|---|---|---|---|---|---|---|---|
| *机床*铣床 | A011 | 台 | 1 | 100 000.00 | 100 000.00 | 16% | 16 000.00 |
| 合计 | | | | | ¥100 000.00 | | ¥16 000.00 |
| 价税合计（大写） | ⊗拾壹万陆仟元整 | | | | （小写）¥116 000.00 | | |

销售方　名称：京州青导创科设备有限公司
纳税人识别号：91310131121042263B
地址、电话：京州民益路13号 086-60904138
开户行及账号：中国民生银行京州天钥支行 0235024170001127

备注

收款人：　　复核：　　开票人：邵兰　　销售方：（章）

税总函[2018]361号汉东造币有限公司

第二联：抵扣联　购买方扣税凭证

图 4-51

教学专用

**固定资产验收单**

2018年05月17日

| 序号 | 固定资产名称 | 型号规格 | 类别 | 金额（元） | 使用部门 | 入账日期 | 增加方式 | 折旧方法 | 使用年限 | 预计净残值(元) |
|---|---|---|---|---|---|---|---|---|---|---|
| 1 | 铣床 | A011 | 生产设备 | 100 000.00 | 铸造车间 | 2018/05/17 | 购入 | 年限平均法 | 5 | 5 000.00 |

图 4–52

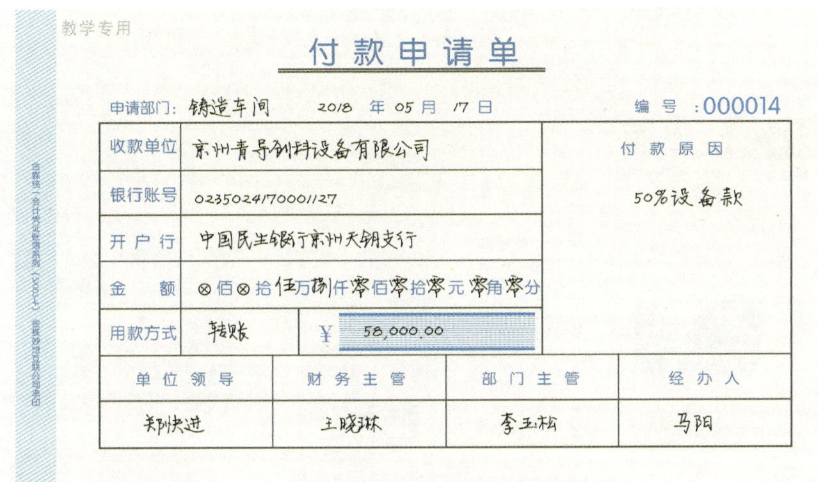

教学专用

付款申请单

申请部门：铸造车间　2018 年 05 月 17 日　编号：000014

| 收款单位 | 京州青导创科设备有限公司 | | 付款原因 |
|---|---|---|---|
| 银行账号 | 0235024170001127 | | 50%设备款 |
| 开户行 | 中国民生银行京州天钥支行 | | |
| 金额 | ⊗佰⊗拾伍万捌仟零佰零拾零元零角零分 | | |
| 用款方式 | 转账 | ¥ 58,000.00 | |
| 单位领导 | 财务主管 | 部门主管 | 经办人 |
| 郑快进 | 王晓琳 | 李玉松 | 马阳 |

图 4–53

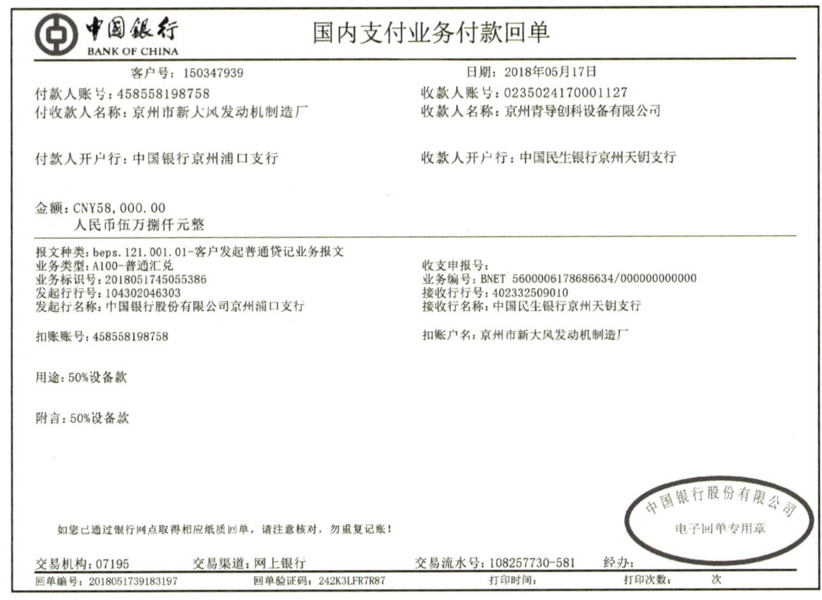

教学专用

中国银行 BANK OF CHINA

国内支付业务付款回单

客户号：150347939　　日期：2018年05月17日

付款人账号：458558198758　　收款人账号：0235024170001127

付收款人名称：京州市新大风发动机制造厂　　收款人名称：京州青导创科设备有限公司

付款人开户行：中国银行京州浦口支行　　收款人开户行：中国民生银行京州天钥支行

金额：CNY58,000.00

人民币伍万捌仟元整

报文种类：beps.121.001.01-客户发起普通贷记业务报文　　收支申报号：

业务类型：A100-普通汇兑　　业务编号：BNET 5600006178686634/000000000000

业务标识号：2018051745055386　　接收行行号：402332509010

发起行行号：104302046303　　接收行名称：中国民生银行京州天钥支行

发起行名称：中国银行股份有限公司京州浦口支行

扣账账号：458558198758　　扣账户名：京州市新大风发动机制造厂

用途：50%设备款

附言：50%设备款

如您已通过银行网点取得相应纸质回单，请注意核对，勿重复记账！

中国银行股份有限公司 电子回单专用章

交易机构：07195　交易渠道：网上银行　交易流水号：108257730-581　经办：

回单编号：2018051739183197　回单验证码：242K3LFR7R87　打印时间：　打印次数：　次

图 4–54

财务部门根据上述原始凭证编制如下会计分录：

借：固定资产——铣床　　100 000

　　应交税费——应交增值税（进项税额）　　16 000

　贷：银行存款——基本户　　58 000

　　　应付账款——京州青导创科设备有限公司　　58 000

**本节分录集合**

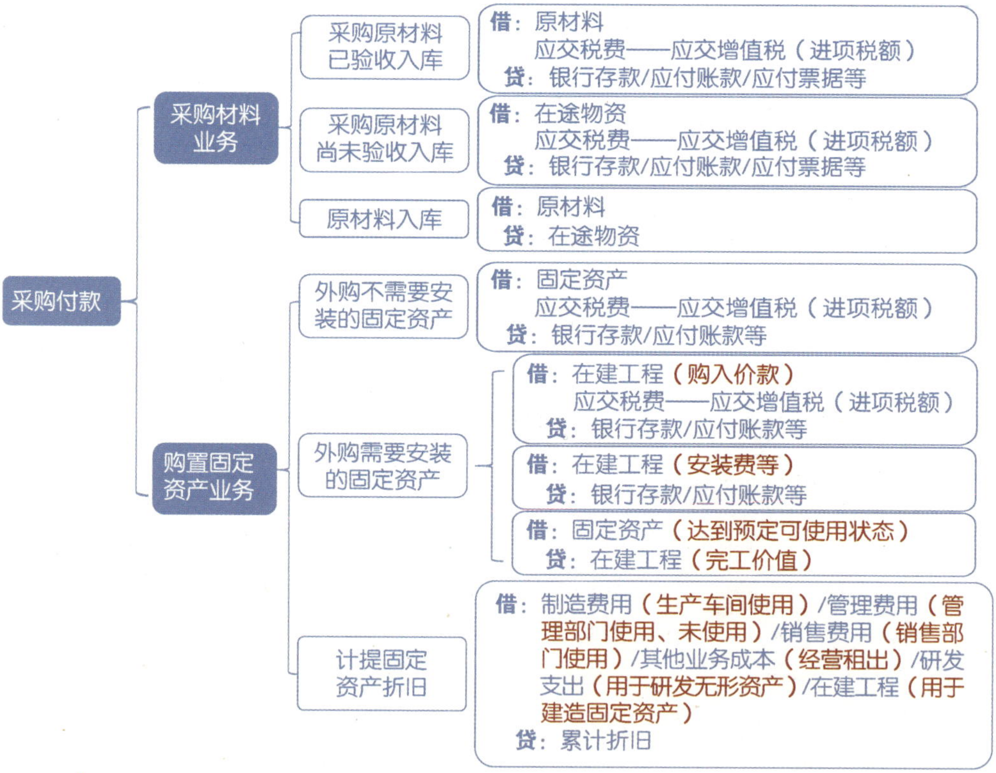

- 采购付款
  - 采购材料业务
    - 采购原材料已验收入库
      - 借：原材料
        　　应交税费——应交增值税（进项税额）
        　贷：银行存款/应付账款/应付票据等
    - 采购原材料尚未验收入库
      - 借：在途物资
        　　应交税费——应交增值税（进项税额）
        　贷：银行存款/应付账款/应付票据等
    - 原材料入库
      - 借：原材料
        　贷：在途物资
  - 购置固定资产业务
    - 外购不需要安装的固定资产
      - 借：固定资产
        　　应交税费——应交增值税（进项税额）
        　贷：银行存款/应付账款等
    - 外购需要安装的固定资产
      - 借：在建工程（购入价款）
        　　应交税费——应交增值税（进项税额）
        　贷：银行存款/应付账款等
      - 借：在建工程（安装费等）
        　贷：银行存款/应付账款等
      - 借：固定资产（达到预定可使用状态）
        　贷：在建工程（完工价值）
    - 计提固定资产折旧
      - 借：制造费用（生产车间使用）/管理费用（管理部门使用、未使用）/销售费用（销售部门使用）/其他业务成本（经营租出）/研发支出（用于研发无形资产）/在建工程（用于建造固定资产）
        　贷：累计折旧

# 第四节　生产加工

企业产品的生产过程也是生产资料的耗费过程。企业在生产过程中发生的各项生产费用，是企业为获得收入而预先垫支并需要得到补偿的资金耗费。这些费用最终都要归集、分配给特定的产品，形成产品的成本。

产品成本的核算是指把一定时期内企业生产过程中所发生的费用，按其性质和发生地点分类归集、汇总、核算，计算出该时期内生产费用发生总额，并按适当方法分别计算出各种产品的实际成本和单位成本等。

## 一、生产费用的构成

生产费用是指与企业日常生产经营活动有关的费用，按其经济用途可分为直接材料、直接人工和制造费用。

**（1）直接材料，**是指构成产品实体的原材料及有助于产品形成的主要材料和辅助材料。

**（2）直接人工，**是指直接从事产品生产人员的薪酬。

**（3）制造费用，**是指企业为生产产品和提供劳务而发生的各项间接费用，包括生产部门（如车间）发生的水电费、办公费、固定资产折旧、无形资产摊销、管理人员的薪酬、劳动保护费、国家规定的有关环保费用、季节性和修理期间的停工损失等。

## 二、生产业务的账务处理

### （一）账户设置

企业通常设置以下账户对生产费用业务进行会计核算。

#### 1.“生产成本”账户

该账户用以核算企业生产各种产品（产成品、自制半成品等）、自制材料、自制工具、自制设备等发生的各项生产成本。账户结构如图 4-55 所示。

| 借方　　　　生产成本 | 贷方 |
|---|---|
| 应计入产品生产成本的各项费用，包括直接计入产品生产成本的直接材料费、直接人工费和其他直接支出，以及期末按照一定方法分配计入产品生产成本的制造费用<br>（表示增加） | 完工入库产成品应结转的生产成本<br>（表示减少） |
| 余额：企业期末尚未加工完成的在产品成本 | |

图 4-55　“生产成本”账户

#### 2.“库存商品”账户

该账户用以核算企业库存的各种商品的实际成本（或进价）或计划成本（或售价），包括库存产成品、外购商品、存放在门市部准备出售的商品、发出展览

的商品及寄存在外的商品等。账户结构如图 4-56 所示。

| 借方 | 库存商品 贷方 |
|---|---|
| 验收入库的库存商品成本<br>（表示增加） | 发出的库存商品成本<br>（表示减少） |
| 余额：企业期末库存商品的实际成本（或进价）或计划成本（或售价） | |

图 4-56 “库存商品”账户

### 3.“制造费用”账户

该账户用以核算企业生产车间（部门）为生产产品和提供劳务而发生的各项间接费用。制造费用结转后一般无余额。账户结构如图 4-57 所示。

| 借方 | 制造费用 贷方 |
|---|---|
| 实际发生的各项制造费用<br>（表示增加） | 期末按照一定标准分配转入“生产成本”账户借方的应计入产品成本的制造费用<br>（表示减少） |
| 余额：无 | |

图 4-57 “制造费用”账户

### 4.“应付职工薪酬”账户

该账户用以核算企业根据有关规定应付给职工的各种薪酬。职工薪酬是指企业为获得职工（指与企业订立劳动合同的所有人员，含全职、兼职和临时职工，也包括虽未与企业订立劳动合同但由企业正式任命的人员，还包括虽未与企业订立劳动合同或未由其正式任命但向企业所提供服务与职工所提供服务类似的人员）提供的服务或解除劳动关系而给予其各种形式的报酬或补偿。账户结构如图 4-58 所示。

| 借方 | 应付职工薪酬 贷方 |
|---|---|
| 本月实际支付的职工薪酬<br>（表示减少） | 本月计算的应付职工薪酬，包括短期薪酬、离职后福利、辞退福利、其他长期职工福利<br>（表示增加） |
| | 余额：企业应付未付的职工薪酬 |

图 4-58 “应付职工薪酬”账户

## （二）常见经济业务账务处理

【例题 4-11】**材料领用**。甲公司发料凭证汇总表中列示，生产 A 产品领用材料 300 000 元，生产 B 产品领用材料 200 000 元，车间领用材料 70 000 元，管理部门领用材料 10 000 元。该笔经济业务的分析如图 4-59 所示。

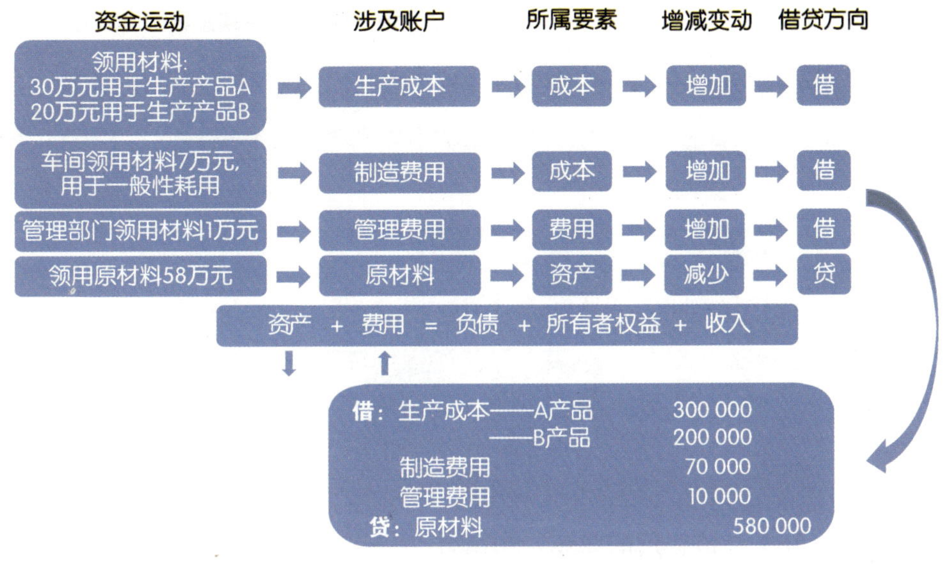


图 4-59

【例题 4-12】**计提工资**。乙公司本月应付职工薪酬总额为 462 000 元，工资费用分配汇总表中列示生产工人的工资为 320 000 元，车间管理人员的工资为 70 000 元，企业行政管理人员的工资为 60 400 元，销售人员的工资为 11 600 元。该笔经济业务的分析如图 4-60 所示。

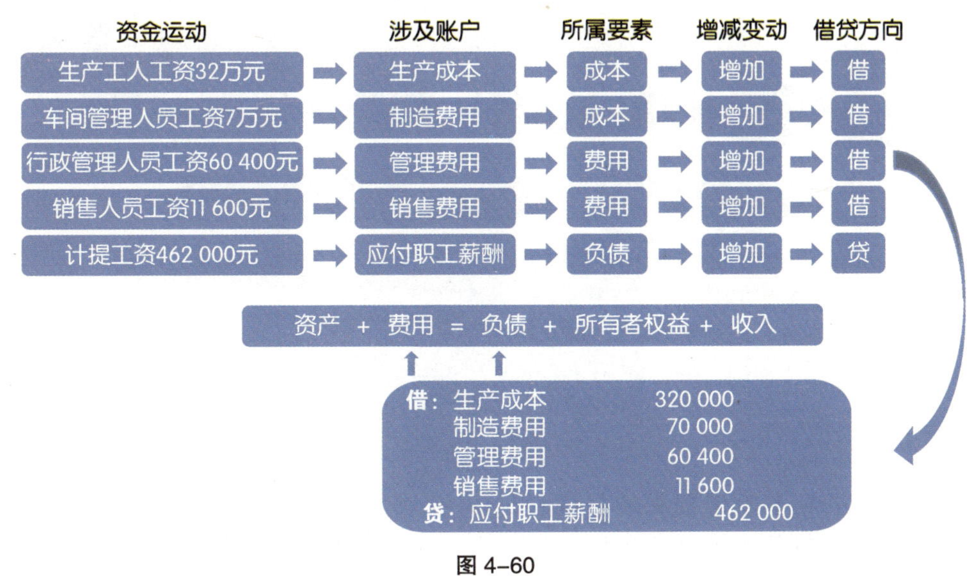


图 4-60

【例题 4-13】**发放工资**。承例题 4-12，乙公司用银行存款支付应付职工薪酬 462 000 元。该笔经济业务的分析如图 4-61 所示。

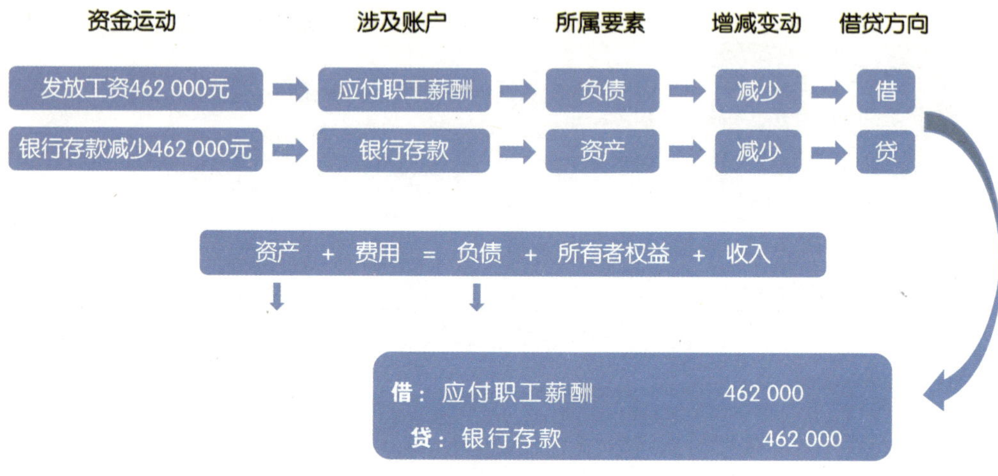


图 4-61

【例题 4-14】**制造费用的归集**。2018 年 10 月 31 日，甲公司计提本月固定资产折旧 42 000 元，其中生产车间折旧 28 000 元，行政管理部门折旧 11 000 元，专设销售机构折旧 3 000 元。该笔经济业务的分析如图 4-62 所示。

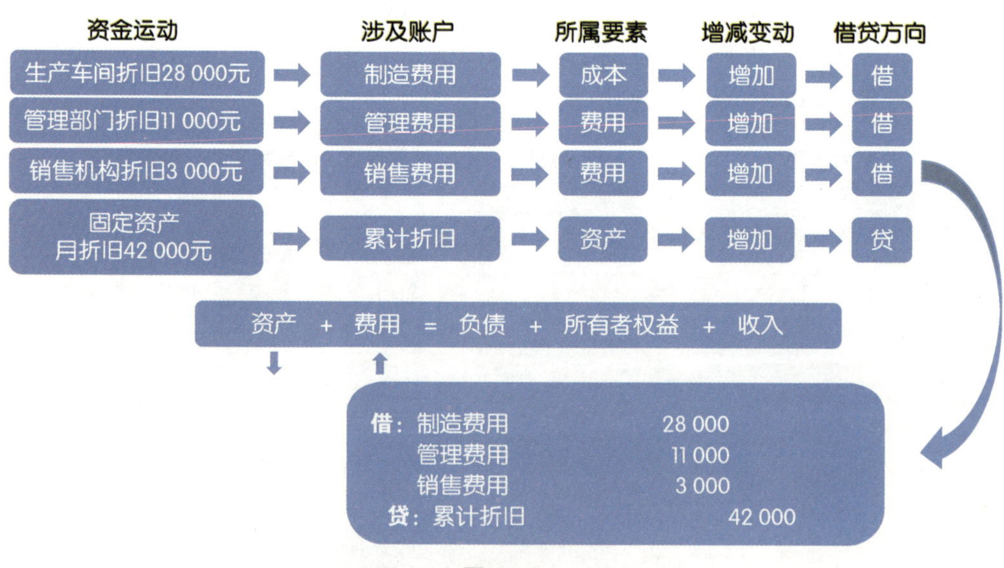


图 4-62

【例题 4-15】**制造费用的归集**。2018 年 10 月 31 日，甲公司以银行存款支付生产车间水电费 800 元。该笔经济业务的分析如图 4-63 所示。

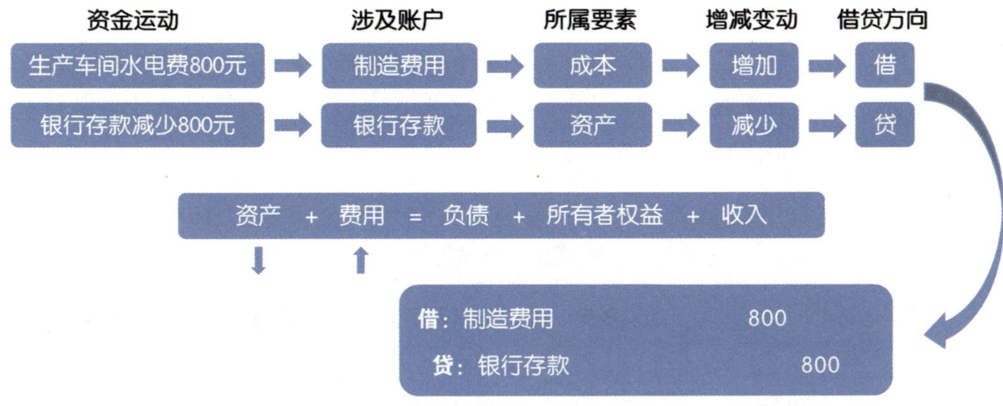

图 4–63

【例题 4–16】**制造费用的分配。** A 企业第一车间归集的本月制造费用总额为 500 000 元，该车间本月实际完成生产工人工时 50 000 小时，其中甲产品 30 000 小时，乙产品 20 000 小时。采用生产工人工时比例法分配制造费用。该笔经济业务的分析如图 4–64 所示，相关计算如下：

$$\text{制造费用分配率} = \frac{\text{本期发生的制造费用总和}}{\text{各产品的分配标准之和}}$$

$$= \frac{500\,000}{30\,000+20\,000} = 10\text{（元 / 小时）}$$

某产品分配的制造费用 = 制造费用分配率 × 该产品的分配量

甲产品应负担的制造费用 =30 000×10=300 000（元）

乙产品应负担的制造费用 =20 000×10=200 000（元）

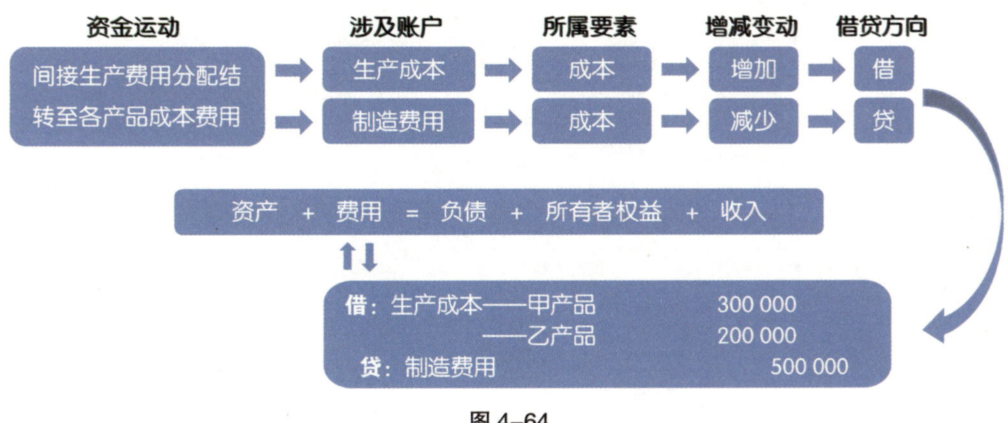

图 4–64

第四章 经济业务的账务处理

【例题 4-17】**完工产品生产成本的计算与结转。**丁企业只生产一种 A 产品，期末 A 产品全部完工，完工产量为 5 000 件，为生产 A 产品归集的材料成本为 100 970 元，人工成本为 42 032 元，制造费用为 22 632 元。该笔经济业务的分析如图 4-65 所示，相关计算如下：

归集到 A 产品的总成本 = 直接材料 + 直接人工 + 制造费用
=100 970+42 032+22 632=165 634（元）

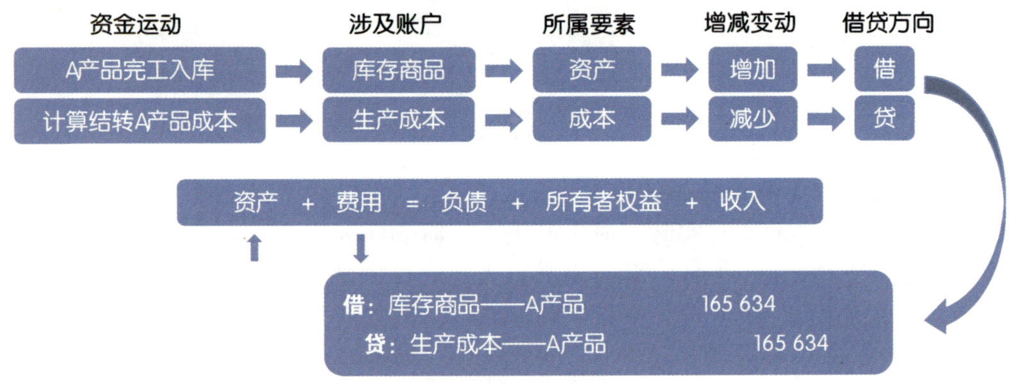


图 4-65

## （三）实务操作

【实务情景 4-8】2018 年 5 月 17 日，京州市新大风发动机制造厂本月投产汽油发动机 14 台，铸造车间领用原材料（喷油嘴）65 件，金额为 126 750 元。原始凭证如图 4-66 所示。

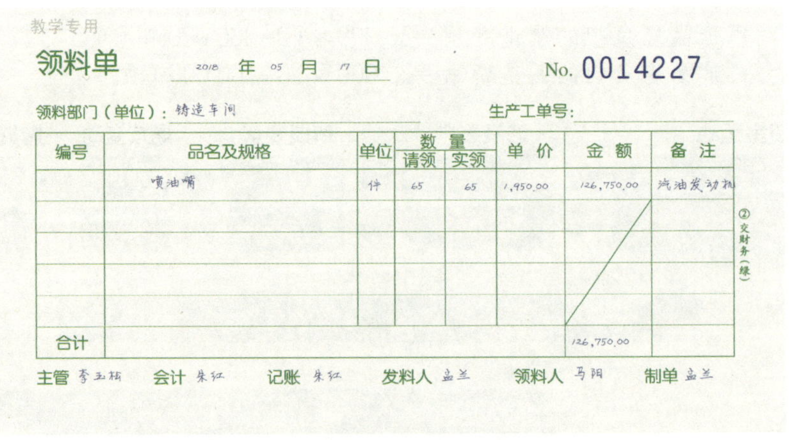

教学专用

**领料单** 2018 年 05 月 17 日 No. 0014227

领料部门（单位）：铸造车间　　生产工单号：

| 编号 | 品名及规格 | 单位 | 数量 请领 | 数量 实领 | 单价 | 金额 | 备注 |
|---|---|---|---|---|---|---|---|
| | 喷油嘴 | 件 | 65 | 65 | 1,950.00 | 126,750.00 | 汽油发动机 |
| | | | | | | | |
| | | | | | | | |
| | | | | | | | |
| | | | | | | | |
| 合计 | | | | | | 126,750.00 | |

主管 李玉梅　会计 朱红　记账 朱红　发料人 孟兰　领料人 马阳　制单 孟兰

②交财务（绿）

图 4-66

财务部门根据领料单编制如下会计分录：

借：生产成本——汽油发动机　　126 750

　　贷：原材料——喷油嘴　　126 750

【实务情景 4-9】2018 年 5 月 18 日，财务部门计提本月员工工资，其中：铸造车间（汽油发动机）工人工资为 36 373.33 元，铸造车间管理人员工资为 50 000 元，销售人员工资为 13 300 元，行政管理人员工资为 70 956.49 元。原始凭证如图 4-67 所示。

**工资计提表**

所属期限：2018 年 05 月　　单位：元

| 序号 | 姓名 | 所属部门 | 应发工资 | 减 | | | | | 计税工资 | 减 | 实发工资 |
|---|---|---|---|---|---|---|---|---|---|---|---|
| | | | | 养老保险 8% | 医疗保险 2% | 失业保险 0.5% | 公积金 8% | 社保和公积金小计（个人部分） | | 个人所得税 | |
| 1 | 郑快进 | 总经办 | 20 000 | 1 600 | 400 | 100 | 1 600 | 3 700 | 16 300 | 2 195 | 14 105 |
| 2 | 王伟 | 总经办 | 15 000 | 1 200 | 300 | 75 | 1 200 | 2 775 | 12 225 | 1 190 | 11 035 |
| 3 | 王晓琳 | 财务部 | 8 000 | 640 | 160 | 40 | 640 | 1 480 | 6 520 | 197 | 6 323 |
| 4 | 朱红 | 财务部 | 5 253.32 | 420.27 | 105.07 | 26.27 | 420.27 | 971.88 | 4 281.44 | 23.44 | 4 258 |
| 5 | 张燕 | 财务部 | 3 201.10 | 256.09 | 64.02 | 16.01 | 256.09 | 592.21 | 2 608.89 | 0 | 2 608.89 |
| 6 | 朱波 | 财务部 | 7 811 | 624.88 | 156.22 | 39.06 | 624.88 | 1 445.04 | 6 365.96 | 181.60 | 6 184.36 |
| 7 | 陈文 | 财务部 | 5 509 | 440.72 | 110.18 | 27.55 | 440.72 | 1 019.17 | 4 489.83 | 29.69 | 4 460.14 |
| 8 | 王昌强 | 财务部 | 6 182.07 | 494.57 | 123.64 | 30.91 | 494.57 | 1 143.69 | 5 038.38 | 48.84 | 4 989.54 |
| 小计 | | | 70 956.49 | 5 676.53 | 1 419.13 | 354.80 | 5 676.53 | 13 126.99 | 57 829.50 | 3 865.57 | 53 963.93 |
| 9 | 王倩 | 销售部 | 5 100 | 408 | 102 | 25.50 | 408 | 943.50 | 4 156.50 | 19.70 | 4 136.80 |
| 10 | 李林 | 销售部 | 4 700 | 376 | 94 | 23.50 | 376 | 869.50 | 3 830.50 | 9.92 | 3 820.58 |
| 11 | 王凯 | 销售部 | 3 500 | 280 | 70 | 17.50 | 280 | 647.50 | 2 852.50 | 0 | 2 852.50 |
| 小计 | | | 13 300 | 1 064 | 266 | 66.50 | 1 064 | 2 460.50 | 10 839.50 | 29.62 | 10 809.88 |
| 12 | 李玉松 | 铸造车间管理部 | 15 000 | 1 200 | 300 | 75 | 1 200 | 2 775 | 12 225 | 1 190 | 11 035 |
| 13 | 徐俊伟 | 铸造车间管理部 | 15 000 | 1 200 | 300 | 75 | 1 200 | 2 775 | 12 225 | 1 190 | 11 035 |
| 14 | 顾伟 | 铸造车间管理部 | 20 000 | 1 600 | 400 | 100 | 1 600 | 3 700 | 16 300 | 2 195 | 14 105 |
| 小计 | | | 50 000 | 4 000 | 1 000 | 250 | 4 000 | 9 250 | 40 750 | 4 575 | 36 175 |
| 15 | 马阳 | 铸造车间 | 4 172.36 | 333.79 | 83.45 | 20.86 | 333.79 | 771.89 | 3 400.47 | 0 | 3 400.47 |
| 16 | 张琳 | 铸造车间 | 2 927.13 | 234.17 | 58.54 | 14.64 | 234.17 | 541.52 | 2 385.61 | 0 | 2 385.61 |
| 17 | 蔡云烨 | 铸造车间 | 5 977.11 | 478.17 | 119.54 | 29.89 | 478.17 | 1 105.77 | 4 871.34 | 41.14 | 4 830.2 |
| 18 | 高一雯 | 铸造车间 | 3 552.79 | 284.22 | 71.06 | 17.76 | 284.22 | 657.26 | 2 895.53 | 0 | 2 895.53 |
| 19 | 杨涛 | 铸造车间 | 3 871 | 309.68 | 77.42 | 19.36 | 309.68 | 716.14 | 3 154.86 | 0 | 3 154.86 |
| 20 | 陆飞 | 铸造车间 | 3 900 | 312 | 78 | 19.50 | 312 | 721.50 | 3 178.50 | 0 | 3 178.50 |
| 21 | 徐旦波 | 铸造车间 | 4 700 | 376 | 94 | 23.50 | 376 | 869.50 | 3 830.50 | 9.92 | 3 820.58 |
| 22 | 王峰 | 铸造车间 | 2 665.89 | 213.27 | 53.32 | 13.33 | 213.27 | 493.19 | 2 172.70 | 0 | 2 172.70 |
| 23 | 李元明 | 铸造车间 | 2 113.41 | 169.07 | 42.27 | 10.57 | 169.07 | 390.98 | 1 722.43 | 0 | 1 722.43 |
| 24 | 孟兰 | 铸造车间 | 2 493.64 | 199.49 | 49.87 | 12.47 | 199.49 | 461.32 | 2 032.32 | 0 | 2 032.32 |
| 小计 | | | 36 373.33 | 2 909.86 | 727.47 | 181.88 | 2 909.86 | 6 729.07 | 29 644.26 | 51.06 | 29 593.20 |
| 总计 | | | 170 629.82 | 13 650.39 | 3 412.6 | 853.18 | 13 650.39 | 31 566.56 | 139 063.26 | 8 521.25 | 130 542.01 |

图 4-67

财务部门根据工资计提表编制如下会计分录：

借：生产成本——汽油发动机　　36 373.33
　　制造费用　　50 000.00
　　销售费用　　13 300.00
　　管理费用　　70 956.49
　贷：应付职工薪酬　　170 629.82

【实务情景 4-10】2018 年 5 月 20 日，出纳签发现金支票一张，从银行提取备用金 10 000 元。收到水费发票（增值税普通发票），不含税价款为 2 427.18 元，增值税为 72.82 元，价税合计 2 500 元，经审核，财务部门用现金付讫。根据用水量记录表计算得到：铸造车间用水 2 395.42 元，管理部门用水 104.58 元。原始凭证如图 4-68、图 4-69、图 4-70、图 4-71 所示。

中国银行
现金支票存根
36637102
7220848

附加信息

出票日期 2018 年 05 月 20 日

收款人：
京州市新大风发动机制造厂

金　额：¥10 000.00

用　途：备用金

单位主管 王晓琳 会计 朱红

上海证券印刷有限公司·2018印制

图 4-68



用水量记录表

| 使用部门 | 用水量（米³） |
| --- | --- |
| 铸造车间 | 481 |
| 厂部 | 21 |
| 合计 | 502 |

图 4-69

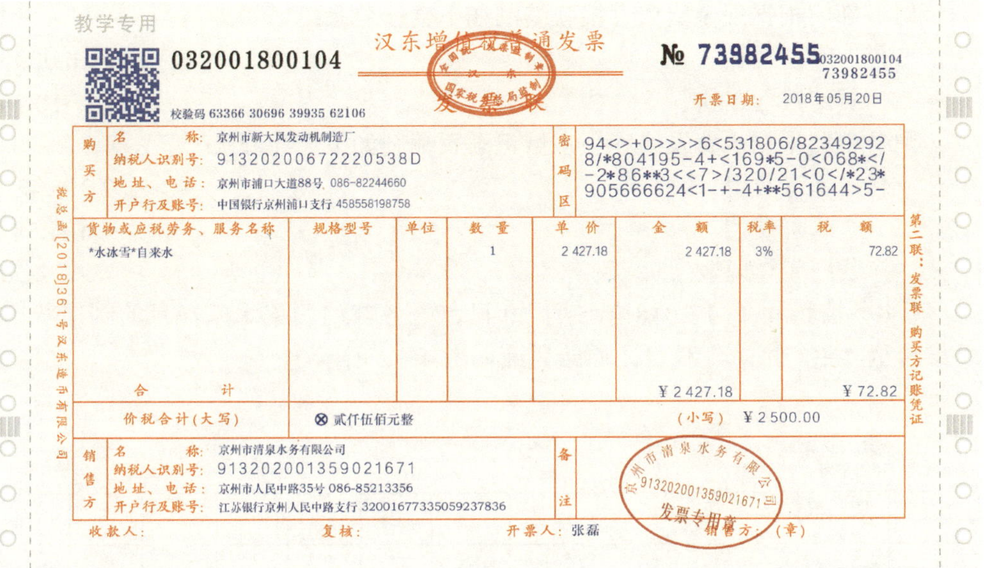

教学专用

032001800104　　**汉东增值税普通发票**　　№ 73982455　032001800104 73982455

发票联　　开票日期：2018年05月20日

校验码 63366 30696 39935 62106

| 购买方 | 名　　称：京州市新大风发动机制造厂<br>纳税人识别号：91320200672220538D<br>地址、电话：京州市浦口大道88号 086-82244660<br>开户行及账号：中国银行京州浦口支行 458558198758 | 密码区 | 94<>+0>>>>6<531806/82349292<br>8/*804195-4+<169*5-0<068*</<br>-2*86**3<<7>/320/21<0</*23*<br>905666624<1-+-4+**561644>5- |
|---|---|---|---|

| 货物或应税劳务、服务名称 | 规格型号 | 单位 | 数量 | 单价 | 金额 | 税率 | 税额 |
|---|---|---|---|---|---|---|---|
| *水冰雪*自来水 | | | 1 | 2 427.18 | 2 427.18 | 3% | 72.82 |
| 合　　计 | | | | | ¥2 427.18 | | ¥72.82 |
| 价税合计（大写） | ⊗贰仟伍佰元整 | | | | （小写）¥2 500.00 | | |

| 销售方 | 名　　称：京州市清泉水务有限公司<br>纳税人识别号：913202001359021671<br>地址、电话：京州市人民中路35号 086-85213356<br>开户行及账号：江苏银行京州人民中路支行 32001677335059237836 | 备注 | 京州市清泉水务有限公司 913202001359021671 发票专用章 |
|---|---|---|---|

收款人：　　复核：　　开票人：张磊　　销售方：（章）

第二联：发票联　购买方记账凭证

图 4–70

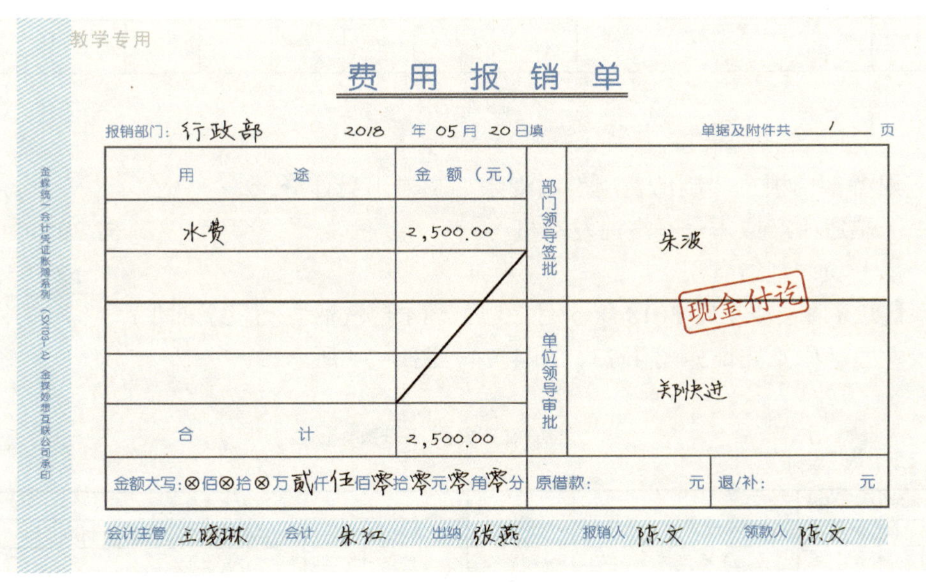

教学专用

**费　用　报　销　单**

报销部门：行政部　　2018 年 05 月 20 日填　　单据及附件共 1 页

| 用　　途 | 金额（元） | 部门领导签批 | 朱波 |
|---|---|---|---|
| 水费 | 2,500.00 | | |
| | | | 现金付讫 |
| | | 单位领导审批 | 郑快进 |
| 合　　计 | 2,500.00 | | |
| 金额大写：⊗佰⊗拾⊗万贰仟伍佰零拾零元零角零分 | | 原借款：　元 | 退/补：　元 |

会计主管 王晓琳　会计 朱红　出纳 张燕　报销人 陈文　领款人 陈文

图 4–71

财务部门根据现金支票存根联编制如下会计分录：

借：库存现金　10 000

贷：银行存款　10 000

财务部门根据水费发票和用水量记录表编制如下会计分录：

借：制造费用　2 395.42

管理费用　104.58

贷：库存现金　2 500

【实务情景 4-11】2018 年 5 月 20 日，财务部门归集本厂当月的制造费用，并结转至“生产成本”科目。原始凭证如图 4-72 所示。

教学专用

“制造费用”明细账

车间名称：铸造车间　　2018 年 05 月

| 2018 年 | | 凭证号数 | | 摘要 | 借方 | 工资 | 水费 | | | | | 合计 |
|---|---|---|---|---|---|---|---|---|---|---|---|---|
| 月 | 日 | 字 | 号 | | | | | | | | | |
| 05 | 18 | 记 | 9 | 计提工资 | 50,000.00 | 50,000.00 | | | | | | 50,000.00 |
| 05 | 20 | 记 | 10 | 水费 | 2,395.42 | | 2,395.42 | | | | | 2,395.42 |
| | | | | | | | | | | | | |
| | | | | | | | | | | | | |
| | | | | 合计 | 52,395.42 | | | | | | | 52,395.42 |

图 4-72

财务部门根据“制造费用”明细账编制如下会计分录：

借：生产成本——汽油发动机　52 395.42

贷：制造费用　52 395.42

【实务情景 4-12】2018 年 5 月 20 日，14 台汽油发动机全部生产完毕，并已验收入库。原始凭证如图 4-73、图 4-74、图 4-75 所示。

教学专用

“基本生产成本”明细账

产品名称：铸造车间

| 2018 年 | | 凭证号数 | | 摘要 | 借方 | 成本项目 | | |
|---|---|---|---|---|---|---|---|---|
| 月 | 日 | 字 | 号 | | | 直接材料 | 直接人工 | 制造费用 |
| 05 | 20 | 记 | 12 | 结转生产成本 | 215,518.75 | 126,750.00 | 36,373.33 | 52,395.42 |
| | | | | | | | | |
| | | | | | | | | |
| | | | | | | | | |

图 4-73

产品成本汇总表

单位名称：京州市新大风发动机制造厂　　　　单位：元

| 产品名称 | 成本 | 产量（件） | 直接材料 | 直接人工 | 制造费用 | 合计 |
|---|---|---|---|---|---|---|
| 汽油发动机 | 总成本 | 14 | 126,750.00 | 36,373.33 | 52,395.42 | 215,518.75 |
| | 单位成本 | | 9,053.57 | 2,598.10 | 3,742.53 | 15,394.20 |

图 4–74



入库单　2018 年 05 月 20 日　　No. 1455087

单位（部门）：铸造车间

| 货号 | 品名及规格 | 单位 | 数量 | 单价 | 金额 | 备注 |
|---|---|---|---|---|---|---|
| | 汽油发动机 | 台 | 14 | 15,394.20 | 215,518.75 | |
| | | | | | | |
| | | | | | | |
| | | | | | | |
| | | | | | | |
| 合计 | | | | | 215,518.75 | |

①存根（白）②记账（红）③回执（黄）

主管　会计　记账　保管　验收　制单 李玉松

图 4–75

财务部门根据入库单编制如下会计分录：

借：库存商品——汽油发动机　　215 518.75

　贷：生产成本——汽油发动机　　215 518.75

## 本节分录集合

**生产加工**

- 领用材料

  借：生产成本（车间生产产品）
  　　制造费用（车间管理部门一般耗用）
  　　管理费用（行政管理部门耗用）
  　　销售费用（销售部门耗用）
  　　其他业务成本（销售材料）
  　　在建工程（工程领用）
  　贷：原材料

- 职工薪酬的计提与发放

  借：生产成本（生产工人工资）
  　　制造费用（车间管理人员工资）
  　　管理费用（行政管理人员工资）
  　　销售费用（销售人员工资）
  　　在建工程（工程建设人员工资）
  　贷：应付职工薪酬——工资

  借：应付职工薪酬
  　贷：银行存款

- 制造费用的归集与分配

  借：制造费用
  　贷：银行存款/累计折旧/应付职工薪酬等

  借：生产成本
  　贷：制造费用

- 完工产品生产成本的计算与结转

  借：库存商品
  　贷：生产成本
  （完工产品生产成本＝期初在产品成本＋本期发生的生产费用－期末在产品成本）

# 第五节　销售收款

会计实务上的销售有广义和狭义之分。广义的销售是指企业与外部单位之间发生的所有买卖活动，包括对外提供的劳务和对外出售有形和无形资产等。狭义的销售则仅指企业库存商品的销售。商品销售业务是企业的主营业务，除商品销售以外的销售业务属于其他销售业务。本节讲解商品销售及其他销售业务内容。

## 一、商品销售

### （一）账户设置

企业通常设置以下账户对商品销售业务进行会计核算。

#### 1.“主营业务收入”账户

该账户用以核算企业确认的销售商品、提供劳务等主营业务的收入。账户结构如图 4-76 所示。

| 借方　　　　主营业务收入 | 贷方 |
|---|---|
| 期末转入“本年利润”账户的主营业务收入（按净额结转），以及发生销售退回和销售折让时应冲减本期的主营业务收入（表示减少） | 企业实现的主营业务收入（表示增加） |
| | 余额：无 |

图 4-76　“主营业务收入”账户

#### 2.“应收账款”账户

该账户用以核算企业因销售商品、提供劳务等经营活动应收取的款项。账户结构如图 4-77 所示。

| 借方　　　　应收账款 | 贷方 |
|---|---|
| 由于销售商品及提供劳务等发生的应收账款，包括应收取的价款、税款和代垫款等（表示增加） | 已经收回的应收账款（表示减少） |
| 余额：企业尚未收回的应收账款 | 余额：企业预收的账款 |

图 4-77　“应收账款”账户

### 3. "应收票据"账户

该账户用以核算企业因销售商品、提供劳务等而收到的商业汇票。账户结构如图 4-78 所示。

| 借方 | 应收票据 贷方 |
|---|---|
| 企业收到的应收票据<br>（表示增加） | 票据到期收回的款项<br>（表示减少） |
| 余额：企业持有的商业汇票的票面金额 | |

图 4-78 "应收票据"账户

### 4. "预收账款"账户

该账户用以核算企业按照合同规定预收的款项。预收账款情况不多的企业，也可以不设置该账户，将预收的款项直接记入"应收账款"账户的贷方。账户结构如图 4-79 所示。

| 借方 | 预收账款 贷方 |
|---|---|
| 销售实现时按实现的收入转销的预收款项等<br>（表示减少） | 企业向购货单位预收的款项等<br>（表示增加） |
| 余额：企业已转销但尚未收取的款项 | 余额：企业预收的款项 |

图 4-79 "预收账款"账户

### 5. "主营业务成本"账户

该账户用以核算企业确认销售商品、提供劳务等主营业务收入时应结转的成本。账户结构如图 4-80 所示。

| 借方 | 主营业务成本 贷方 |
|---|---|
| 主营业务发生的实际成本<br>（表示增加） | 期末转入"本年利润"账户的主营业务成本<br>（表示减少） |
| 余额：无 | |

图 4-80 "主营业务成本"账户

## （二）常见经济业务账务处理

【例题 4-18】**一般纳税人销售商品或提供劳务确认收入并结转成本。**甲公司（增值税一般纳税人）于 2018 年 8 月 1 日向乙公司销售商品一批，货款为 1 000 000 元，款项尚未收到，已办妥托收手续，适用的增值税税率为 16%，该批产品的成本为 800 000 元。该笔经济业务的核算分两步，即确认收入和结转成本，确认收入的分析如图 4-81 所示，结转成本的分析如图 4-82 所示。

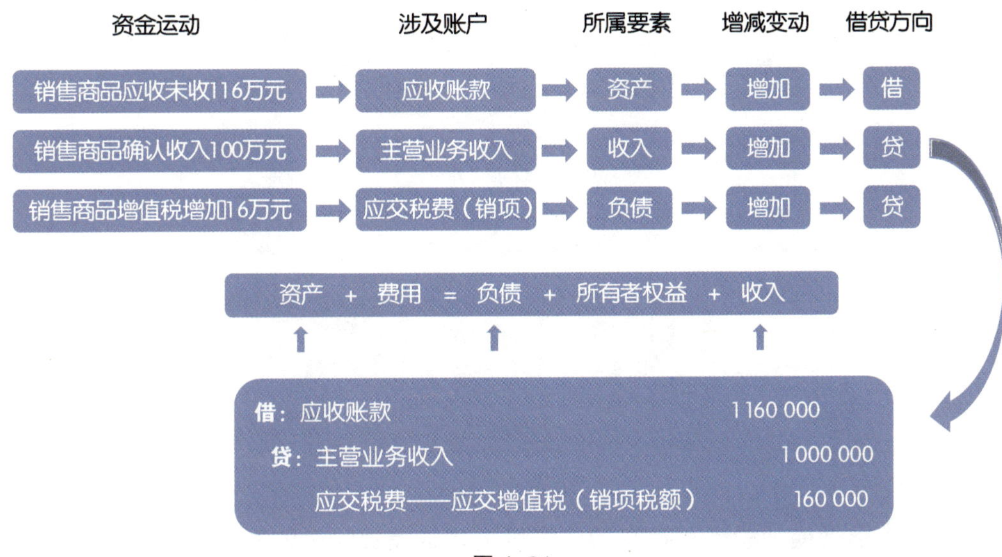


图 4-81

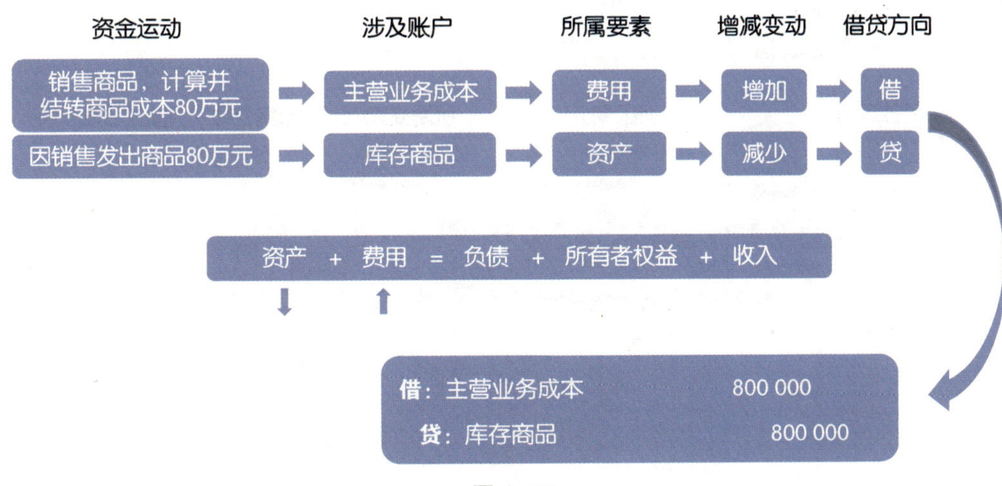


图 4-82

【例题 4-19】**小规模纳税人销售商品或提供劳务确认收入并结转成本。**2018

第四章 经济业务的账务处理

年 10 月 25 日，A 公司（小规模纳税人）销售商品一批，发票金额为 30 900 元（含税），适用的增值税征收率为 3%，款项已收存银行，该批商品成本为 20 000 元。该笔经济业务的核算分两步，即确认收入和结转成本，确认收入的分析如图 4-83 所示，结转成本的分析如图 4-84 所示。相关计算如下：

不含增值税售价 =30 900÷（1+3%）=300 000（元）
应交增值税 =30 000×3%=900（元）

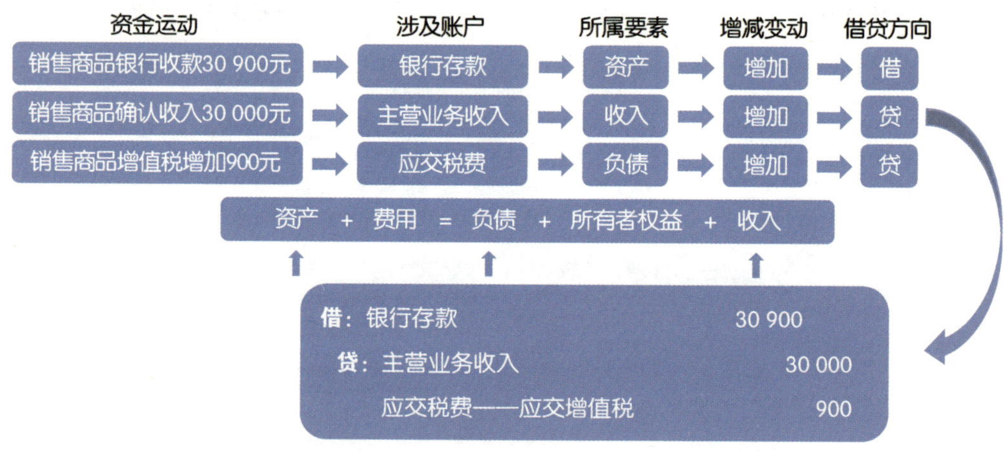


图 4-83

【注】小规模纳税人不存在增值税可抵扣的情况。采购时，取得的增值税专用发票上注明的增值税应计入相关成本费用或资产，不通过“应交税费——应交增值税”科目核算。销售时，通过征收率计算出需要缴纳的税款，直接记入“应交税费——应交增值税”科目的贷方即可。

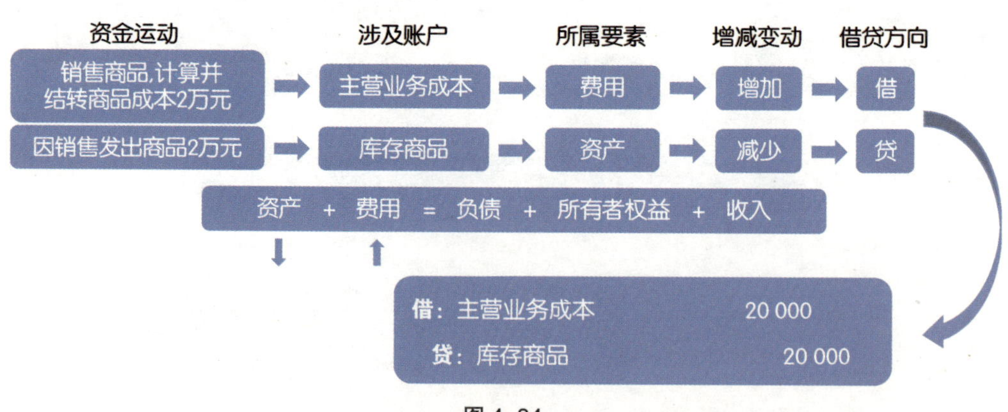


图 4-84

## （三）实务操作

【实务情景 4-13】2018 年 5 月 23 日，京州市新大风发动机制造厂销售给京州中知汽车制造厂汽油发动机 14 台，不含税价款为 280 000 元，增值税为 44 800 元，款项已到账。原始凭证如图 4-85、图 4-86 所示。

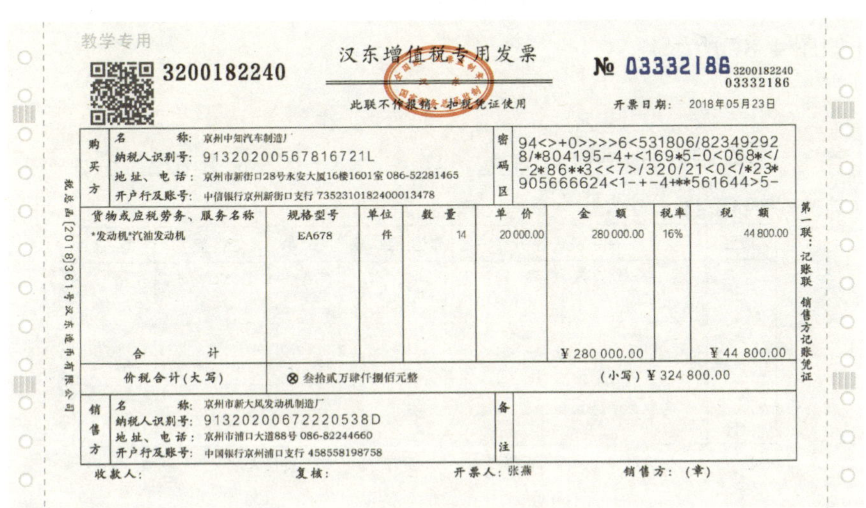

教学专用

3200182240　　汉东增值税专用发票　　№ 03332186　3200182240 03332186

此联不作报销、扣税凭证使用　　开票日期：2018年05月23日

| 购买方 | 名称：京州中知汽车制造厂<br>纳税人识别号：91320200567816721L<br>地址、电话：京州市新街口28号永安大厦16楼1601室 086-52281465<br>开户行及账号：中信银行京州新街口支行 7352310182400013478 | 密码区 | 94<>+0>>>>6<531806/82349292<br>8/*804195-4+<169*5-0<068*</<br>-2*86**3<<7>/320/21<0</*23*<br>905666624<1-+-4+**561644>5- |
|---|---|---|---|

| 货物或应税劳务、服务名称 | 规格型号 | 单位 | 数量 | 单价 | 金额 | 税率 | 税额 |
|---|---|---|---|---|---|---|---|
| *发动机*汽油发动机 | EA678 | 件 | 14 | 20 000.00 | 280 000.00 | 16% | 44 800.00 |
| 合计 | | | | | ¥ 280 000.00 | | ¥ 44 800.00 |
| 价税合计（大写） | ⊗叁拾贰万肆仟捌佰元整 | | | | （小写）¥ 324 800.00 | | |

| 销售方 | 名称：京州市新大风发动机制造厂<br>纳税人识别号：91320200672220538D<br>地址、电话：京州市浦口大道88号 086-82244660<br>开户行及账号：中国银行京州浦口支行 458558198758 | 备注 | |
|---|---|---|---|

收款人：　　复核：　　开票人：张燕　　销售方：（章）

第一联：记账联　销售方记账凭证

税总函［2018］361号汉东造币有限公司

图 4-85

教学专用

中国银行 BANK OF CHINA　　国内支付业务收款回单

客户号：150347939　　日期：2018年05月23日

收款人账号：458558198758　　付款人账号：7352310182400013478

收款人名称：京州市新大风发动机制造厂　　付款人名称：京州中知汽车制造厂

收款人开户行：中国银行京州浦口支行　　付款人开户行：中信银行京州新街口支行

金额：CNY324, 800.00

人民币叁拾贰万肆仟捌佰元整

报文种类：beps. 121. 001. 01-客户发起普通贷记业务报文　　收文申报号：

业务类型：A100-普通汇兑　　业务编号：

业务标识号：2018052340026925　　接收行行号：104302046303

发起行行号：402335010001　　接收行名称：中国银行股份有限公司京州浦口支行

发起行名称：中信银行京州新街口支行

入账账号：458558198758　　入账户名：京州市新大风发动机制造厂

用途：

附言：货款（网银转账，有误即退）

中国银行股份有限公司 电子回单专用章

如您已通过银行网点取得相应纸质回单，请注意核对，勿重复记账！

交易机构：06293　交易渠道：其他　交易流水号：170575735-583　经办：

回单编号：2018052337314303　回单验证码：242K3LFR7R87　打印时间：　打印次数：　次

图 4-86

财务部门根据销售发票和银行回单编制如下会计分录：

借：银行存款　　324 800

　贷：主营业务收入　　280 000

　　　应交税费——应交增值税（销项税额）　　44 800

【实务情景 4-14】2018 年 5 月 23 日，结转 14 台汽油发动机的销售成本。原始凭证如图 4-87 所示。

教学专用

出库单　　2018 年 05 月 23 日　　No. 0808976

单位（部门）：铸造车间

| 货号 | 品名及规格 | 单位 | 数量 | 单价 | 金额 | 备注 |
|---|---|---|---|---|---|---|
| | 汽油发动机 | 台 | 14 | 15,394.20 | 215,518.75 | |
| | | | | | | |
| | | | | | | |
| | | | | | | |
| | | | | | | |
| 合计 | | | | | 215,518.75 | |

①存根（白）②记账（红）③回执（黄）

主管　会计　记账　保管　提货人　制单 李玉松

图 4-87

财务部门根据出库单编制如下会计分录：

借：主营业务成本　　215 518.75

　贷：库存商品——汽油发动机　　215 518.75

## 二、其他销售

### （一）账户设置

企业通常设置以下账户对其他销售业务进行会计核算。

#### 1.“其他业务收入”账户

该账户用以核算企业确认的除主营业务活动以外的其他经营活动实现的收入，包括出租固定资产、出租无形资产、出租包装物和商品、销售材料等。账户结构如图 4-88 所示。

| 借方　　其他业务收入 | 贷方 |
|---|---|
| 期末转入“本年利润”账户的其他业务收入<br>（表示减少） | 企业实现的其他业务收入<br>（表示增加） |
| | 余额：无 |

图 4-88　“其他业务收入”账户

### 2.“其他业务成本”账户

该账户用以核算企业确认的除主营业务活动以外的其他经营活动所发生的成本，包括销售材料的成本、出租固定资产的折旧额、出租无形资产的摊销额、出租包装物的成本或摊销额等。账户结构如图 4-89 所示。

| 借方 | 其他业务成本 贷方 |
|---|---|
| 其他业务支出额（表示增加） | 期末转入“本年利润”账户的其他业务支出额（表示减少） |
| 余额：无 | |

图 4-89 “其他业务成本”账户

### （二）常见经济业务账务处理

【例题 4-20】**销售材料确认收入并结转成本。**A 公司（增值税一般纳税人）销售一批原材料，开出增值税专用发票上注明的售价为 10 000 元，增值税为 1 600 元，款项已由银行收妥。该批材料的实际成本为 8 500 元。该笔经济业务的核算分两步，即确认收入和结转成本，确认收入的分析如图 4-90 所示，结转成本的分析如图 4-91 所示。

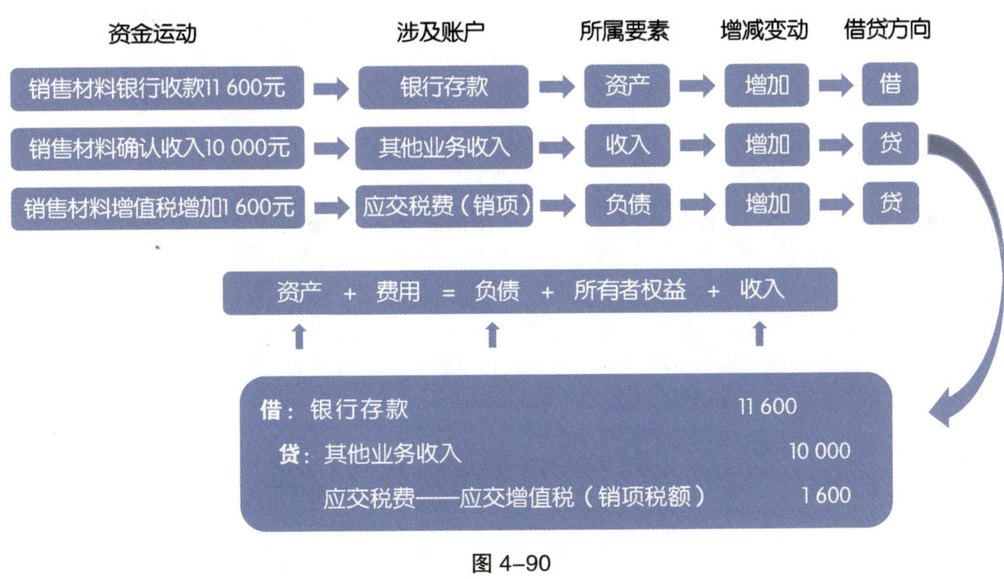


图 4-90

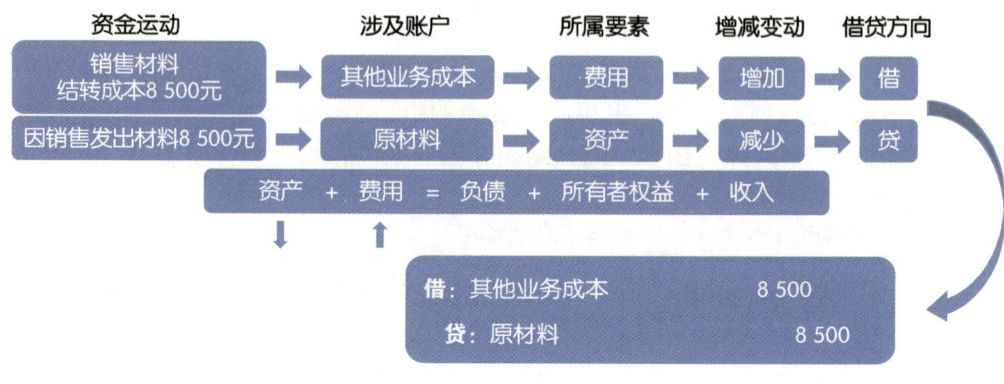


图 4–91

【例题 4-21】**让渡资产使用权确认收入并结转成本。**2018 年 10 月 31 日，甲公司收到出租厂房租金 18 000 元，存入银行；同时计提出租厂房的折旧费 6 000 元（假定不考虑增值税）。该笔经济业务的分析如图 4–92、图 4–93 所示。

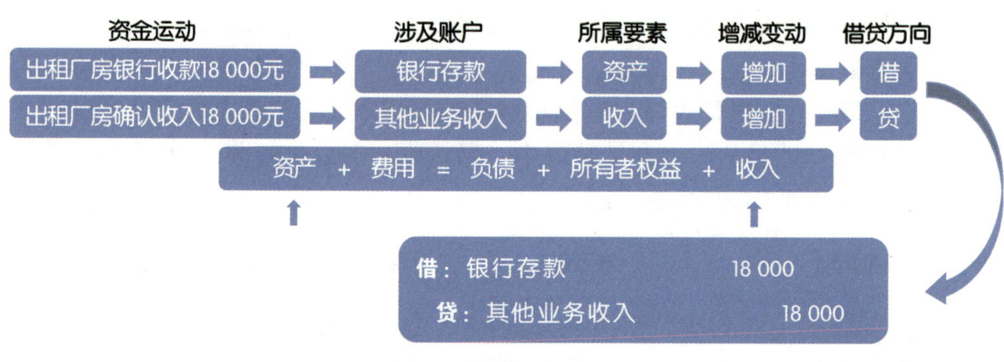


图 4–92

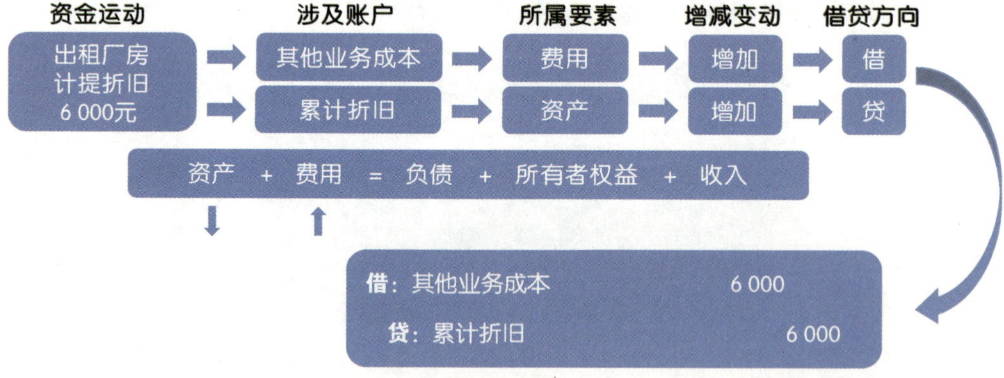


图 4–93

## （三）实务操作

【实务情景 4-15】2018 年 5 月 23 日，京州市新大风发动机制造厂销售给京州方圆汽车制造厂 180 件缸体，不含税销售额为 144 000 元，增值税为 23 040 元，款项尚未到账。原始凭证如图 4-94、图 4-95 所示。

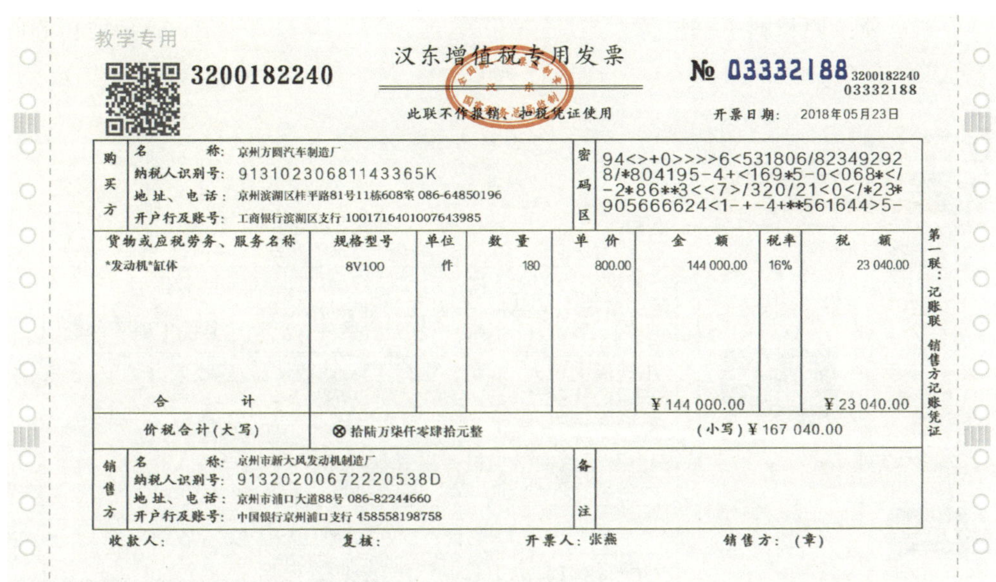

教学专用

汉东增值税专用发票

3200182240　　№ 03332188　3200182240　03332188

此联不作报销、扣税凭证使用　　开票日期：2018年05月23日

| 购买方 | 名　称：京州方圆汽车制造厂<br>纳税人识别号：91310230681143365K<br>地址、电话：京州滨湖区桂平路81号11栋608室 086-64850196<br>开户行及账号：工商银行滨湖区支行 1001716401007643985 | 密码区 | 94<>+0>>>>6<531806/82349292<br>8/*804195-4+<169*5-0<068*</<br>-2*86**3<<7>/320/21<0</*23*<br>905666624<1-+-4+**561644>5- |
|---|---|---|---|

| 货物或应税劳务、服务名称 | 规格型号 | 单位 | 数量 | 单价 | 金额 | 税率 | 税额 |
|---|---|---|---|---|---|---|---|
| *发动机*缸体 | 8V100 | 件 | 180 | 800.00 | 144 000.00 | 16% | 23 040.00 |
| 合　计 | | | | | ¥144 000.00 | | ¥23 040.00 |
| 价税合计（大写） | ⊗拾陆万柒仟零肆拾元整 | | | | （小写）¥167 040.00 | | |

| 销售方 | 名　称：京州市新大风发动机制造厂<br>纳税人识别号：91320200672220538D<br>地址、电话：京州市浦口大道88号 086-82244660<br>开户行及账号：中国银行京州浦口支行 458558198758 | 备注 | |
|---|---|---|---|

收款人：　　复核：　　开票人：张燕　　销售方：（章）

第一联：记账联　销售方记账凭证

图 4-94

教学专用

**出库单**　2018 年 05 月 23 日　　No. 0808977

单位（部门）：铸造车间

| 货号 | 品名及规格 | 单位 | 数量 | 单价 | 金额 | 备注 |
|---|---|---|---|---|---|---|
| | 缸体 | 件 | 180 | 650.00 | 117,000.00 | |
| | | | | | | |
| | | | | | | |
| | | | | | | |
| | | | | | | |
| 合计 | | | | | 117,000.00 | |

①存根（白）②记账（红）③回执（黄）

主管　　会计　　记账　　保管　　提货人　　制单 李玉松

图 4-95

财务部门根据上述原始凭证确认收入、结转成本，编制如下会计分录：

借：应收账款——京州方圆汽车制造厂　　167 040
　贷：其他业务收入　　144 000
　　　应交税费——应交增值税（销项税额）　　23 040

借：其他业务成本　　117 000
　贷：原材料——缸体　　117 000

本节分录集合

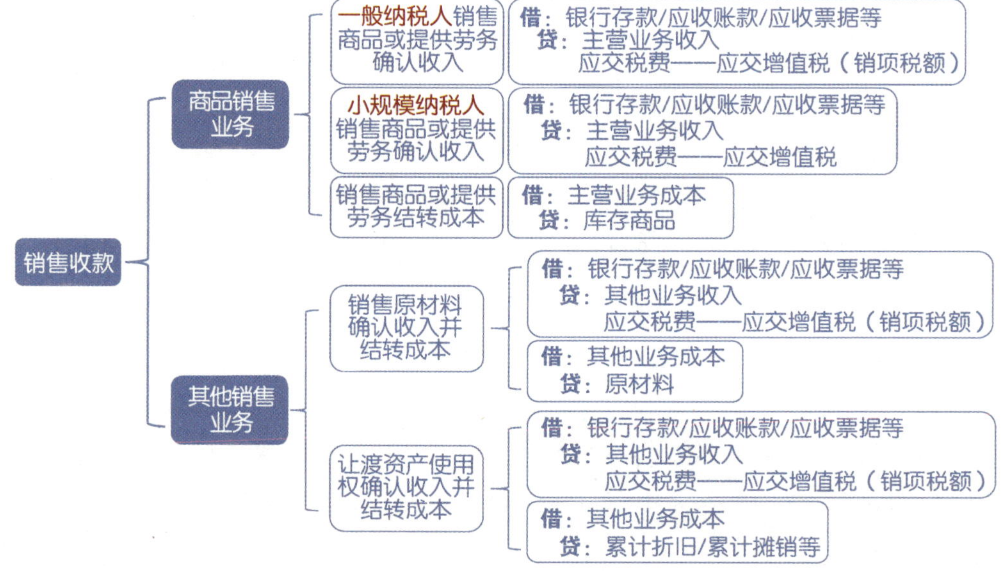


## 第六节　期间费用

前面讲解生产加工业务时，涉及的成本费用可以直接计入或间接分配到各产品中。本节讲解的期间费用是指不能直接归属于某个特定产品成本的费用，也就是难以判定其所归属的产品，因而不能列入产品制造成本，应在发生的当期直接计入当期损益，包括材料费、工资薪金、折旧费、修理费、差旅费、展览费、广告费、业

务招待费、运输费、包装费、办公费、利息费用等。上述费用按照发生的环节、用途并结合重要性原则，可划分为管理费用、销售费用、财务费用三大类。

## 一、三大期间费用

### （一）管理费用

管理费用是指企业行政管理部门为组织管理企业的生产经营活动而发生的各种费用。管理费用主要包括企业在筹建期间发生的开办费、董事会和行政管理部门在企业的经营管理中发生的或者应由企业统一负担的公司经费（包括行政管理部门职工薪酬、修理费、物料消耗、低值易耗品摊销、办公费和差旅费等）、董事会会费（包括董事会成员津贴、会议费和差旅费）、聘请中介机构费、咨询费（含顾问费）、诉讼费、业务招待费、企业生产车间（部门）和行政管理部门发生的固定资产修理费用等后续支出。

### （二）销售费用

销售费用是指在销售过程中发生的除主营业务成本和其他业务成本以外的其他费用。销售费用包括保险费、包装费、展览费和广告费、商品维修费、预计产品质量保证损失、运输费、装卸费以及为销售本企业商品而专设的销售机构（含销售网点、售后服务网点等）的职工薪酬、业务费、折旧费，企业发生的与专设销售机构相关的固定资产修理费用等后续支出。

### （三）财务费用

财务费用是指企业为筹集生产经营所需资金等而发生的筹资费用。财务费用包括利息支出（减利息收入）、汇兑损益、手续费支出等。

## 二、期间费用的账务处理

### （一）账户设置

企业通常设置以下账户对费用支出进行会计核算。

1.“管理费用”账户

该账户用以核算企业为组织和管理企业生产经营所发生的各种费用。账户结构如图 4-96 所示。

| 借方 | 管理费用　贷方 |
|---|---|
| 发生的各项管理费用<br>（表示增加） | 期末转入“本年利润”账户的管理费用<br>（表示减少） |
| 余额：无 | |

图 4-96　“管理费用”账户

### 2.“销售费用”账户

该账户用以核算企业发生的各项为达到销售目的而发生的费用。账户结构如图 4-97 所示。

| 借方 | 销售费用 贷方 |
| --- | --- |
| 发生的各项销售费用<br>（表示增加） | 期末转入“本年利润”账户的销售费用<br>（表示减少） |
| 余额：无 | |

图 4-97 “销售费用”账户

### 3.“财务费用”账户

该账户用以核算企业筹集资金或资金运转过程中发生的各项费用。账户结构如图 4-98 所示。

| 借方 | 财务费用 贷方 |
| --- | --- |
| 发生的各项财务费用<br>（表示增加） | 期末转入“本年利润”账户的财务费用<br>（表示减少） |
| 余额：无 | |

图 4-98 “财务费用”账户

## （二）常见经济业务账务处理

【例题 4-22】**管理费用（业务招待费）的处理。**某企业用库存现金支付总经办发生的业务招待费 1 000 元。该笔经济业务的分析如图 4-99 所示。

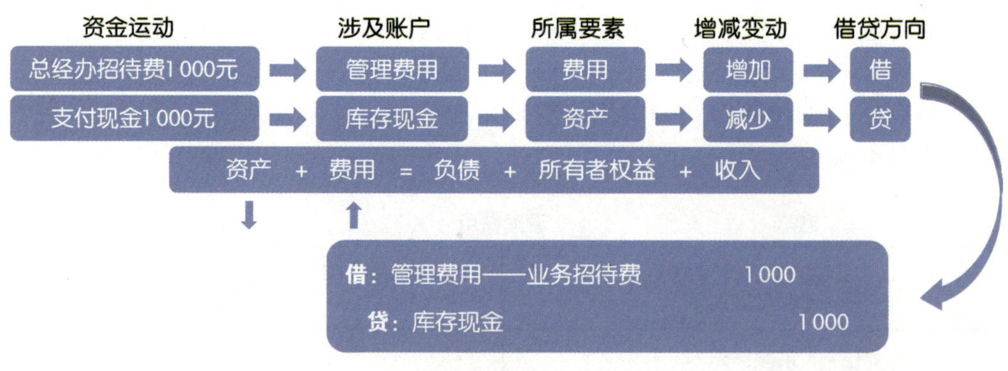


图 4-99

【例题 4-23】**管理费用（折旧费）的处理**。某企业计提本月办公用房的折旧费 1 600 元。该笔经济业务的分析如图 4-100 所示。

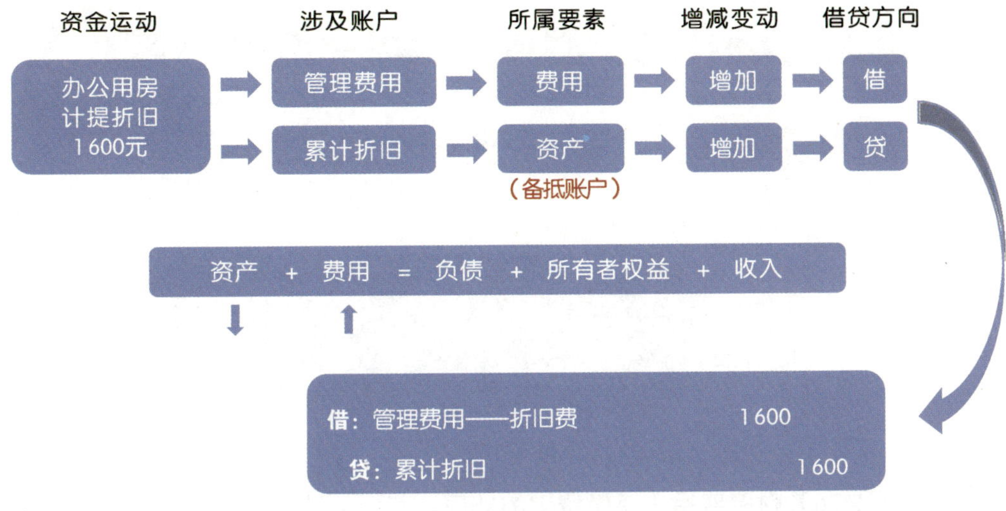


图 4-100

【例题 4-24】**管理费用（咨询费）的处理**。某企业 2018 年 10 月 5 日就一项产品的设计方案向有关专家进行咨询，以现金支付咨询费 30 000 元。该笔经济业务的分析如图 4-101 所示。

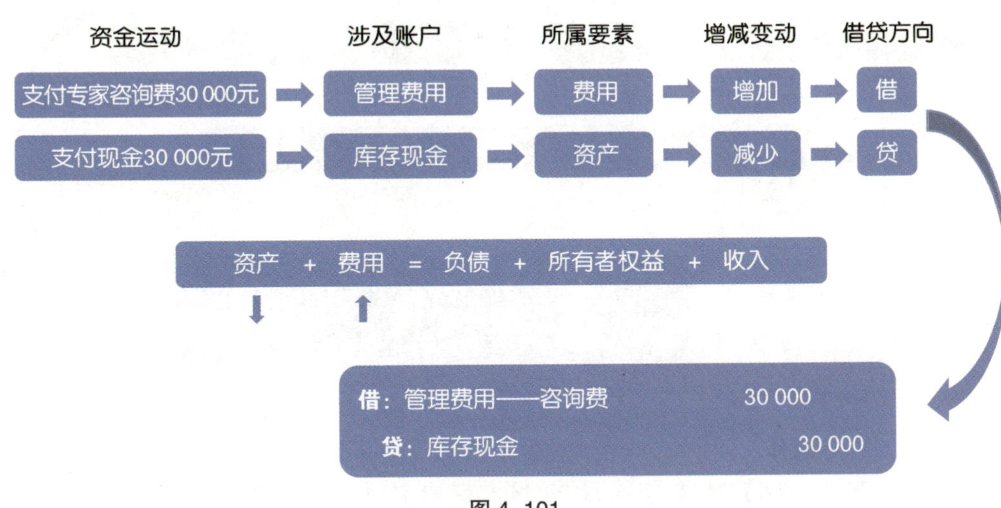


图 4-101

【例题 4-25】**销售费用（运输装卸费）的处理**。某公司 2018 年 10 月 12 日销售一批产品，销售过程中发生运输费 5 000 元、装卸费 2 000 元，均用银行存款支付，暂不考虑相关税费。该笔经济业务的分析如图 4-102 所示。

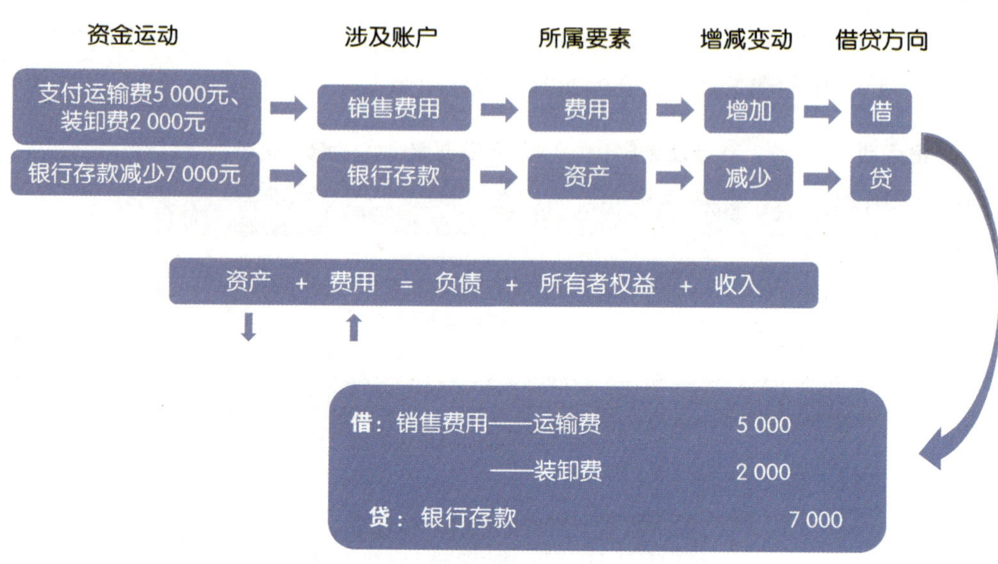


图 4-102

【例题 4-26】**财务费用（手续费）的处理**。某企业转账支付金融机构手续费 1 000 元。该笔经济业务的分析如图 4-103 所示。

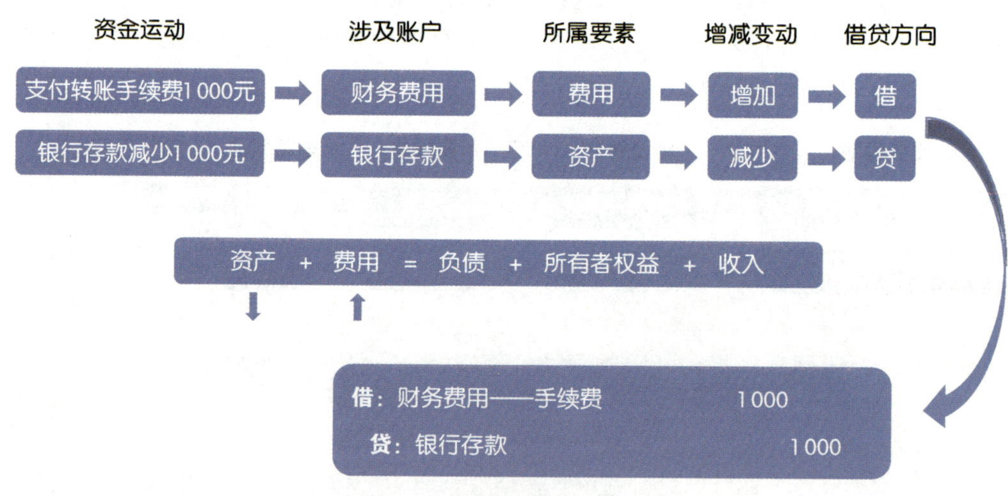


图 4-103

### （三）实务操作

【实务情景 4-16】2018 年 5 月 24 日，京州市新大风发动机制造厂收到百度推广的增值税专用发票，不含税金额为 9 433.96 元，增值税为 566.04 元，财务部门收到发票确认无误后支付款项。原始凭证如图 4-104、图 4-105、图 4-106、图 4-107 所示。

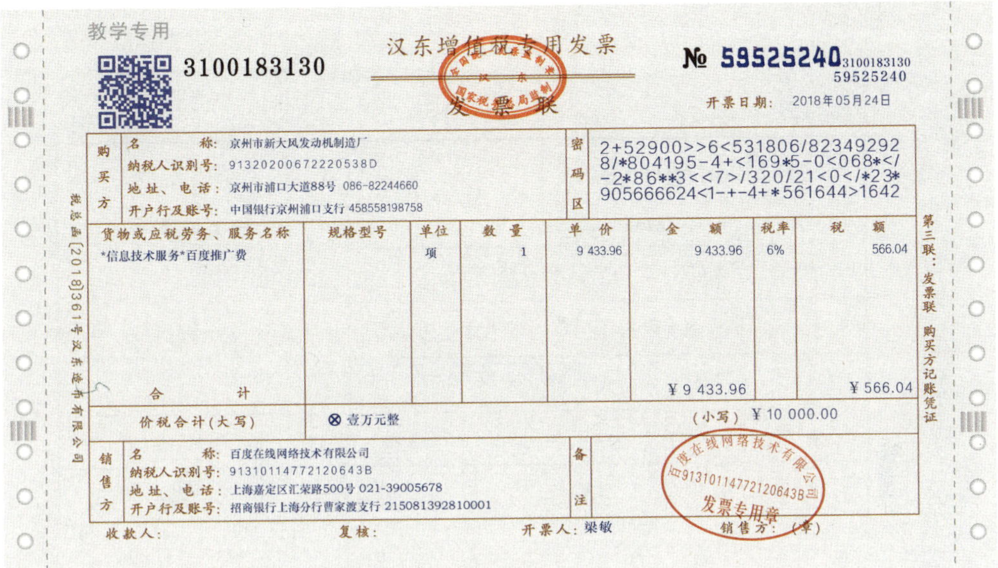

教学专用

3100183130

汉东增值税专用发票

发票联

№ 59525240 3100183130 59525240

开票日期：2018年05月24日

| 购买方 | 名称：京州市新大风发动机制造厂<br>纳税人识别号：91320200672220538D<br>地址、电话：京州市浦口大道88号 086-82244660<br>开户行及账号：中国银行京州浦口支行 458558198758 | 密码区 | 2+52900>>6<531806/82349292<br>8/*804195-4+<169*5-0<068*</<br>-2*86**3<<7>/320/21<0</*23*<br>905666624<1-+-4+*561644>1642 |
|---|---|---|---|

| 货物或应税劳务、服务名称 | 规格型号 | 单位 | 数量 | 单价 | 金额 | 税率 | 税额 |
|---|---|---|---|---|---|---|---|
| *信息技术服务*百度推广费 | | 项 | 1 | 9 433.96 | 9 433.96 | 6% | 566.04 |
| 合计 | | | | | ¥9 433.96 | | ¥566.04 |
| 价税合计（大写） | ⊗壹万元整 | | | | （小写）¥10 000.00 | | |

| 销售方 | 名称：百度在线网络技术有限公司<br>纳税人识别号：91310114772120643B<br>地址、电话：上海嘉定区汇荣路500号 021-39005678<br>开户行及账号：招商银行上海分行曹家渡支行 215081392810001 | 备注 | |
|---|---|---|---|

收款人：　　复核：　　开票人：梁敏　　销售方：（章）

税总函[2018]361号汉东造币有限公司

第三联：发票联 购买方记账凭证

百度在线网络技术有限公司 91310114772120643B 发票专用章

图 4-104

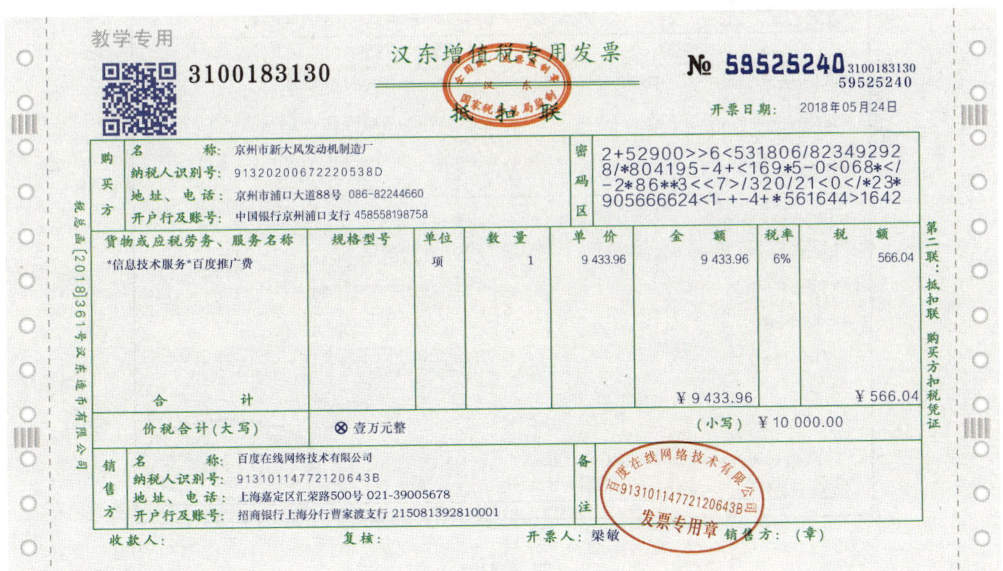

教学专用

3100183130

汉东增值税专用发票

抵扣联

№ 59525240 3100183130 59525240

开票日期：2018年05月24日

| 购买方 | 名称：京州市新大风发动机制造厂<br>纳税人识别号：91320200672220538D<br>地址、电话：京州市浦口大道88号 086-82244660<br>开户行及账号：中国银行京州浦口支行 458558198758 | 密码区 | 2+52900>>6<531806/82349292<br>8/*804195-4+<169*5-0<068*</<br>-2*86**3<<7>/320/21<0</*23*<br>905666624<1-+-4+*561644>1642 |
|---|---|---|---|

| 货物或应税劳务、服务名称 | 规格型号 | 单位 | 数量 | 单价 | 金额 | 税率 | 税额 |
|---|---|---|---|---|---|---|---|
| *信息技术服务*百度推广费 | | 项 | 1 | 9 433.96 | 9 433.96 | 6% | 566.04 |
| 合计 | | | | | ¥9 433.96 | | ¥566.04 |
| 价税合计（大写） | ⊗壹万元整 | | | | （小写）¥10 000.00 | | |

| 销售方 | 名称：百度在线网络技术有限公司<br>纳税人识别号：91310114772120643B<br>地址、电话：上海嘉定区汇荣路500号 021-39005678<br>开户行及账号：招商银行上海分行曹家渡支行 215081392810001 | 备注 | |
|---|---|---|---|

收款人：　　复核：　　开票人：梁敏　　销售方：（章）

税总函[2018]361号汉东造币有限公司

第二联：抵扣联 购买方扣税凭证

百度在线网络技术有限公司 91310114772120643B 发票专用章

图 4-105

教学专用

# 付款申请单

申请部门：销售部　　2018 年 05 月 24 日　　编　号：000005

| 收款单位 | 百度在线网络技术有限公司 | | 付款原因 |
|---|---|---|---|
| 银行账号 | 21508139281000l | | 技术服务费 |
| 开户行 | 招商银行上海分行曹家渡支行 | | |
| 金额 | ⊗佰⊗拾壹万零仟零佰零拾零元零角零分 | | |
| 用款方式 | 转账 | ¥ 10,000.00 | |

| 单位领导 | 财务主管 | 部门主管 | 经办人 |
|---|---|---|---|
| 郑快进 | 王晓琳 | 王倩 | 李林 |

图 4–106

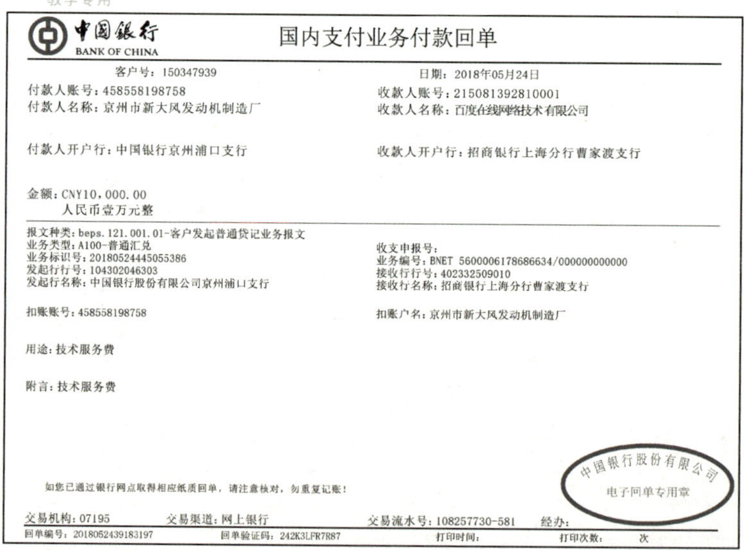
教学专用

中国银行 BANK OF CHINA　　国内支付业务付款回单

客户号：150347939　　日期：2018年05月24日

付款人账号：458558198758　　收款人账号：215081392810001

付款人名称：京州市新大风发动机制造厂　　收款人名称：百度在线网络技术有限公司

付款人开户行：中国银行京州浦口支行　　收款人开户行：招商银行上海分行曹家渡支行

金额：CNY10,000.00
人民币壹万元整

报文种类：beps.121.001.01-客户发起普通贷记业务报文
业务类型：A100-普通汇兑
业务标识号：20180524445055386
发起行行号：104302046303
发起行名称：中国银行股份有限公司京州浦口支行

收支申报号：
业务编号：BNET 5600006178686634/000000000000
接收行行号：402332509010
接收行名称：招商银行上海分行曹家渡支行

扣账账号：458558198758　　扣账户名：京州市新大风发动机制造厂

用途：技术服务费

附言：技术服务费

如您已通过银行网点取得相应纸质回单，请注意核对，勿重复记账！

中国银行股份有限公司 电子回单专用章

交易机构：07195　交易渠道：网上银行　交易流水号：108257730-581　经办：

回单编号：2018052439183197　回单验证码：242K3LFR7R87　打印时间：　打印次数：　次

图 4–107

财务部门根据上述原始凭证编制如下会计分录：

借：销售费用　　9 433.96

　　应交税费——应交增值税（进项税额）　　566.04

贷：银行存款　　10 000

【实务情景 4-17】2018 年 5 月 25 日，京州市新大风发动机制造厂收到顺丰快递的发票，不含税金额为 689.62 元，增值税为 41.38 元，财务部门确认无误后以现金支付。原始凭证如图 4-108、图 4-109、图 4-110 所示。

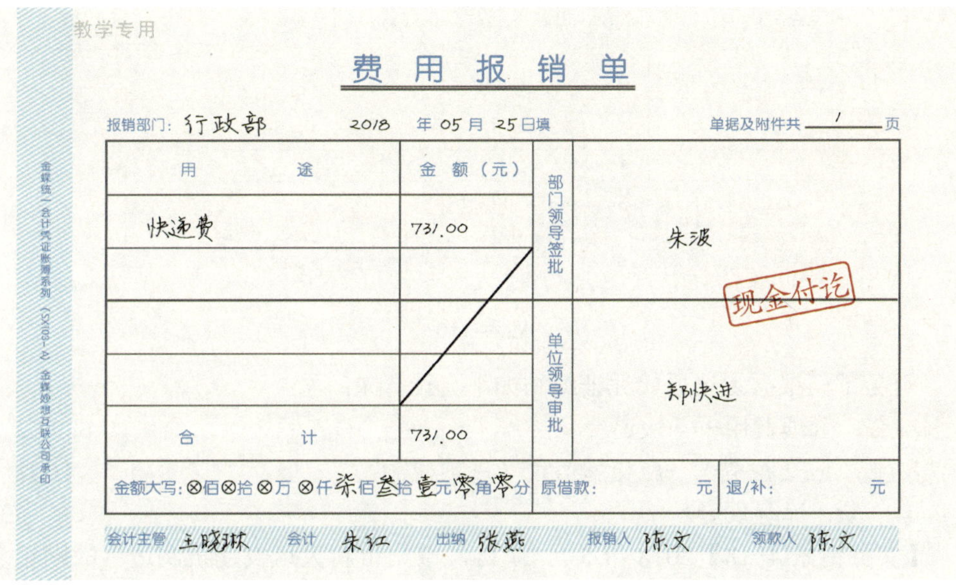

教学专用

费用报销单

报销部门：行政部　　2018 年 05 月 25 日填　　单据及附件共 1 页

| 用途 | 金额（元） | | |
|---|---|---|---|
| 快递费 | 731.00 | 部门领导签批 | 朱波 |
| | | | 现金付讫 |
| | | 单位领导审批 | 郑快进 |
| | | | |
| 合计 | 731.00 | | |
| 金额大写：⊗佰⊗拾⊗万⊗仟柒佰叁拾壹元零角零分 | | 原借款：　元 | 退/补：　元 |

会计主管 王晓琳　会计 朱红　出纳 张燕　报销人 陈文　领款人 陈文

图 4-108

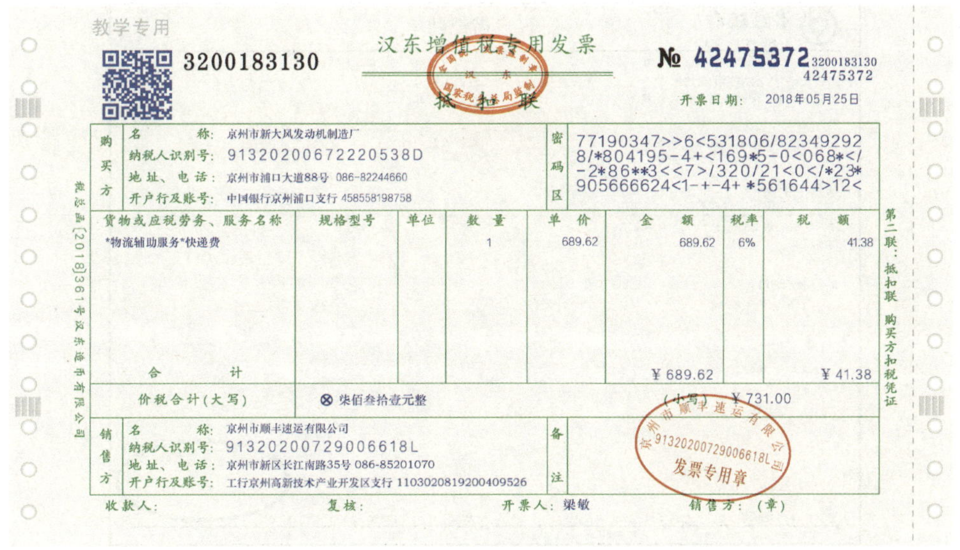

教学专用

3200183130　汉东增值税专用发票　№ 42475372　3200183130 42475372

抵扣联　　开票日期：2018年05月25日

| 购买方 | 名称：京州市新大风发动机制造厂<br>纳税人识别号：91320200672220538D<br>地址、电话：京州市浦口大道88号 086-82244660<br>开户行及账号：中国银行京州浦口支行 458558198758 | 密码区 | 77190347>>6<531806/82349292<br>8/*804195-4+<169*5-0<068*</<br>-2*86**3<<7>/320/21<0</*23*<br>905666624<1-+-4+*561644>12< |
|---|---|---|---|

| 货物或应税劳务、服务名称 | 规格型号 | 单位 | 数量 | 单价 | 金额 | 税率 | 税额 |
|---|---|---|---|---|---|---|---|
| *物流辅助服务*快递费 | | | 1 | 689.62 | 689.62 | 6% | 41.38 |
| 合计 | | | | | ¥689.62 | | ¥41.38 |
| 价税合计（大写） | ⊗柒佰叁拾壹元整 | | | | （小写）¥731.00 | | |

| 销售方 | 名称：京州市顺丰速运有限公司<br>纳税人识别号：91320200729006618L<br>地址、电话：京州市新区长江南路35号 086-85201070<br>开户行及账号：工行京州高新技术产业开发区支行 1103020819200409526 | 备注 | |
|---|---|---|---|

收款人：　复核：　开票人：梁敏　销售方：（章）

第二联：抵扣联 购买方扣税凭证

图 4-109

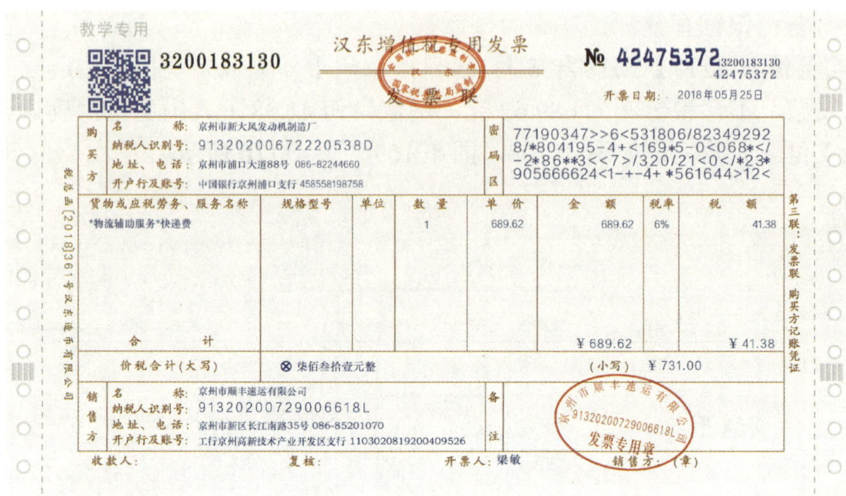

教学专用

汉东增值税专用发票

3200183130　　№ 42475372　3200183130 42475372

发票联

开票日期：2018年05月25日

| 购买方 | 名　　称：京州市新大风发动机制造厂<br>纳税人识别号：91320200672220538D<br>地 址、电 话：京州市浦口大道88号 086-82244660<br>开户行及账号：中国银行京州浦口支行 458558198758 | 密码区 | 77190347>>6<531806/82349292<br>8/*804195-4+<169*5-0<068*</<br>-2*86**3<<7>/320/21<0</*23*<br>905666624<1-+-4+*561644>12< |
|---|---|---|---|

| 货物或应税劳务、服务名称 | 规格型号 | 单位 | 数量 | 单价 | 金额 | 税率 | 税额 |
|---|---|---|---|---|---|---|---|
| *物流辅助服务*快递费 | | | 1 | 689.62 | 689.62 | 6% | 41.38 |
| 合　　计 | | | | | ¥689.62 | | ¥41.38 |
| 价税合计（大写） | ⊗柒佰叁拾壹元整 | | | | （小写）¥731.00 | | |

| 销售方 | 名　　称：京州市顺丰速运有限公司<br>纳税人识别号：91320200729006618L<br>地 址、电 话：京州市新区长江南路35号 086-85201070<br>开户行及账号：工行京州高新技术产业开发区支行 1103020819200409526 | 备注 | 京州市顺丰速运有限公司 91320200729006618L 发票专用章 |
|---|---|---|---|

收款人：　　复核：　　开票人：梁敏　　销售方：（章）

第三联：发票联　购买方记账凭证

税总函[2018]361号汉东迪布有限公司

图 4–110

财务部门根据上述原始凭证编制如下会计分录：

借：管理费用——快递费　　689.62

　　应交税费——应交增值税（进项税额）　　41.38

　贷：库存现金　　731

【实务情景 4-18】2018 年 5 月 27 日，京州市新大风发动机制造厂的网银手续费为 65 元，款项已经从账上自动扣除。原始凭证如图 4-111 所示。

教学专用

中国银行 BANK OF CHINA　　客户借记回单

客户号：150347939　　日期：2018年05月27日

付款人账号：458558198758　　收款人账号：

付款人名称：京州市新大风发动机制造厂　　收款人名称：

付款人开户行：中国银行京州浦口支行　　收款人开户行：

金额：CNY65.00

人民币陆拾伍元整

业务种类：转账支出　　业务编号：　　凭证号码：

用途：

备注：企业网银手续费

附言：

如您已通过银行网点取得相应纸质回单，请注意核对，勿重复记账！

中国银行股份有限公司 电子回单专用章

交易机构：07195　　交易渠道：其他　　交易流水号：175174762-549　　经办：

回单编号：2018052754583426　　回单验证码：242K3M3QL9FC　　打印时间：　　打印次数：　次

图 4–111

财务部门根据上述原始凭证编制如下会计分录：

借：财务费用——手续费　　65

　　贷：银行存款　　65

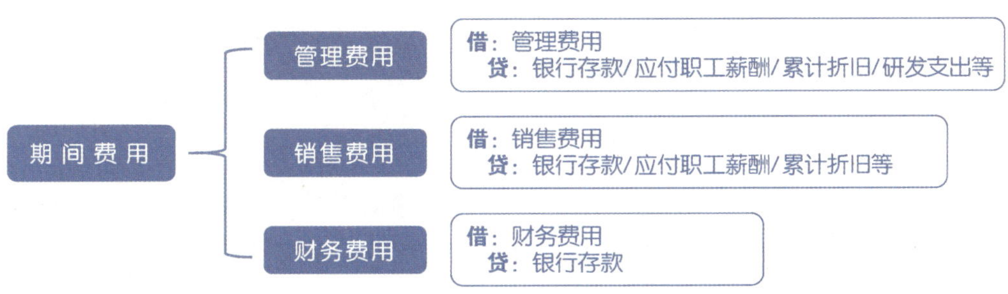


# 第七节　税费处理

企业按照税法的规定计算缴纳有关税费，实务工作中主要涉及的税种有：

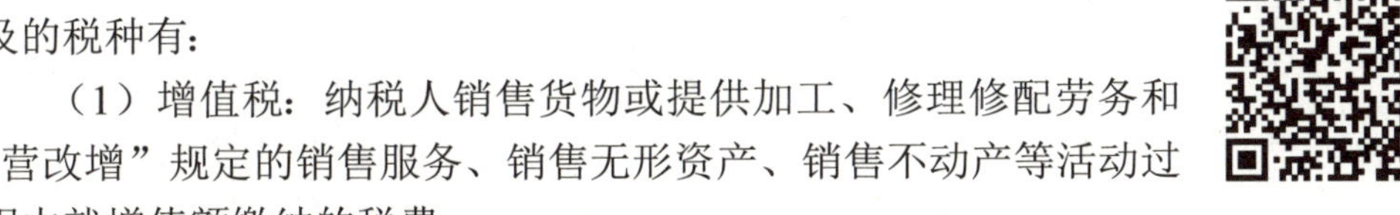

（1）增值税：纳税人销售货物或提供加工、修理修配劳务和“营改增”规定的销售服务、销售无形资产、销售不动产等活动过程中就增值额缴纳的税费；

（2）消费税：企业生产和销售应税消费品时按照生产或销售的数量或金额计算确定的应纳税费；

（3）城市维护建设税、教育费附加、地方教育附加：企业以本期应交增值税、消费税之和作为计税依据，按照规定的税率缴纳的附加税；

（4）企业所得税：对我国境内的企业和其他取得收入的组织的生产经营所得和其他所得征收的税费；

（5）按照税法规定实际支付的“四小税”：不需要预计应交金额，实际缴纳时直接计入当期损益的房产税、车船税、城镇土地使用税、印花税。

## 一、各项税费的概念及分类

具体来说，企业按照税法规定核算应缴纳或代缴纳的各种税费，包括增值

税、消费税、城市维护建设税、教育费附加、资源税、企业所得税、个人所得税、土地增值税、房产税、车船税、城镇土地使用税、印花税、环境保护税等。本节着重讲解实务中常见的税种，即增值税、附加税（城市维护建设税、教育费附加、地方教育附加）、企业所得税。

### （一）增值税

增值税是以商品（含应税劳务、应税服务）在流转过程中产生的增值额作为计税依据而征收的一种流转税。根据纳税人的经营规模以及会计核算健全程度的不同，增值税的纳税人可划分为一般纳税人和小规模纳税人。

（1）一般纳税人应交增值税的计算公式如下：

当期应纳税额＝当期销项税额－当期进项税额

公式中的“当期销项税额”是指纳税人当期销售货物、提供应税劳务、发生应税行为时按照销售额和增值税税率计算并收取的增值税税额。其计算公式为：

当期销项税额＝销售额 × 增值税税率

公式中的“当期进项税额”是指纳税人当期购进货物、加工及修理修配劳务、应税服务、无形资产和不动产所支付或承担的增值税税额。

（2）小规模纳税人以及一般纳税人选用简易计税方法，应交增值税的计算公式如下：

应纳税额＝销售额 × 征收率

小规模纳税人一般采用简易计税方法；一般纳税人销售服务、无形资产或者不动产，符合规定的，可以采用简易计税方法。

**【注】（1）使用征收率计税，要求纳税人采用简易计税方法缴税，不能抵扣该项目相关的进项税额。（2）采用征收率计算的税额是应纳税额，不能称为销项税额。**

增值税税率有基本税率16%、低税率10%、6%以及零税率①，征收率有3%和5%两档之分，具体如表4-1所示。

① 2019年3月20日，财政部和国家税务总局联合发布了关于增值税改革的消息，从2019年4月1日起调整增值税税率，增值税一般纳税人发生增值税应税销售行为或者进口货物，原适用16%税率的，调整为13%；原适用10%税率的，调整为9%。

表 4-1　　增值税税率和征收率表

| 税率 / 征收率类型 | 税率 / 征收率 | 适用范围 |
| --- | --- | --- |
| （一）基本税率 | 16% | 纳税人销售或进口绝大部分的货物，一般纳税人提供的加工、修理修配劳务，有形动产租赁 |
| （二）低税率 | 10% | 销售或进口税法列举的低税率货物：粮食等农产品、食用植物油、食用盐；自来水、暖气、冷气、热水、煤气、石油液化气、天然气、二甲醚、沼气、居民用煤炭制品；图书、报纸、杂志、音像制品、电子出版物；饲料、化肥、农药、农机、农膜等 |
|  |  | 提供交通运输、邮政、基础电信、建筑、不动产租赁服务；销售不动产；转让土地使用权 |
|  | 6% | 销售增值电信服务、金融服务、现代服务（租赁服务除外）、生活服务；销售无形资产（转让土地使用权除外） |
| （三）零税率 | 0% | 出口货物、劳务、境内单位和个人发生的跨境应税行为 |
| （四）征收率 | 3% | 小规模纳税人的简易计税；一般纳税人选择简易计税方法计税的 |
|  | 5% | 小规模纳税人销售不动产、出租不动产；一般纳税人销售或出租其 2016 年 4 月 30 日前取得的不动产选择简易计税方法计税的 |

### （二）城市维护建设税

城市维护建设税是以纳税人实际缴纳的增值税、消费税税额为计税依据所征收的一种税，主要目的是筹集城镇设施建设和维护资金。

城市维护建设税实行差别比例税率。按照纳税人所在地区的不同，设置了三档比例税率，纳税人所在地区为市区的，税率为 7%；纳税人所在地区为县城、镇的，税率为 5%；纳税人所在地区不在市区、县城或者镇的，税率为 1%。

城市维护建设税应纳税额的计算比较简单，计税方法基本上与增值税、消费税一致，其计算公式为：

应交城市维护建设税＝实际缴纳的增值税、消费税税额之和 × 适用税率

### （三）教育费附加和地方教育附加

教育费附加和地方教育附加是对缴纳增值税、消费税的单位和个人，就其实际缴纳的税额为计算依据征收的一种附加费。

按照有关规定，现行教育费附加征收比率为 3%，地方教育附加征收比率为 2%。

教育费附加和地方教育附加的计算公式：

应交教育费附加＝实际缴纳的增值税、消费税税额之和 ×3%

应交地方教育附加＝实际缴纳的增值税、消费税税额之和 ×2%

### （四）企业所得税

企业所得税是对我国境内的企业和其他取得收入的组织的生产经营所得和其他所得征收的一种税。

企业所得税实行比例税率。

现行所得税法规定企业所得税的法定税率为25%，内资企业和外资企业一致，国家需要重点扶持的高新技术企业为15%，小型微利企业为20%，非居民企业为20%。

企业所得税应纳税额的计算公式为：

应纳税额＝应纳税所得额 × 适用税率

## 二、各项税费的账务处理

### （一）账户设置

#### 1.“应交税费”账户

该账户用以核算企业按照税法规定应缴纳的各种税费。企业代扣代缴的个人所得税，也通过该账户核算，而企业缴纳的印花税、耕地占用税等是不需要预计缴纳的税款，不通过“应交税费”账户核算。账户结构如图4-112所示。

| 借方 | 应交税费　　　　贷方 |
|---|---|
| 实际缴纳的各种税费<br>（表示减少） | 各种应交未交税费的增加额<br>（表示增加） |
| 余额：企业多缴或尚未抵扣的税费 | 余额：企业尚未缴纳的税费 |

图4-112　“应交税费”账户

关于“应交税费”账户，常设“应交税费——应交增值税”“应交税费——未交增值税”“应交税费——应交所得税”等明细账户。

**【注】对于增值税一般纳税人：（1）在销售产品、提供劳务或服务时向对方收取的应纳增值税，称为销项税额；（2）在购买生产设备、材料等物料用品，接**

**受应税劳务或服务，以及耗费水电时，依据增值税专用发票支付的增值税，称为进项税额，按照税法规定可以从销项税额中予以抵扣。因此，按照增值税的具体项目单独核算，在“应交增值税”二级明细账户内，设置“进项税额”“已交税金”“转出未交增值税”“销项税额”“转出多交增值税”等专栏，进行更进一步的明细分类核算。**

#### 2. “税金及附加”账户

该账户用以核算企业经营活动应负担的相关税费，包括消费税、城市维护建设税、教育费附加、资源税、房产税、城镇土地使用税、车船税、印花税等。账户结构如图 4-113 所示。

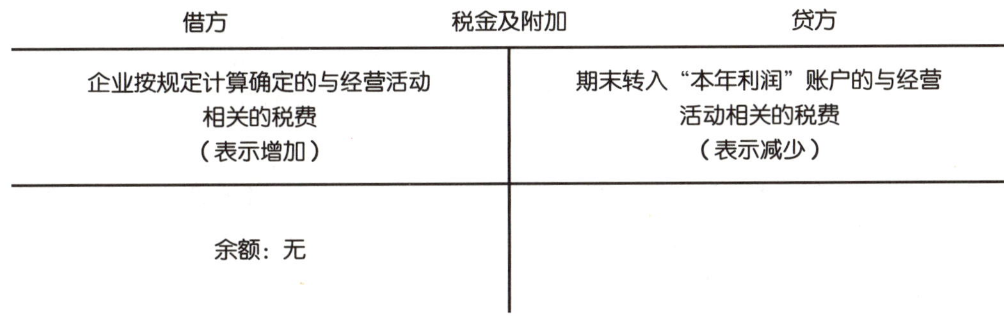


图 4-113 “税金及附加”账户

### （二）常见经济业务账务处理

【例题 4-27】**月末转出未交增值税，下月缴纳。**2018 年 6 月 30 日，甲公司将尚未缴纳的增值税 11 950 元进行结转。该笔经济业务的分析如图 4-114 所示。

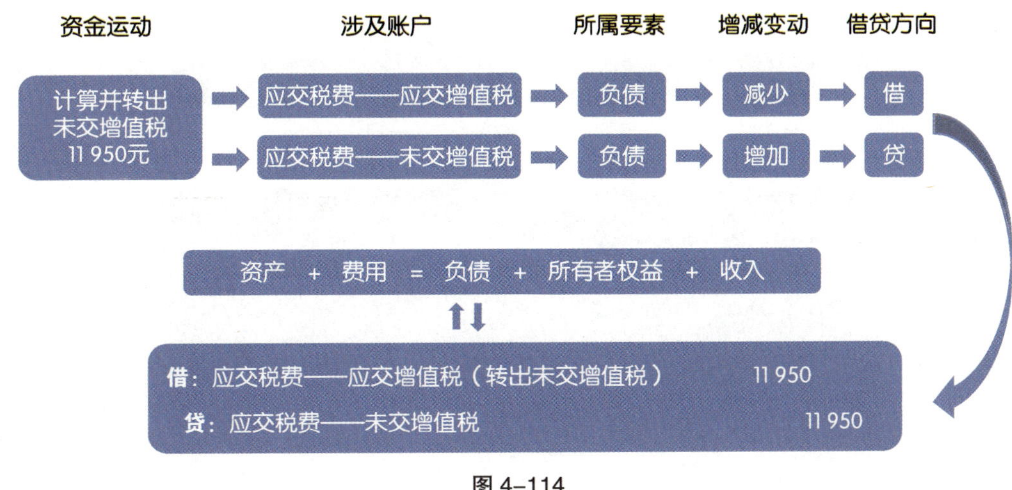


图 4-114

7 月，甲公司缴纳 6 月未交增值税 11 950 元时，该笔经济业务的分析如图 4-115 所示。

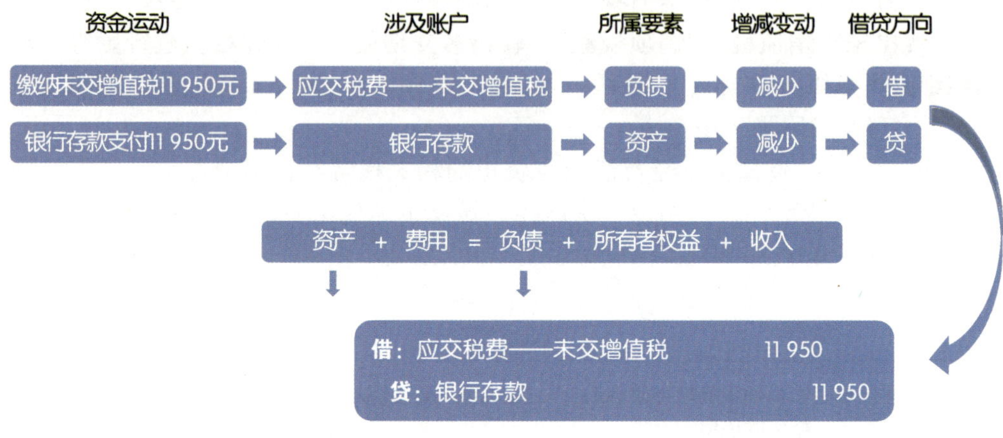


图 4-115

【例题 4-28】**计提附加税并缴纳**。按税法的规定，某企业本期应缴纳房产税 160 000 元、车船税 38 000 元、城镇土地使用税 45 000 元。计提业务分析如图 4-116 所示，缴纳业务分析如图 4-117 所示。

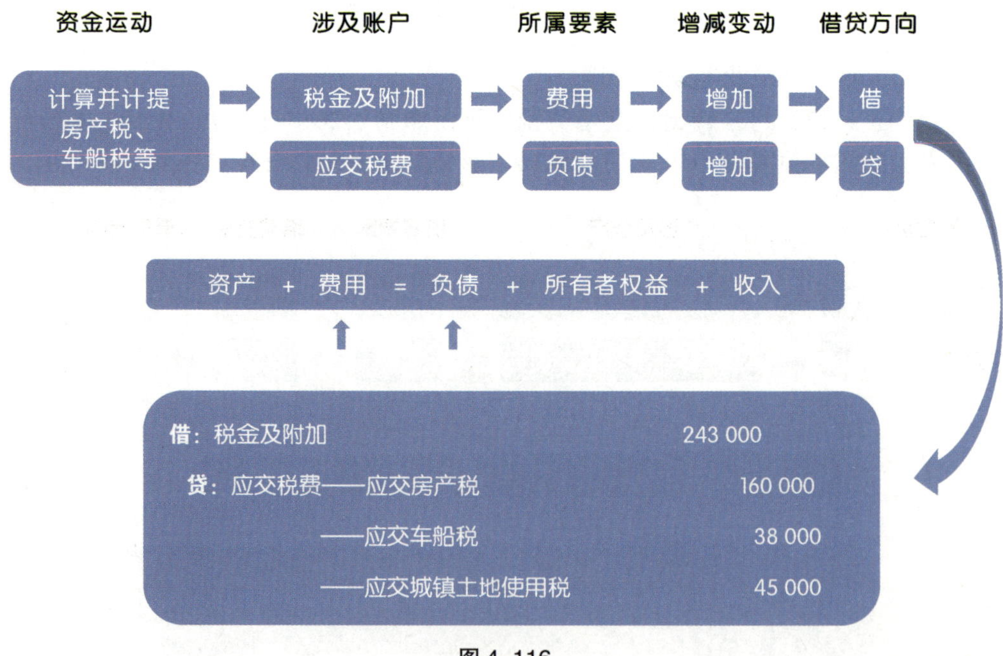


图 4-116

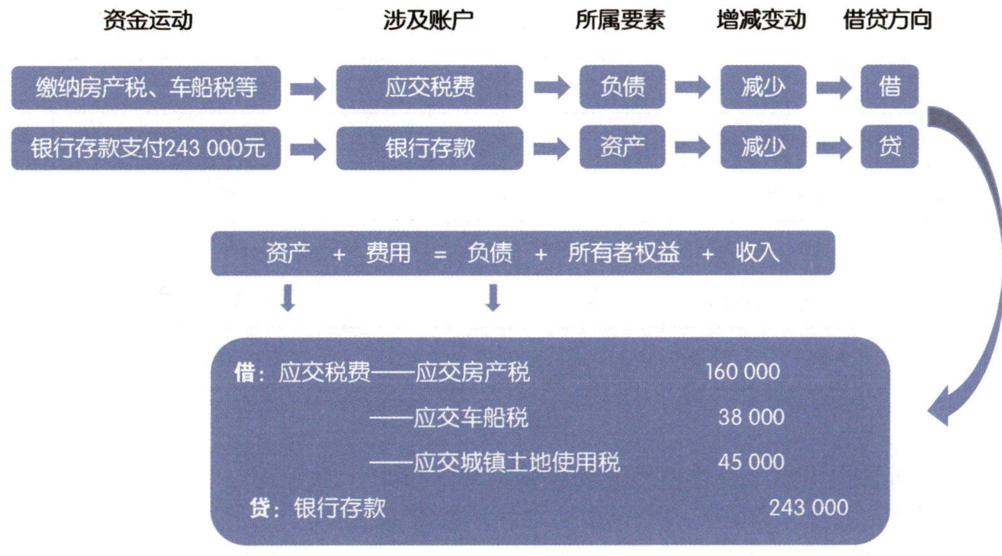


图 4–117

【例题 4-29】**缴纳印花税**。按税法的规定，某企业本期应缴纳印花税 145 元，已用银行存款付讫。该笔经济业务的分析如图 4-118 所示。

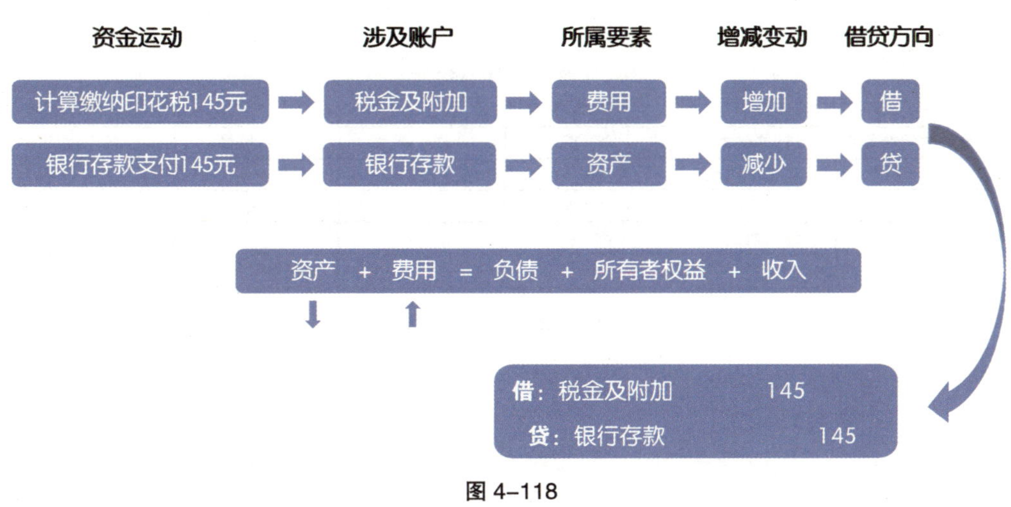


图 4–118

### （三）实务操作

【实务情景 4-19】2018 年 5 月 31 日，京州市新大风发动机制造厂的财务部门计提 5 月未交增值税。原始凭证如图 4-119 所示。

未交增值税计提表

| 项目 | 金额（元） |
|---|---|
| 1．应交增值税明细账期初余额 | 0 |
| 2．应交增值税明细账进项税额专栏本月发生额 | 55,607.42 |
| 3．应交增值税明细账进项税额转出专栏本月发生额 | 0 |
| 4．应交增值税明细账销项税额专栏本月发生额 | 67,840.00 |
| 5．本月应交增值税（5=4+3-2-1） | 12,232.58 |

图 4–119

财务部门根据未交增值税计提表编制如下会计分录：

借：应交税费——应交增值税（转出未交增值税）　　12 232.58

　贷：应交税费——未交增值税　　12 232.58

【实务情景 4-20】2018 年 5 月 31 日，京州市新大风发动机制造厂财务部门计提 5 月城市维护建设税（适用税率为 7%）、教育费附加（适用税率为 3%）以及地方教育附加（适用税率为 2%）。原始凭证如图 4–120 所示。



附加税费计提表

2018 年 05 月 31 日　　单位：元

| 应交税费明细项目 | 计算依据 | 金　额 | 税　率 | 应纳税费 | 备　注 |
|---|---|---|---|---|---|
| 城市维护建设税 | 应交增值税 | 12,232.58 | 7% | 856.28 | |
| 教育费附加 | 应交增值税 | 12,232.58 | 3% | 366.98 | |
| 地方教育附加 | 应交增值税 | 12,232.58 | 2% | 244.65 | |
| 合计 | | | | 1,467.91 | |

图 4–120

财务部门根据附加税费计提表编制如下会计分录：

借：税金及附加　　1 467.91

　贷：应交税费——应交城市维护建设税　　856.28

　　　　　　——应交教育费附加　　366.98

　　　　　　——应交地方教育附加　　244.65

本节分录集合

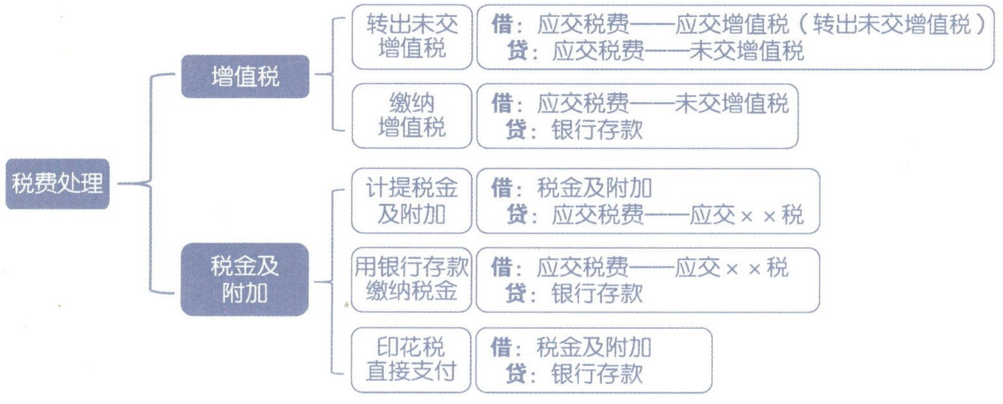


# 第八节　利润的形成与分配

## 一、利润的形成

利润是指企业在一定会计期间的经营成果，包括收入减去费用后的净额、直接计入当期损益的利得和损失等。利润由营业利润、利润总额和净利润三个层次构成（可结合利润表学习）。

营业利润这一指标能够比较恰当地反映企业管理者的经营业绩，其计算公式如下：

营业利润＝营业收入－营业成本－税金及附加－销售费用－管理费用－研发费用－财务费用－资产减值损失±公允价值变动损益±投资损益±资产处置损益＋其他收益

其中：

营业收入＝主营业务收入＋其他业务收入
营业成本＝主营业务成本＋其他业务成本

利润总额，又称税前利润，是营业利润加上营业外收入减去营业外支出后的金额，其计算公式如下：

利润总额=营业利润+营业外收入−营业外支出

净利润，又称税后利润，是利润总额扣除所得税费用后的净额，其计算公式如下：

净利润=利润总额−所得税费用

### （一）账户设置

企业通常设置以下账户对利润形成业务进行会计核算。

1.“本年利润”账户

该账户用以核算企业当期实现的净利润（或发生的净亏损）。企业期（月）末结转利润时，应将各损益类账户的金额转入“本年利润”账户，结平各损益类账户。账户结构如图 4-121 所示。

| 借方 | 本年利润　　贷方 |
|---|---|
| 企业期（月）末转入的主营业务成本、其他业务成本、税金及附加、管理费用、财务费用、销售费用、资产减值损失、公允价值变动损失、资产处置损失、营业外支出、投资损失和所得税费用等（表示减少） | 企业期（月）末转入的主营业务收入、其他业务收入、公允价值变动收益、资产处置收益、其他收益、营业外收入和投资收益等（表示增加） |
| 余额：当期实现的净亏损，应于年度终了转入“利润分配——未分配利润”账户，结转后无余额 | 余额：当期实现的净利润，应于年度终了转入“利润分配——未分配利润”账户，结转后无余额 |

图 4-121　“本年利润”账户

2.“投资收益”账户

该账户用以核算企业确认的投资收益或投资损失。账户结构如图 4-122 所示。

| 借方 | 投资收益　　贷方 |
|---|---|
| 发生的投资损失和期末转入“本年利润”账户的投资净收益（表示减少） | 实现的投资收益和期末转入“本年利润”账户的投资净损失（表示增加） |
| 余额：无 | 余额：无 |

图 4-122　“投资收益”账户

3.“营业外收入”账户

该账户用以核算企业发生的各项营业外收入，主要包括非流动资产处置利得、非货币性资产交换利得、债务重组利得、政府补助、盘盈利得、捐赠利得等。账户结构如图 4-123 所示。

| 借方 | 营业外收入 | 贷方 |
| --- | --- | --- |
| 期末转入“本年利润”账户的营业外收入额（表示减少） | | 营业外收入的实现（表示增加） |
| | | 余额：无 |

图 4-123 “营业外收入”账户

4.“营业外支出”账户

该账户用以核算企业发生的各项营业外支出，主要包括非流动资产处置损失、非货币性资产交换损失、债务重组损失、公益性捐赠资产、非常损失、盘亏损失等。账户结构如图 4-124 所示。

| 借方 | 营业外支出 | 贷方 |
| --- | --- | --- |
| 营业外支出的发生额（表示增加） | | 期末转入“本年利润”账户的营业外支出额（表示减少） |
| 余额：无 | | |

图 4-124 “营业外支出”账户

5.“所得税费用”账户

该账户用以核算企业确认的应从当期利润总额中扣除的所得税费用。账户结构如图 4-125 所示。

| 借方 | 所得税费用 | 贷方 |
| --- | --- | --- |
| 企业应计入当期损益的所得税（表示增加） | | 企业期末转入“本年利润”账户的所得税（表示减少） |
| 余额：无 | | |

图 4-125 “所得税费用”账户

### （二）常见经济业务账务处理

【例题 4-30】**月末结转损益类（收入、费用）账户**。2018 年 12 月 31 日，甲

公司将本月实现的各项收入和发生的成本、费用结转到“本年利润”账户。假设本月甲公司实现的主营业务收入为 5 200 000 元，主营业务成本为 3 800 000 元，其他业务收入为 108 000 元，其他业务成本为 76 000 元，税金及附加为 12 000 元，管理费用为 210 000 元，财务费用为 1 300 元，销售费用为 110 000 元，营业外收入为 116 000 元，营业外支出为 78 000 元，投资收益为 56 000 元（贷方）。该笔经济业务的分析如图 4-126 所示。

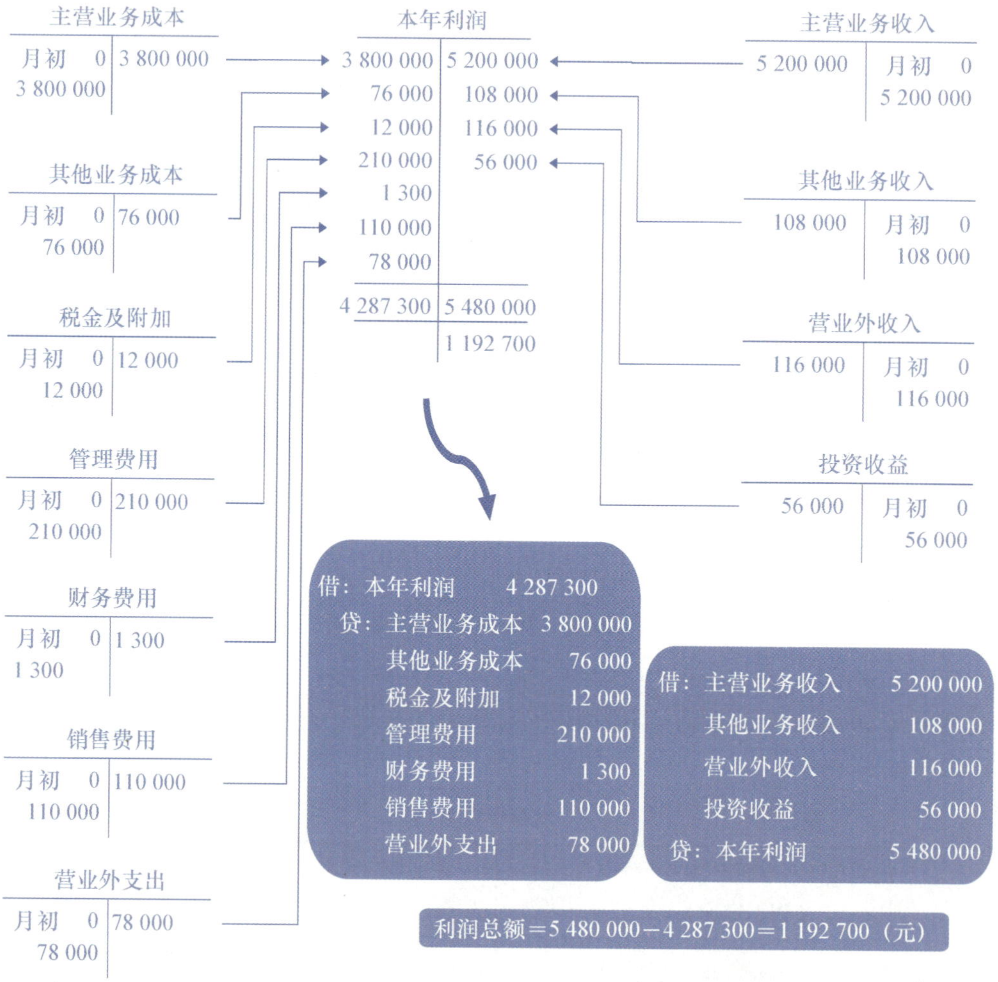

| 主营业务成本 | |
|---|---|
| 月初 0 | 3 800 000 |
| 3 800 000 | |

| 其他业务成本 | |
|---|---|
| 月初 0 | 76 000 |
| 76 000 | |

| 税金及附加 | |
|---|---|
| 月初 0 | 12 000 |
| 12 000 | |

| 管理费用 | |
|---|---|
| 月初 0 | 210 000 |
| 210 000 | |

| 财务费用 | |
|---|---|
| 月初 0 | 1 300 |
| 1 300 | |

| 销售费用 | |
|---|---|
| 月初 0 | 110 000 |
| 110 000 | |

| 营业外支出 | |
|---|---|
| 月初 0 | 78 000 |
| 78 000 | |

| 本年利润 | |
|---|---|
| 3 800 000 | 5 200 000 |
| 76 000 | 108 000 |
| 12 000 | 116 000 |
| 210 000 | 56 000 |
| 1 300 | |
| 110 000 | |
| 78 000 | |
| 4 287 300 | 5 480 000 |
| | 1 192 700 |

| 主营业务收入 | |
|---|---|
| 5 200 000 | 月初 0 |
| | 5 200 000 |

| 其他业务收入 | |
|---|---|
| 108 000 | 月初 0 |
| | 108 000 |

| 营业外收入 | |
|---|---|
| 116 000 | 月初 0 |
| | 116 000 |

| 投资收益 | |
|---|---|
| 56 000 | 月初 0 |
| | 56 000 |

借：本年利润　4 287 300
　贷：主营业务成本　3 800 000
　　其他业务成本　76 000
　　税金及附加　12 000
　　管理费用　210 000
　　财务费用　1 300
　　销售费用　110 000
　　营业外支出　78 000

借：主营业务收入　5 200 000
　　其他业务收入　108 000
　　营业外收入　116 000
　　投资收益　56 000
　贷：本年利润　5 480 000

利润总额＝5 480 000－4 287 300＝1 192 700（元）

图 4-126

【例题 4-31】**计算并计提所得税。**承例题 4-30，2018 年 12 月 31 日，甲公司计算本期应缴纳的企业所得税，并结转所得税费用，假定适用的所得税税率为 25%，本期应纳税所得额就是当期利润总额。该笔经济业务的分析如图 4-127 所示。

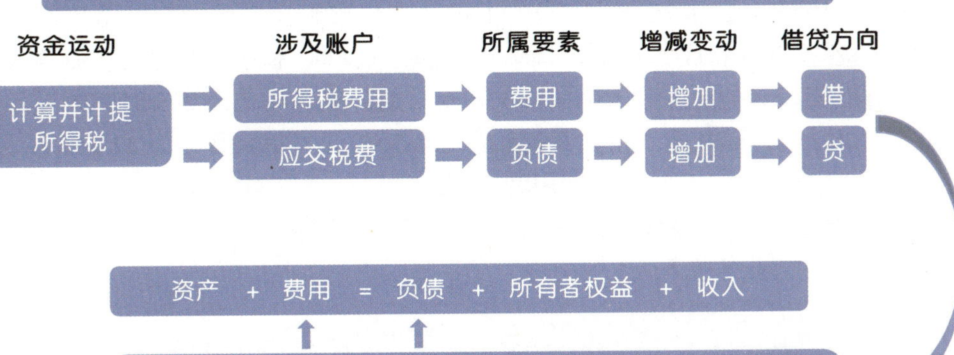


图 4–127

**【注】由于“所得税费用”科目属于损益类科目，因此需要再次结转成本费用类账户。**

结转企业的所得税费用，该笔经济业务的分析如图 4–128 所示。

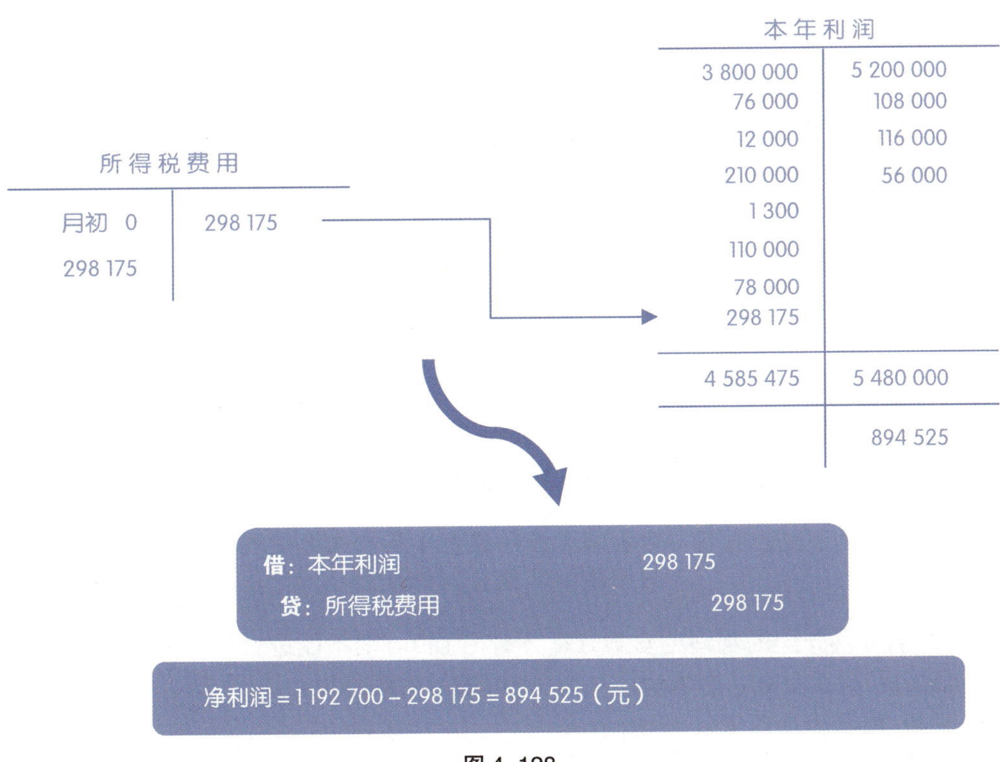


图 4–128

### （三）实务操作

【实务情景 4-21】2018 年 5 月 31 日，京州市新大风发动机制造厂结转本月实现的各项收入和成本费用到“本年利润”账户。本月实现的主营业务收入为 280 000 元，其他业务收入为 144 000 元，主营业务成本为 215 518.75 元，其他业务成本为 117 000 元，税金及附加为 1 467.91 元，销售费用为 22 733.96 元，管理费用为 71 750.69 元，财务费用为 65 元。

财务部门根据科目余额表编制如下会计分录：

| |  |  |
|---|---|---|
| 借：主营业务收入 | 280 000 | |
| 　　其他业务收入 | 144 000 | |
| 　贷：本年利润 | | 424 000 |
| 借：本年利润 | 428 536.31 | |
| 　贷：主营业务成本 | | 215 518.75 |
| 　　　其他业务成本 | | 117 000 |
| 　　　税金及附加 | | 1 467.91 |
| 　　　销售费用 | | 22 733.96 |
| 　　　管理费用 | | 71 750.69 |
| 　　　财务费用 | | 65 |

## 二、利润的分配

利润分配是指企业根据国家有关规定和企业章程、投资者协议等，对企业当年可供分配利润指定其特定用途和分配给投资者的行为。利润分配的过程和结果不仅关系到每个股东的合法权益能否得到保障，而且关系到企业的未来发展。

### （一）利润分配的顺序

企业向投资者分配利润，应按一定的顺序进行。按照我国《公司法》的有关规定，利润分配应按下列顺序进行：

（1）计算可供分配的利润。

企业在利润分配前，应根据本年净利润（或亏损）、年初未分配利润（或亏损）以及其他转入的金额（如盈余公积补亏）等项目，计算可供分配的利润，即

可供分配的利润＝净利润（或亏损）＋年初未分配利润－弥补以前年度的亏损＋其他转入的金额

如果可供分配的利润为负数（即累计亏损），则不能进行后续分配；如果可供分配的利润为正数（即累计盈利），则可进行后续分配。

（2）提取法定盈余公积。

按照《公司法》的有关规定，公司应当按照当年净利润（弥补年初累计亏损

后）的 10% 提取法定盈余公积，提取的法定盈余公积累计额超过注册资本 50% 以上的，可以不再提取。

（3）提取任意盈余公积。

公司提取法定盈余公积后，经股东会或者股东大会决议，还可以从净利润中提取任意盈余公积。提取任意盈余公积的基数和提取法定盈余公积的基数相同。

（4）向投资者分配利润（或股利）。

企业可供分配的利润扣除提取的盈余公积后，形成可供投资者分配的利润，即

可供投资者分配的利润＝可供分配的利润－提取的盈余公积

企业可采用现金股利、股票股利和财产股利等形式向投资者分配利润（或股利）。

### （二）账户设置

企业通常设置以下账户对利润分配业务进行会计核算。

#### 1.“利润分配”账户

该账户用以核算企业利润的分配（或亏损的弥补）和历年分配（或弥补）后的余额。年末，应将“利润分配”账户下的其他明细账户的余额转入“未分配利润”明细账户，结转后，除“未分配利润”明细账户可能有余额外，其他各个明细账户均无余额。账户结构如图 4-129 所示。

| 借方　　　　利润分配 | 贷方 |
|---|---|
| 实际分配的利润额，包括提取的盈余公积和分配给投资者的利润，以及年末从“本年利润”账户转入的全年累计净亏损<br>（表示减少） | 盈余公积补亏等其他转入数，以及年末从“本年利润”账户转入的全年实现的净利润<br>（表示增加） |
| 余额：历年累积的未弥补亏损<br>（即留待以后年度弥补的亏损） | 余额：历年累积的未分配利润<br>（即可供以后年度分配的利润） |

图 4-129　“利润分配”账户

#### 2.“盈余公积”账户

该账户用以核算企业从净利润中提取的盈余公积。账户结构如图 4-130 所示。

| 借方 | 盈余公积 贷方 |
|---|---|
| 实际使用的盈余公积，即盈余公积的减少额<br>（表示减少） | 提取的盈余公积，即盈余公积的增加额<br>（表示增加） |
| | 余额：反映企业结余的盈余公积 |

图 4-130 “盈余公积”账户

### 3. “应付股利”账户

该账户用以核算企业分配的现金股利或利润。账户结构如图 4-131 所示。

| 借方 | 应付股利 贷方 |
|---|---|
| 实际支付给投资者的股利或利润<br>（表示减少） | 应付给投资者的股利或利润<br>（表示增加） |
| | 余额：企业应付未付的现金股利或利润 |

图 4-131 “应付股利”账户

## （三）常见经济业务账务处理

【例题 4-32】**将“本年利润”账户余额转入“利润分配——未分配利润”账户。**承例题 4-31，2018 年 12 月 31 日，甲公司将本年实现的净利润 894 525 元转入“利润分配”账户。该笔经济业务的分析如图 4-132 所示。

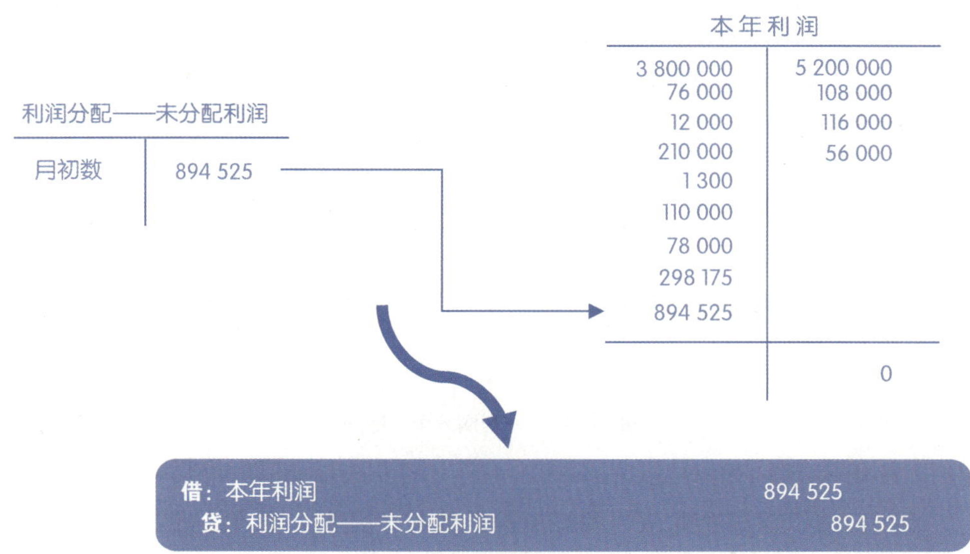


图 4-132

【例题 4-33】**提取法定盈余公积。**承例题 4-32，甲公司股东会决定按净利润的 10% 提取法定盈余公积 89 452.5 元。该笔经济业务的分析如图 4-133 所示。

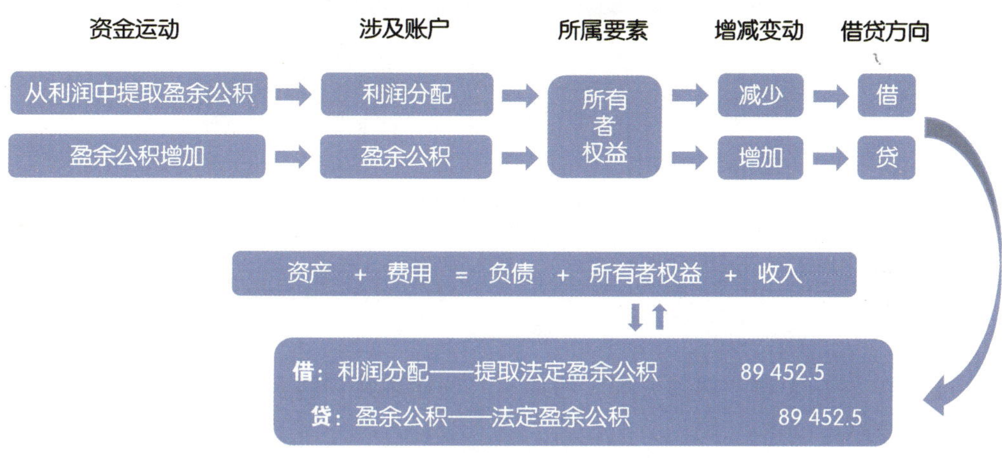


图 4-133

【例题 4-34】**提取任意盈余公积。**承例题 4-32，甲公司股东会决定按净利润的 10% 提取任意盈余公积 89 452.5 元。该笔经济业务的分析如图 4-134 所示。

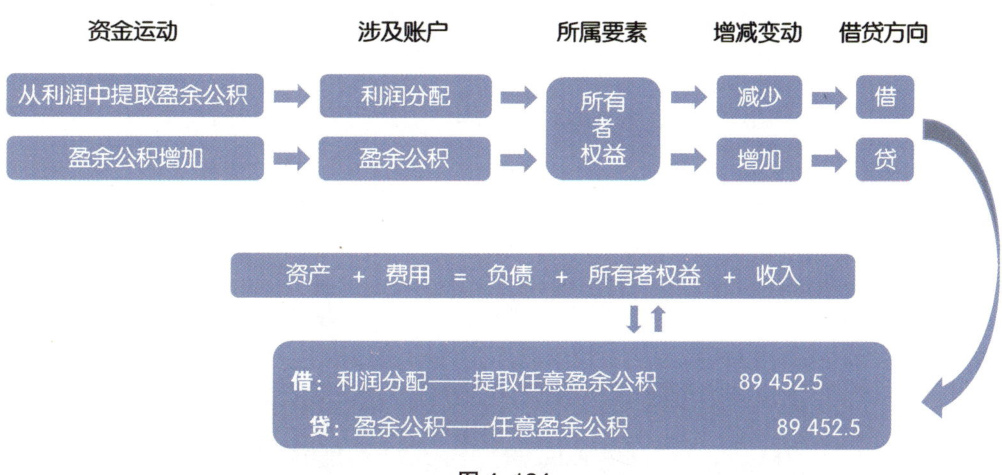


图 4-134

【例题 4-35】**宣告发放现金股利。**甲公司股东会决定向投资者分配利润 500 000 元。该笔经济业务的分析如图 4-135 所示。

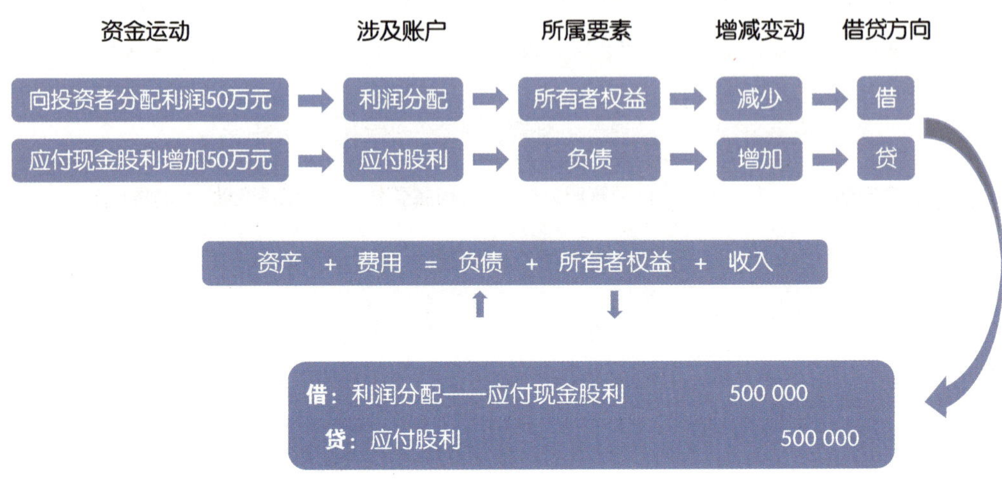


图 4-135

【例题 4-36】**将“利润分配”账户下其他明细账户转到“利润分配——未分配利润”账户。**利润分配结束后，将“利润分配”账户下其他明细账户的余额结清，转入“利润分配——未分配利润”明细账户。该笔经济业务的分析如图 4-136 所示。

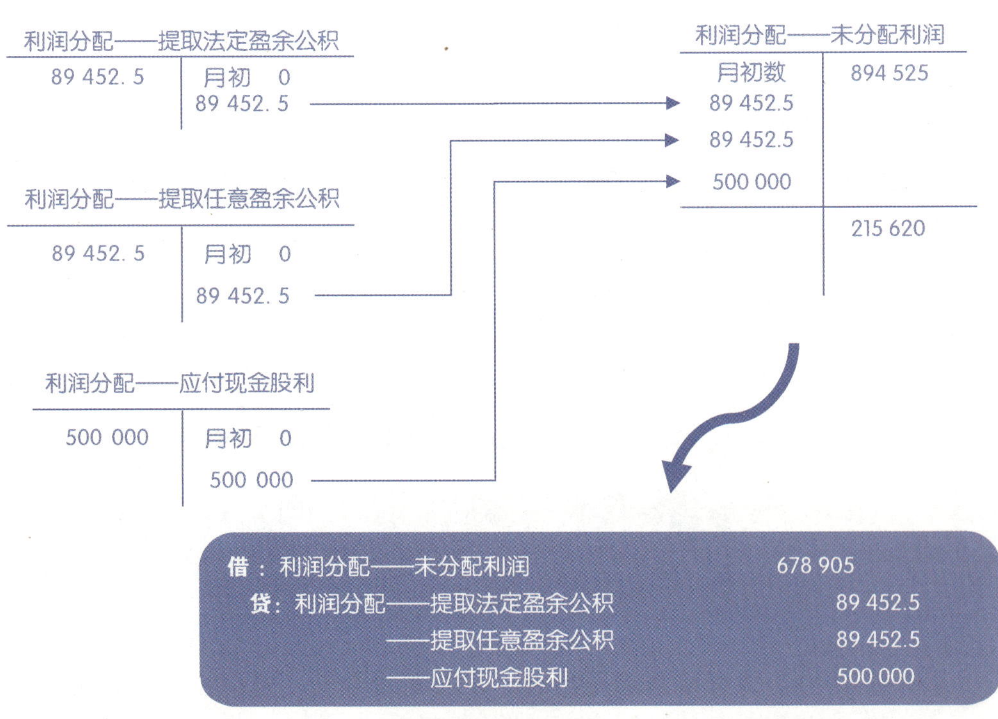


图 4-136

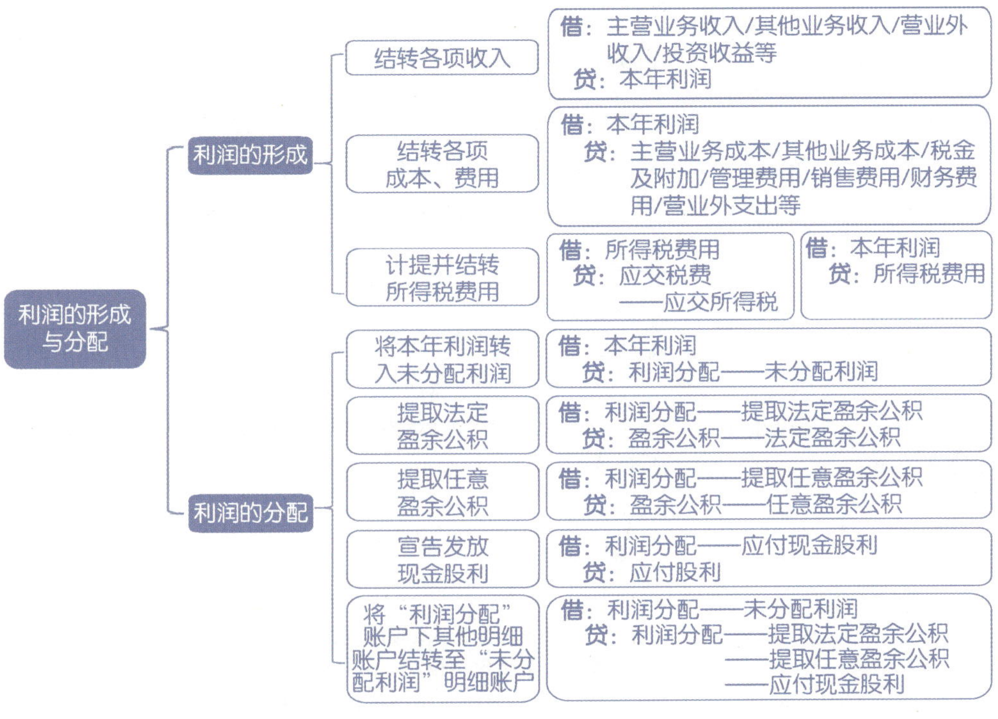

本章以实务中经济业务的发展流程为引导，分别介绍了资金筹集、资金运营以及最终的财务成果分配的账务处理。其中，资金运营又分为采购、生产加工、销售，业务发展过程中，会涉及各项期间费用，还会涉及部分税务处理。学习每一个例题时，本章中内设的每一笔实务案例包含发票等原始单据，必须认识它们并将之转化成会计语言。面对每一笔经济业务，如何设置账户并进行相应的账务处理，是学习基础会计的重中之重。本章的主要知识点及内在关联如下图所示。

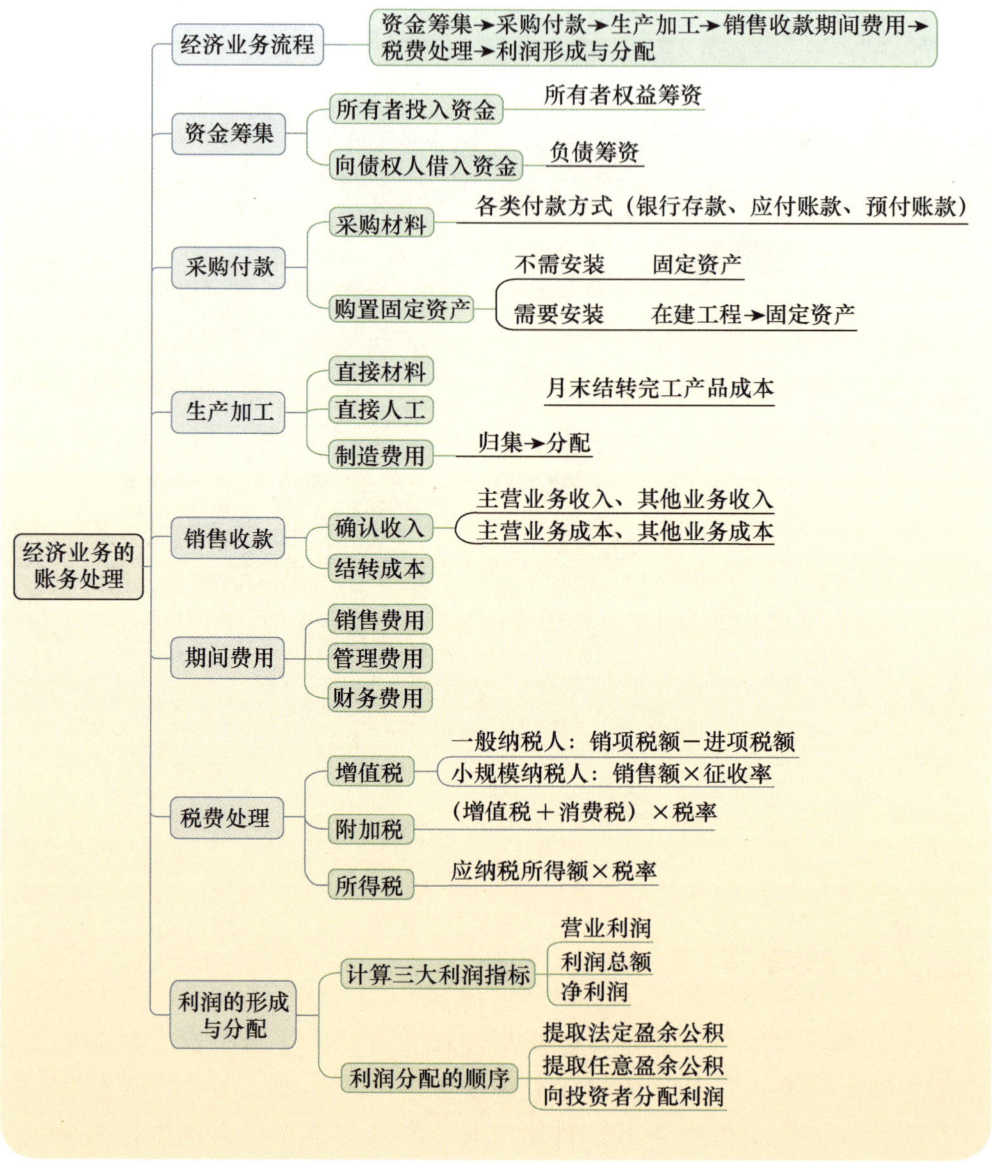

- 经济业务的账务处理
  - 经济业务流程
    - 资金筹集→采购付款→生产加工→销售收款期间费用→税费处理→利润形成与分配
  - 资金筹集
    - 所有者投入资金
      - 所有者权益筹资
    - 向债权人借入资金
      - 负债筹资
  - 采购付款
    - 采购材料
      - 各类付款方式（银行存款、应付账款、预付账款）
    - 购置固定资产
      - 不需安装　固定资产
      - 需要安装　在建工程→固定资产
  - 生产加工
    - 直接材料
    - 直接人工
    - 制造费用
      - 归集→分配
    - 月末结转完工产品成本
  - 销售收款
    - 确认收入
      - 主营业务收入、其他业务收入
      - 主营业务成本、其他业务成本
    - 结转成本
  - 期间费用
    - 销售费用
    - 管理费用
    - 财务费用
  - 税费处理
    - 增值税
      - 一般纳税人：销项税额－进项税额
      - 小规模纳税人：销售额×征收率
    - 附加税
      - （增值税＋消费税）×税率
    - 所得税
      - 应纳税所得额×税率
  - 利润的形成与分配
    - 计算三大利润指标
      - 营业利润
      - 利润总额
      - 净利润
    - 利润分配的顺序
      - 提取法定盈余公积
      - 提取任意盈余公积
      - 向投资者分配利润

# 参考文献

1. 财政部会计资格评价中心 . 初级会计实务 . 北京：经济科学出版社，2018.

2. 财政部会计资格评价中心 . 经济法基础 . 北京：经济科学出版社，2018.

3. 财政部会计司编写组 . 企业会计准则讲解 . 北京：人民出版社，2010.

4. 孙凤琴，谢新安 . 会计学基础：第 4 版 . 北京：中国人民大学出版社，2018.

5. 高翠莲 . 会计基本技能 . 北京：高等教育出版社，2015.

6.《工业企业真账实训》编写组 . 工业企业真账实训 . 北京：中国人民大学出版社，2018.

**图书在版编目（CIP）数据**

零基础学会计 /《零基础学会计》编写组主编 . —北京：中国人民大学出版社，2019.6
ISBN 978-7-300-26977-1

Ⅰ. ①零… Ⅱ. ①零… Ⅲ. ①会计学 – 基本知识 Ⅳ. ① F230

中国版本图书馆 CIP 数据核字（2019）第 092172 号

**零基础学会计**

《零基础学会计》编写组 主编

Lingjichu Xue kuaiji

| | | | |
|---|---|---|---|
| **出版发行** | 中国人民大学出版社 | | |
| **社　址** | 北京中关村大街 31 号 | **邮政编码** | 100080 |
| **电　话** | 010–62511242（总编室） | | 010–62511770（质管部） |
| | 010–82501766（邮购部） | | 010–62514148（门市部） |
| | 010–62515195（发行公司） | | 010–62515275（盗版举报） |
| **网　址** | http://www.crup.com.cn | | |
| **经　销** | 新华书店 | | |
| **印　刷** | 涿州市星河印刷有限公司 | | |
| **规　格** | 170 mm × 240 mm　16 开本 | **版　次** | 2019 年 6 月第 1 版 |
| **印　张** | 12.25 | **印　次** | 2019 年 6 月第 1 次印刷 |
| **字　数** | 227 000 | **定　价** | 39.00 元 |